北京大学区域与国别研究院　主办

《北大区域国别研究》
编委会

编委（以姓氏笔画为序）
王　丹　王保顶　李　昀　昝　涛
钱乘旦　唐士其　章永乐　翟　崑

编务　张安琪

投稿邮箱　pkuias@pku.edu.cn
北京大学区域与国别研究院官网　ias.pku.edu.cn

北大区域国别研究

PKU Journal of Area Studies

第9辑

本辑主编　昝　涛

江苏人民出版社

图书在版编目(CIP)数据

北大区域国别研究. 第 9 辑 / 昝涛主编. 一 南京 ：
江苏人民出版社,2024.12. — ISBN 978 - 7 - 214 - 29722 - 8

Ⅰ. D81

中国国家版本馆 CIP 数据核字第 2024V5E635 号

书　　　　名	北大区域国别研究　第 9 辑	
主　　　编	昝　涛	
责 任 编 辑	于　辉	
装 帧 设 计	刘葶葶	
责 任 监 制	王　娟	
出 版 发 行	江苏人民出版社	
地　　　址	南京市湖南路 1 号 A 楼,邮编:210009	
照　　　排	江苏凤凰制版有限公司	
印　　　刷	江苏凤凰数码印务有限公司	
开　　　本	718 毫米×1000 毫米　1/16	
印　　　张	14.5　插页 2	
字　　　数	250 千字	
版　　　次	2024 年 12 月第 1 版	
印　　　次	2024 年 12 月第 1 次印刷	
标 准 书 号	ISBN 978 - 7 - 214 - 29722 - 8	
定　　　价	68.00 元	

(江苏人民出版社图书凡印装错误可向承印厂调换)

目录

文明概念
与区域国别
研究专题

文明认识域和区域国别研究

梁永佳

我想用"文明认识域"来讲讲区域国别学。 我用"文明",指有文字积累的思想传统;"认识域"(episteme)是福柯的概念,指知识的可能形式。"文明"这个概念我在写博士学位论文的时候就尝试用过,当时流行的说法是:像中国这样有文明的大型国家,如何用人类学的方法做研究。 我近些年倾向于认为这是一个似是而非的问题,觉得那种逐级向上推出整体中国的思路走错了方向。 我去年写"利奇-费孝通之辩",就是说的这个问题。 十几年前,王斯福、罗兰经常来北京讲"文明"。 他们认为这是一个很有用的概念,把莫斯、埃利亚斯、福柯等用"文明"讲道理的人梳理了一遍,讲中国、讲非洲,讲食物,很有启发。 前些年,王铭铭老师的《超社会体系》出来了。 他讲那些跨越边界的书写、借用、杂糅,讲华夏文明的等级和包容。 我理解王老师用"超社会体系",指的就是"文明"。

2010 年,我在新加坡组织了一次"帝国、文明、中国人类学"研讨会。 王铭铭老师专门从北京过来,讲司马迁和司马相如。 王斯福、罗兰、杜赞奇、丁荷生、戴木德、张兆和、纪仁博也都有文章;还有一位不研究中国的人,乔尔·罗宾斯(Joel Robbins),讲得跟大家很不一样,他讲超越性。 但那次会议最令人印象深刻的是王赓武先生,他讲了个把小时，出口成章。 大致说永佳你想法虽然不错，但是你看，海外华人并不用帝国、文明，甚至不用中国。 他们的墓碑上都是具体的出生地，纪年则是旧历西历一起用。 你说的帝国、文明和中国都在哪儿?

那次会议给我很大触动。 坦率地说，我逐渐发现"文明"这个词用起来不是很顺手，因为优点和缺点都很明显。 戴木德和萨林斯几乎从来不用"文明"。 王斯福和罗兰合著的《重塑文明》(*Civilisation Recast*) 终于在2019 年出版了，说实话，这本书并没有解决我的困惑。 近期，我在杭州主持了一次圆桌讨论会，题为"作为社会理论的'文明'"，三位主讲人分别是人类学家范笔德、社会学家赵鼎新、历史学家沈丹森。 他们都认为"文明"只是一个值得研究的修辞，无法成为社会理论。 据我理解，他们认为真正有分析力量的概念不是"文明"，而是权力、机制、人类世、互动，等等。

在我看来，"文明"这个概念之所以有问题，是我们混淆了三种文明概念。 文明的第一个概念大概是考古学家和社会学家提出的，指关键资源的聚集。 如果一个遗址上有大量物质文化和人类活动的痕迹，就说明这里集中过很多的人力、物力，可以叫"文明"。 按这个逻辑推下去，资源聚集多了就变成了国家。 这种观点的缺点很明显，它让我们忽视了那些权力管不到的地方，如语言、技术、技艺、物品、观念等会非常自然地穿越边界，尤其是政治边界。 文明的第二个概念就是松散的连接，跟第一个相反。 技术、技艺、语言的播散和关联构成了文明。 但在我看来，这种关联并没有超出原有的社会理论，因为它在很大程度上仍然属于某种支配关系，只是外在于国家的支配而已，如教派、家族、贸易的支配等。 只是它们淹没在历史中，让我们看不到事实的支配。 长途贸易可能很残酷，语言传播可能很无奈。 换言之，我们或许不需要一个"文明"的概念超越政治体边界，因为超越政治体的力量仍然是支配性的。 实际上，我认为人类学并不擅长研究这种超越国家的现象。

我更倾向于从第三个角度使用"文明"，即文明是一种绵延的心态和观念。 王铭铭老师反复讨论过这个问题，早就写过一本《经验与心态》。

王斯福和罗兰的专著里也讲，法老的胃里面可以看到来自全世界的食物，他身上的东西都是象征的。 为什么要把全世界吃到肚子里呢？ 那就是观念的力量。 他必须通过吃掉世界各地的食物来统治"世界"。 这种文明是观念的某些特别的组合，莫斯称为"道德母题"（moral millieu）。 这个东西怎么识别，我觉得人类学家还没有发明出值得称道的办法，现在的手段还是隐喻大于论证。 但至少，这个"文明"概念让我们知道我们在说啥，跟别人能沟通。

简单地说，文明是精英看世界的方式，是他们的创造。 文明可以超越个体的生命得到延续和传承；后人可以"为往圣继绝学"。 这样定义的"文明"具有积累性、反思性、理论性，可以触及人、万物、世界的根本问题、普遍问题，并形成不同的思想传统。 文明的基本命题是开放的，反复出现的，因为这些大问题基本是没有明确答案的。 艾森斯塔特论述的"轴心时代突破"和"多重现代性"，对我上面的说法有直接的启发。 总之，文明不是普通人思索的东西，而是精英之间传承的思想。

我这样定义文明，并非认同精英主义，而是强调这样一个事实：知识精英和政治精英有责任把这个概念用好，因为这是他们的责任。 这样定义文明会导致很多无文字的文化单位难以构成"文明"，但这不要紧，何况无文字社会也可能有很伟大的智慧，还需要开发更好的办法去研究。 至少，这样定义的文明可以避免莫斯的漏洞，也帮我解释了华夏文明与欧洲文明之间的某些根本差异。 吴飞的《人伦的"解体"》清晰地说明了这一点，华夏文明是"文质论"，欧洲是"形质论"。 得到这样简明的结论，实际上要做非常艰苦的工作。 我看到很多人在做这项工作，做着做着就乱掉了。 像吴飞这样做得清晰明确的学者凤毛麟角。 我提到的这些学者让我得出如下结论：如果从思想体系角度认识文明，我们可以看到不同的文明有不同的"文明认识域"。

这个结论让我感到当代社会科学存在一个重大问题，即它仅仅来自西方文明认识域。 几乎所有的社会科学理论的源头都来自欧美，是那里的学者用研究自己的社会所得出的理论，再去研究非欧美社会的结果。 虽然精细的经验研究必不可少，但是理论范式的创新之道并不在于在欧美之外做更精细的经验研究，而是回到自己思想史上的一些根本问题。换句话说，当代社会科学范式更新的要领是在自己的传统中找到另类思想，重新解释大量来自远方的经验。进化论、功能论、结构论、控制论，哪怕是想把前人的研究一笔勾销的后现代主义，大概都是如此。怀特海说，对西方哲学最准确的总结，就是大家都在注释柏拉图。《人伦的"解体"》里有一段论述很精彩：女权主义看上去很具有革命性，但也可以视为古老母权神话的回归。我自己喜欢讲的例子是"电车难题"。我觉得这个命题像"针尖上能站几个天使"的现代翻版。

我想说，文明认识域是很稳定的，一个命题会在几千年中反复出现。今天社会科学的创新之道不在于非西方学者在老家找到更多的例外，而是西方学者不断回到自己的文明认识域。否则，我们就无法解释欧美的大学经过一个世纪的开放办学，跨学科、超时代的政治理论、文化理论、社会理论，却几乎没有一个是非西方人提出的。就连以抵抗西方著称的后殖民主义，也不得不言必称福柯。个中原因，绝不在于非西方学者"不够聪明"，而在于他们来自另一个文明认识域。非西方学者即使踏上启蒙思想、中世纪神学、古希腊哲学的苦行之旅，也不可能不受自身文明的"干扰"。我们都是成年之后才去学西方的，无法抹去自身文明的烙印，不可能做纯粹的欧美学问，更不可能靠阅读译著而"超越"欧美学术。

这并不意味着非西方人就做不好学问了。恰恰相反，我们有自己的文明认识域，要有意识地通过这个认识域思考理论。我认为这正是费孝通先生"文化自觉"的含义之一。不仅中国人可以回到自己的文明认识域，南亚人、波斯人、希伯来人等有思想传统的文明的族群都可以，无文字但有反思性知识传承的社会也可以。经验世界是无限复杂的，韦伯说社会科学仅仅看到了现实的2%。那么，其他的文明认识域是否能帮助我们看到这2%之外的部分。

举个例子，当代社会科学最重要的概念就是"权力"，power。实际上它也是电力、动力、势力、乘方的意思。今天，"权力"研究成了社会科学的代名词，几乎每一份学术发表成果都有这个概念。但我越来越觉得它像个巫术概念，与人类学家在世界各地发现的"马纳""豪""通加"差不多。很多充斥"权力"概念的学术作品，越读越像读一段段咒语，碎碎念，周遭就变成了支配、剥削、压迫、自私。相濡以沫的夫妻被重新解释成性别歧视，研究者恨不得发动老夫老妻反目成仇，以实现他们崇高的"平等"理想。我们今天为什么如此迷恋"权力"这个概念？为什么像捉害虫一样到处找"权力"，要除之而后快？路易·杜蒙说，只有进入当代社会，"权力"才变成一个重要概念。那么，我们是否可能拿出一个不同的概念来？能否以不同的方式甚至更贴切的方式解释自己的社会和远方的世界？我们能否通过回到自身的文明认识域而获得"文化自觉"？

我就是在以上的认识中思考区域国别学的。现在，这个领域已经成为一个一级学科了，这当然是希望实现某种跨越式发展，但也敦促我们从学理上思考学科问题。我认为，区域国别学的核心问题，就是"中国看世界"的问题。我们不能将其做成替别人看世界的学问，要有自己的问题意识、研究方法，有意识地回到自己的"文明认识域"。"中国看世界"的问题其实很复杂丰富。王铭铭老师的《西方作为他者》就是在谈一个古已有之的"西方学"谱系。

如果说得极端一点儿，我们的区域国别学的数据不是太多了，而是太少了甚至还没有。因为我们的域外知识都是其他学科根据他们的认识论和方法论收集到的，不应该算在区域国别学名下。一级学科要有自己的认识论和方法论，要有能力识别"自成一类"的现象。否则就只能去搞学科交叉，搞不了交叉学科。前者是一个跨学科平台，后者才可能孕育一个新学科。当然，做这件事可能要几代人，现在还为时过早。涂尔干是如何把社会学建立起来的？他继承了多么厚重的遗产？他做了多么精深的研究？他带出了一个什么样的团队？而且，社会学作为一个学科不仅有他，还有另外两位大家、几十个中家、上百个小家。他们方法论、认识论，甚至本体论都不一样，做出来的东西更不一样，但是不妨碍坐在一起讨论。一个学科就是靠这样丰富的思想市场建立起来的，要接受意外，没办法规划出来。 一个学科固然要写教材、做翻译，但它的根本是产生大量原创专论，创造一个百舸争流的局面。

在文明认识域的看法基础上，我提出"以中释外"，希望为区域国别学的认识论和方法论探索抛砖引玉。 我说"以中释外"，是主张用中国古代思想解读世界，并在与已有研究的具体辩论中追求新见。 两者同等重要。 因此，它既不是排斥西学的保守主义，也不是拥抱西学的虚无主义，而是复兴某种文明互鉴的智慧。 它希望回到中国的世界观，主张用中国的古代思想解释跟中国关系不大，甚至没有关系的现象。"以中释外"的目的是用中国自己的文明认识域来解读世界。

我们的社会科学大体在做四种知识生产。 第一个是"以西释中"，拿西方的理念去解释中国，这种做法会让我们永远停留在下游消费理论，永远要靠一个对中国一无所知的人启发我们。 第二个是中国特殊论，就是说中国现象溢出西方理论，所以要靠对中国的观察自造理论。 发现特殊的案例是一种稀松平常的感受，因为每个"案例"都是特殊的，用经验溢出理论也是欧美社会科学的常见做法。"母国特殊论"在世界上到处都是，反而强化了"西方谈普遍，我们找特殊"的学术分工。 第三个是后殖民主义，喜欢谈抵抗欧洲霸权。 但是它的整个思想还是来自欧洲的，如葛兰西、福柯、霍布斯鲍姆，等等。 而且，"去殖民"的口号往往会导致劣质的民粹主义，例如今天的印度。 第四个可以称为"以中释中"，就是用中国的概念去解释中国的事。 这当然很有力量，也启发了我。 但我认为还不够，因为用中国内生的思想解释中国的社会，当然比任何外来的理论都更贴切。 但只有它在远方也产生了解释力，才能叫理论，否则只能算中国学。

"以中释外"要求你的想法能"跨地域"，能用在远方，并且能跟那里已经有的具体理论对话，所以更要懂西学。"以中释外"希望发扬思想史上的普遍性论述。 阳明心学不能换算成同理心，老子思想绝非简单的生态论。 古代思想是来自另一个时空的宏大体系，有着不同于欧美社会科学的方法论、认识论、本体论。 这些思想都有可能让我们看到不同的域外世界，并有可能通过具体案例的辩论形成新的人文社会科学论述，这是一种可能的"区域国别学"。

举一个例子。我去南非开会，发现与当地学者很谈得来。他们喜欢谈交融、借鉴。他们喜欢开玩笑，连笑料都与中国的差不多。对他们来说，历史上来非洲的阿拉伯人、印度人、欧洲人、中国人，并不是一样的人，他们会用不同的表情和手势形容他们哪里不一样，这很生动贴切，也很有思辨力。可是在欧美主流社会科学理论看来，外来人一律都是"殖民者"。的确，会上几位欧美学者一直在谈殖民和种族主义。当然，学者们很友好亲和，但学术关切却如此不同。南非学者经历过殖民和种族隔离，并不否认殖民问题和种族问题，但是他们更关注非洲与外部世界交往中的道义、情感、经贸、基建、农业推广、历史记忆，而不是殖民和种族主义。这或许就是"文明认识域"的差别。对于同样的现实、同样的地方，不同国家的学者会各有各的关切。你说的是事实，我说的也不能说不是。

欧美学者会很自然地把本国问题搬到世界其他地方。例如，种族问题是美国当今的重要议题，所以他们的人类学几乎要变成种族研究了，他们到哪里都能看到甚至只能看到种族问题。以前还能重视一下性别、教育，等等，如米德，但现在却都在关注种族问题。他们并不是不真诚的学者，他们只是自然而然地把自己的关切挪到远方，把自己的文明认识域挪到远方。这可能是他们的区域研究特色。那么，我们要不要跟他们一起关心他们的社会问题？如果欧美社会科学在全世界看到了权力、性别、等级、剥削、种族、秩序，我们是否可能在我们之外的世界里看到"礼""道""法""气"？毕竟，这些概念不仅是"中国哲学"，更是中国哲人对世界的总体思考。我必须说，这种解读，是基于对欧美学术更透彻了解的基础上提出的，它不是保守主义，不是排斥"西学"，而是追求在与西方理论的具体辩论中提出更有力量的解读，追求以理服人。

其实，中国学术传统一向主张用自身的思想脉络解读世界。《大同书》就是一部用春秋公羊学解读世界趋势的论著。康有为并没有强调公羊学是"中国思想"，而是把它看成透视人类命运的普遍理论。费孝通先生提倡运用中国古代思想认识人类基本特质、借鉴其他文明、探索"美人之美"的相处之道。汪晖在《现代中国思想的兴起》中也说，"海防""塞防"的争论体现的是当时思想界对天理和公理的共同思索。李安山说《诸蕃志》《瀛涯胜览》《四洲志》《清史稿·属国传》这样的"史料"不是简单的信息汇总，而是当时学人基于自身世界观的知识创造。王铭铭老师在《西方作为他者》中认为西王母、天竺、泰西等异域想象，体现了华夏文明对域外世界的秩序化建构。我也尝试用《老子》的"贵货""不积""小邦寡民""智者敢为"等概念重新解读美拉尼西亚的库拉交换。可见，用中国思想解读域外世界并非一个规划，而是一个早已存在的进路。

中国社会科学不应该只是研究中国的社会科学，而要拿出气度，用自身文明的原创思想解读域外世界。"以中释外"有可能助力区域国别学超越"学科交叉""交叉学科"的话语，形成独特的认识论和方法论。只要坚持在具体的经验研究中与国内外同行辩论，这一思路就有可能识别出巨量的、"自成一类"的独特现象，探索出一条具有原创价值、能以理服人的区域国别学路径。

（梁永佳，浙江大学求是特聘教授）

"文化"之困境与"文明"之可能

——对区域国别研究方法论的思考

刘 琪

其实我讲的核心观点刚才王铭铭老师已经提到了,就是文化是有边界的,文明是没有边界的。我想结合这两年在区域国别研究院的工作经历,谈一下为什么我觉得这个问题对于当下中国的区域国别研究是重要的,以及它对区域国别研究方法论可能做出的贡献。

最近,随着区域国别学成为交叉学科下的一级学科,学界都在热议关于中国区域国别学的学科知识体系构建。人类学,被认为是可以和其他学科在区域国别研究的框架下进行"交叉"的一门学科。那么,人类学做出的知识贡献应该是什么呢? 关于这个问题,我自己还在探索之中,但这两年在区域国别研究院教学或者跟别的同事讨论的时候,发现其他学科的人对人类学的理解就是,你们是研究文化的。如,我们现在要研究某个国家,那就需要研究它的政治、外交、经济、军事等多个面向,而人类学,就负责研究它的"社会文化"。那么,什么是"社会文化"呢? 如何可操作化呢? 他们会期待我们给出一个答案,但这个答案并不是那么简单。

为了弄明白这个问题,我花了很多时间去翻阅关于文化的定义。"文化"这个概念,当然和美国的人类学知识传统密不可分,而美国在二战后兴起的区域研究(area study),也是我们可供借鉴或批判性借鉴的最直接的样本。那我们就先来看看,美国人是怎么说这个问题的。

　　美国的区域研究是二战之后兴起的，它是同时具有战略性和学术性的一个非常大的工程。二战之后，传统的大国势力都有所削弱，美国的世界地位却突然上升，但当它想在世界各国布局的时候，却发现对这些地区的了解几乎为零。在这样的一个背景下，基金会、政府在短期内投了大量的经费去搞研究。在区域研究规划初期，他们出了很多报告，论证"区域研究"这件事应该怎么进行。北京大学历史系的牛可老师，对这段时期的历史做了不少解读，我在这里就不过多重复了，只想提及与今天所讲内容有关的部分。

　　这些报告里，知名度最高的是霍尔报告（Hall Report），霍尔提到区域研究的目标应该是如下四个，第一，提供整全的世界知识；第二，合作以及知识的整合；第三，跨文化理解；第四，清除社会科学研究中的障碍。当谈到"跨文化理解"的时候，人类学就登场了。另外一份比较重要的报告，是斯图尔德报告（Steward Report），此人本身就是很著名的生态人类学家。他也把区域研究的目标分为四点，第一，为重要的世界区域提供具有实际价值的知识；第二，为学生和学者提供文化相对性的认识；第三，对存在于区域中的社会与文化整体（social and cultural wholes）进行理解；第四，推动"普世性"的社会科学的发展。

　　比较这两份报告可以看到，跨学科合作以形成一门不同于传统学科的新学科，是美国区域研究的雄心壮志。这在沃勒斯坦后面出版的《开放社会科学》中也有论述。而人类学，被认为是可以进行"跨文化理解"的学科，它的研究对象应该是"社会与文化整体"。斯图尔德对什么是"社会与文化整体"还进行了进一步的阐述。他非常明确地指出，这个"整体"，更接近于"文化区"（culture area）的概念，而不同于国家的边界。在他看来，在同一个文化区内，不同的国家可能会相互竞争，如西欧诸国，虽然属于同一个文化区，但彼此之间并不是那么和谐。同理，某个特定国家的衰落，也并不意味着某种文化的衰落，如斯宾格勒预言的"西方的衰落"，就是不准确的。斯图尔德虽然没有明言，但我认为他实际想说的是，"西方的衰落"只是传统西方列强的衰落，而美国作为西方的"新代表"，正在世界上崛起。

进而看斯图尔德的主张，区域研究的研究单位应该是形形色色的社会文化系统（sociocultural systems），这些社会文化系统有横向的，也有纵向的，如某个地方、某种职业、某个族群，都是一个社会文化系统。而像政府、法院、军队这些则属于正式的社会文化系统，它们贯穿于整个社会，发挥巨大的作用，我们也应该研究它们。

在我看来，如果美国的区域研究真的按照斯图尔德的规划来走，可能会形成一种真正意义上的"区域研究"。但可惜的是，实际上在接下来的几十年里，人类学与区域研究的结合，却更多地走向了"一种文化＝一个国家"的方向。

这样的知识结果当然源于各方面的因素，但本尼迪克特所提到的作用，是不得不提的。本尼迪克特在美国的名气非常大，她所写的《菊与刀》几乎是家喻户晓。《菊与刀》，研究的是日本的"国民性"，背后的假设便是，存在着一种由"文化"决定的"性格"，而这种"性格"，又与国家的边界等同。本尼迪克特最著名的比喻便是，整个人类文化是一个弧，每一种文化，都从这个弧上分到了自己的一部分。更形象的说法，就是她引用的印第安部落的那句俗语："一开始，上帝就给了每个民族一只杯子，一只陶杯，从这杯子里，人们饮入了他们的生活。"这样的说法，彻底把"文化"神秘化了。本尼迪克特隐含的意思是，每一个国家，都从某种神秘性的源头获得了他们的"文化"，然后，又完成了这种文化在个体身上的整合，以至于每个国家中的人们都会形成非常类似的性格。依据这样的理论，她写了《菊与刀》，并根据她自己对于日本"国民性"的理解，为美国政府做出了战后不要废除天皇的政策建议。这项政策建议被证明是成功的，这也是她的理论产生了巨大影响的原因之一。在她的影响下，美国的人类学家就跑到世界上的各个国家及各个部落中去寻找文化，出了很多如中国文化、印度文化、纳瓦霍人的文化、夸克特人的文化之类的书。

在我看来，这种"文化"的滥觞，造成了至少三个很糟糕的知识后果。

第一，是常识层面的。它会让人们觉得，到某个国家就是要去寻找那里的"文化"，不管这些"文化"是否已经脱离了日常生活。比如，最近几年我跟外国来的留学生聊天，他们会提到，在来到中国之前，他们对于中国文化的了解基本是如下几项：饺子、武术、孔子。但这些真的能代表我们的"文化"吗？反之，我要花很大的力气说服他们，这是某种 stereotype（刻板印象），而不是老百姓的日常生活。那么，当我们去其他地方寻找"文化"的时候，是不是也在犯同样的错误？

第二，是极端的相对主义。我们都知道跨文化理解是对的，是我们应该追求的知识目标，博厄斯在这个基础上提出了"文化相对主义"，即任何一种文化都有平等的、相对的价值，这听起来也很美好。但将这个概念用到极致，便会使文化的价值变得不可评判，甚至不可比较，不可相互理解。在我看来，人类学在 20 世纪七八十年代面临的"写文化"危机，其实也与此有关。如果每种文化真的都是特殊的，那么，身为外人的我们，又如何去理解并书写另一种文化？这其实是区域研究兴起初期，一些规划者曾经警告的知识前景，但很不幸，它可能变成了之后的现实。

第三，是边界的形成。当我们认为小至某个群体，大到某个国家，都会有某种"文化"的时候，基于这种文化之上的边界便形成了。对内，"多元文化主义"的兴起及对"差异政治"的诉求，无不与附着于群体身上的文化特质有着直接关联；对外，著名的"文明冲突论"，在我看来更多讲的是"有边界的文化政体"之间的冲突，而不是原初意义上的文明本身。文化，在某种意义上成为美国内外政治的知识注脚，离这一概念倡导者原有的初衷已经南辕北辙。

事实上，美国人类学之父博厄斯在提出"文化"概念的时候，本来包括普泛性与特殊性双重含义，其普泛性在于 culture（文化）之于 nature（自然）的区分，特殊性在于不同的社会离开自然的不同方式。它本是想要在探寻人类各种各样不同的生活方式的基础上，去形成对于人类普泛性的一个共同的认识，但后一种知识追求，却在历史进程中不断被遗忘。这里面自然有着诸多复杂的原因，这里就不过多地探讨了。

那么，若要建构中国的区域国别学，我们便需要寻找替代"文化"的知识工具。我认为，"文明"的概念，蕴含着巨大的知识可能。

让我们回到莫斯。他认为，文明现象指的是在一定程度上相关联的几个社会所共有的社会现象，这些社会通过长期接触固定的中介或世系的关系而相互关联。每种文明都有其区域和形式，文明会扩散，也会有停止的地方，有界限、核心和边缘。文明的扩散有自己的历史进程，与历史上的国家行为有一些关系，有时候，国家之间的战争也会在客观上造成文明的传播，但二者绝不是完全重合的。

需要特别指出的是，莫斯讨论文明的时候，正是第一次世界大战结束的时期，他谈这个概念，内心里其实蕴含着对现代国族的不满。从本质上来说，文明是开放的，而国族则是封闭的。在民族主义时期，政治家们会将"文明"等同于他们自己的"文化"，再认为这种"文明"只属于自己的民族，从而在"我者"与"他者"之间建构出政治性的边界。但实际上，与大写的"文明"相比，国族只是历史上的一个阶段，"文明"（即后来被替代使用的"文化"）边界与"国族"边界的重合，只是西方特殊历史经验被强制性普遍接受的产物。本身内涵丰富的文明，就这样被歪曲或化约为了边界清晰且与政治单位重叠的概念，进一步而言，当"国族"这个概念成为区域国别研究中不证自明的单位，又再次被简化为核心领袖及大人物之间"博弈"的时候，历史上层叠繁复的文明关系，就成了不具有研究价值的边角料。

在我看来，要真正建构有中国特色的区域国别研究，让区域国别研究能够为普泛社会理论做出贡献，最重要的一点，便是突破西方树立的"国族"框架，从文明的视野，重新审视今天世界地图上那些形形色色的国家边界，并对其形成的历史过程做批判性的理解。

举个最直观的例子，东南亚。著名的东南亚史学家安东尼·瑞德在最新出版的《东南亚史》中，将东南亚定义为"十字路口"，如果从文明的角度理解，也就是说，这里是世界上诸文明的交会处。至少有三种文明对这里产生过巨大的影响：佛教、中国、伊斯兰，再加上东南亚原有的本土信仰，在每个小型社会里，都存在着数种文明的交织与层叠。直到19世纪早期，东南亚仍旧是一个典型的流动性宗教文化中心。从政治形态来看，除大越国和古代中国有边界以外，其他国家之间都不存在固定的边界，而是以一种"星系政体"（galatic polity）的方式联系在一起。统治者们竞相宣称自身具有超自然的显赫地位，但他们操控事件或发展人口的权力却随着与宫廷的距离越远而越弱，每一个地方王国，都会审时度势地在大国之间摇摆。

2023年1月，我曾带着学生短暂前往今天云南的西双版纳进行田野调查。这里现在已经是著名的旅游胜地，以南传佛教闻名，而当我翻开历史的时候，发现南传佛教的传入，便是典型的文明交汇的案例。历史上，这里存在着一个以傣族为主体的地方王国，即"勐泐"，世袭国王的家族以刀为姓，自明朝起臣服于中央王朝，国王被封为宣慰使。有趣的是，同时，刀氏家族也向缅王朝表示效忠，缅王朝不仅给了时任刀氏家族之长刀应猛封号，还将公主嬢呵钪嫁与了刀应猛为妻。在史学家李拂一编著的《泐史》中，详细地记载了这次联姻的全过程。嫁妆之丰厚自不必说，特别值得一提的是，当缅朝公主到达版纳的时候，听闻此事的明王朝也差遣宁洱、思茅两地长官到达当地参加这一盛事。由此，"天、缅双方，皆极融洽。宣慰使感激恩遇，于是敬以天朝为父，缅朝为母。天朝使臣，扶宣慰使左手，缅方使臣，扶宣慰使右手，扶其登宝座，共举为宣慰使，行滴圣水礼"。随着缅朝公主嫁入版纳，南传佛教也随之传入，形成了与当地原有的"巫"的体系并存的局面。在今天的傣族村寨里，我们还可以观察到这两套信仰体系的杂糅。

这个故事，如果从今天的"国际体系"或者"国际关系"的层面来解读，是没有办法说通的。它发生在前"国族"的时代，用的是文明的语言。"汉父缅母"，对于当地而言，既是政治上的臣属，又是亲属关系的转译，更是社会整体性的体现。换句话说，这个社会的整体性，恰好在于对不同文明的吸纳，任意缺了一方，社会便是不完整的。

我相信，在东南亚的历史上，还存在着很多这样的社会，在某种意义上，整个东南亚，也可被视为这个小社会的放大。我们今天在地图上看到的东南亚国家的地图，它的历史只有不到百年，它是在二战之后，在摆脱西方列强殖民体系的基础上诞生的，而在每一个国家内部，都存在着无数个如上文那样的文明复合体。在某种意义上，东南亚国家难以完成自身的国族整合，恰好是因为它们难以处理文明的跨边界性与国族的边界的张力，也难以在延续数千年的文明传统基础上为国族进行的边界切割做出足够的合法性说明。如果不理解这一点，便难以理解今天东南亚很多国家的政治困境。

事实上，格尔兹在自己学术生涯的晚期，已经在一定程度上认识到了"文化"概念的问题。在《烛幽之光》这本论文集中，收录了两篇讨论这个问题的论文，即"一个国家如果不是民族，那它是什么？""一种文化如果不是共识，那它是什么？"作为一个在印度尼西亚和摩洛哥这样的后发国家曾从事长期田野调查的人类学家，格尔兹意识到了现代国族边界的偶然性，而他更为困惑的是自己曾经试图推进的"文化"研究，在20世纪末期似乎也变成了碎片。格尔兹认为，文化作为基本问题上的共识，无论是共享的观念、共享的情感还是共享的价值，这样的理解都难以为继了，断层和裂缝标出了集体自我的形貌，而若要整合这些断层，便需要一种新的"差异的政治"。

从国族建构的层面，我们可以说，这种政治过程与政治整合是必需的，但从学术研究的层面来说，我们更加需要的是对被现实政治遮蔽的文明过程进行描绘与思考。事实上，很多现实的国与国之间的联结，未必不是建立在历史文明联结的基础上，如今我们重提中国与东南亚的关系，无论是"澜湄命运共同体"，还是"云南作为面向南亚东南亚的中心"，都需要将历史上复杂的人员、文化、物品流动考虑在内。这种文明传播与文明交汇，是自发的，不需要政治来调和，反而可能成为新的、超越国界的政治关系的基石。

总之，"国族"并非一个前提性的研究对象与研究单位，相反，它的生成过程，以及它所划定的政治边界对文明的切割，或者重塑，才是我们应该去理解的东西。 现代国际秩序是一个以西方为中心的秩序，我们只有理解了这套秩序的生成，才能在更高层面上对其进行批评，并想象其他跨越国族边界的秩序可能。 从"人类命运共同体"的角度来看，消弭边界的文明，而不是构筑边界的政治，才是"共同体"的基础。

（刘琪，上海外国语大学上海全球治理与区域国别研究院研究员）

文明层叠与知识互惠：以柬埔寨国别研究为例

罗 杨

我从博士生阶段开始一直从事柬埔寨国别研究。 直到 1997 年，柬埔寨的内战还未平息，20 世纪 70 年代采取极端政策的波尔布特及红色高棉，造成了柬埔寨巨大的人道灾难，可以说这是一个充满苦难的国度。 按照现代国际关系的标准，相比北美、西欧等区域，东南亚地区并不"发达"，柬埔寨也只是这个区域中的一个"小"国。 然而，东南亚地区被誉为世界的"十字路口"，各种文明在此交汇，柬埔寨也曾是中南半岛上拥有众多属国的强大帝国，在印度文明的影响下，创造出极具包容性和多元性的"世界文化遗产"吴哥窟。 吴哥王城中建成于 12 世纪的巴戎寺曾让法国民族学家莫斯（Marcel Mauss）大为赞叹，他看到该寺的回廊浮雕将不同的种族、宗教等"异种风情融为一体"，形容这是一个"已经合成的受精卵"，认为这是对他提出的"文明"概念的极好诠释。

因此，在所谓的"发达"与"落后"、"大国"与"小国"的标准之外换一种视角，以去民族国家中心化及比较文明的眼光观之，东南亚地区处于西面的印度文明与东面的华夏文明这两大板块之间的中间地带，它如同一个漏斗，历史上就源源不断地承接着这两块文明的影响，而柬埔寨历史上的王国覆盖了东南亚地区的大部分地方，是一个类似于人类学家格尔茨

（Clifford Geertz）笔下尼加拉那样的典范中心。①

一、他者的"内圆外方"图式

今天我跟大家分享一个我在田野里很常见，后来我逐渐意识到它是一个核心的东西——一个内圆外方的图式，就像良渚文化的玉琮。 上座部佛教如今被定为柬埔寨的国教，在这个全民信仰宗教的国度里，仪式活动远比俗世生活重要。 我发现，柬埔寨人当下举行的各类仪式的核心都是围绕着这种内圆外方的模型，在吴哥王朝的古迹中也随处可见这样的图式，尽管有不同的变体，如吴哥窟的中心宝塔和周边四座宝塔就构成这种结构。这个图式贯穿了柬埔寨的历史与现实，我希望从现实倒推回历史，去解开这个图式之谜，从而理解当地人的生活和意义世界。

（一）现实仪式中的观念划分

首先，这个图式与现在柬埔寨人对世界的划分观念有关，即文野之别。 这个概念跟中国古代的文野理念相通，但意义不同。 中间的圆形代表佛寺以及佛教覆盖的、供养佛寺的村落、家庭、稻田，这是文明化的空间。 与之相对的是周边的森林野地，祖灵、地域神灵、各种自然界的神灵鬼怪都处于野地的混沌空间。

在柬埔寨人看来，人的一生，在出生、成年、结婚、死亡这些重要节点上，他的灵魂都要在印度教祭司的指导下，象征性地去森林野地游走一番，再被召回当事人的体内，以他的手腕系上棉线作为灵魂重新被召回的标记。 人的灵魂只有经历这样一个出离身体—待在野地—重新回来的过程，才能顺利度过上述这些人生节点。 因为森林野地——在佛教世界观中是无序、危险的世界——在当地的另一种宗教传统印度教看来，恰恰蕴藏

---

① 〔美〕克利福德·格尔茨：《尼加拉——19 世纪巴厘剧场国家》，赵丙祥译，北京：商务印书馆，2018 年。

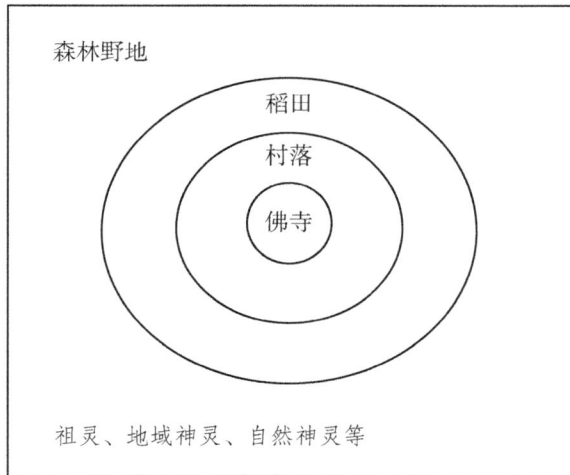

森林野地

稻田

村落

佛寺

祖灵、地域神灵、自然神灵等

柬埔寨人对世界的划分观念（笔者绘制）

着巨大的神秘力量，人只有借助并引入这些来自野地的力量，如祖灵和各种神灵等，才能更新成为更强大的自我，进入到人生的下一个阶段。 家庭、社区、王国这三个层次上的年度仪式，其内在的逻辑都是如此——引入周边的野地的力量，人文世界才能实现周期性的复兴和延续。

但是，中心的文明化世界和周围的野地并不是相互隔绝的，而是相辅相成。 居于中心的人居世界需要来自周边野地的力量，反之亦然，野地的神灵鬼怪等也需要中心的滋养。 例如，俗人供奉给祖先、神灵等的食物，必须通过佛教僧侣的转化才能变成前者可以吸收的功德。 佛教为它们传递功德，一方面希望生活在周边野地、混沌世界里的神灵鬼怪不要来干扰中心人居世界的秩序，另一方面也是对它们的超度，希望它们能够更快地转世为人，成为文明化世界的一分子，这是对它们的一种提升。 可以说，来自中心的佛教功德滋养了后者，而后者的力量又实现了中心的人与社会生命的更新与更强。

（二）吴哥时代的宗教复合

这个图式源自吴哥王朝时期，也反映了吴哥王城的基本结构，它的第二层含义是吴哥时代的印度教和佛教所赋予的。 公元802年，吴哥王朝的开国之君在一位印度教祭司举行的仪式帮助下，确立了神—王同体的信仰，它让当时的柬埔寨人相信，国家的繁荣、土地的肥沃和收成、雨水的丰沛等都与国王的神性密切相连。 吴哥王朝的历代神王在王城正中建立起一座庙山，核心位置放置了一个内圆外方的模型，中间的圆形代表神王的化身，即被称为"林伽"的男性生殖器象征，外面的方形则表示女性生殖器。 印度教祭司将水从林伽上浇灌下来，注入外面的方形，再从一个槽口流出去。 水流经这个模型之后便获得神王的力量，带着神圣丰产能力的圣水沿着吴哥王城人工修筑的巨大灌溉网，流入王城村民的稻田中，使稻田获得丰收。 吴哥王朝统治的经济基础是稻作农业，而柬埔寨的旱季和雨季极为分明，雨季接连下几个月大雨，旱季连续几个月滴水不降，水利工程不仅具有重要的宗教意义，也有实际的功能。

佛教取代印度教后，王城虽然按照佛教宇宙观营造，但承袭了之前信奉印度教的国王们基本的建筑模式：王城中心的庙山和周围的水网，其实仍是这个图式的放大，只不过庙山里供奉的原本作为神王化身的林伽被换成佛王的菩萨像，庙山转换成佛教的须弥山，周围的水网变成须弥山上流下的河流的象征。 当后来的国王们重新皈依印度教时，只是把庙山里供奉的佛像埋入地下，换成林伽，信奉佛教的国王继位，再次用佛像替代林伽。 所以，今天在吴哥王城里，可以见到很多林伽与佛像同时并置在庙山的情形。

这个图式不仅覆盖着吴哥王城，还使得王都和它外面的世界互惠。 吴哥王朝是中南半岛上的一个强盛帝国，它有自己的属国，分布在王国的周边山区，那里的人被视为"野人"，现今已成为柬埔寨国内的少数民族。国王们定期向这些部落酋长赏赐礼物，酋长们则回赠给国王森林中的土特产。 这仍是基于内圆外方的图式和文野互惠的逻辑，王城中心与周边的

"野蛮人"交换，目的是为王国引入使其繁盛的力量。

（三）前吴哥时代的传统融汇

吴哥王朝作为中南半岛上的强盛帝国，其基础是对在漫长历史长河中流入这片地方上的众多传统的综合，所以这个图式的第三层含义源自更为宽广和深厚的历史土壤。作为吴哥文明中心的庙山信仰继承自它之前的王国扶南和真腊，该地的土著原本就有在高地上修建祭祀场所的习俗，那时的国王自称为"山帝"。在某个历史时期，一些印度的商人、僧侣等相继来到"外印度"，开启了所谓的东南亚的印度化浪潮。正如法国学者赛代斯（Georges Coedès）所说，印度化面对的并不是毫无文化的"野蛮"土著，它得以在东南亚迅速且容易地传播开来，是因为土著精英善于利用这些传来的习俗和信仰去解释他们已知的现实，将外来的印度教与佛教、印度的王权与宇宙观，与原本对祖先、土地、山的崇拜以及宇宙的二元论融合。[①] 例如，柬埔寨人对山的观念与印度教的林伽崇拜、佛教的曼荼罗结构融合。而这些土著精英的"借鉴"行为本身就是对文野互惠的最好注脚——作为他者的印度文明蕴含着使自身强大的力量。

除了沐浴西来的印度化浪潮，还有来自东面华夏文明的影响。例如开篇提到的巴戎寺回廊浮雕上出现了中国宋朝士兵的形象。[②] 元明之际，吴哥王城中平民百姓的生活已离不开源自中国的货物，在真腊这样一个极重礼仪的社会里，贵族阶层的等级标志物件借自中国的丝绸。明清以后，华南移民大规模南渡，华人逐渐成为当地的第二大族群，形成了西方学者所谓的"柬人政治—华人经济"模式。[③] 据一位柬埔寨学者估计，可能一半的柬埔寨人祖上都有华人血统。或许华人还为当地人的野地观念增添了中

①〔法〕乔治·赛代斯：《东南亚的印度化国家》，蔡华、杨保筠译，北京：商务印书馆，2008年，第45—53页。
② 顾佳赟：《丝绸之路上的东南亚文明：柬埔寨》，南宁：广西人民出版社，2018年，第160—161页。
③ W. E. Willmott, *The Chinese in Cambodia*, Vancouver: University of British Columbia Publications Centre, 1967, pp. 8, 11.

国式的祖先崇拜元素和祖灵的力量。

通过对这个图式的三段式抽丝剥茧可见，在历史的纵深上，它从前吴哥时代、吴哥时代到现在一层一层文明要素的叠加，每一个历史的层次，又是横向上不同文明之间流动的脉络，是来自本土的、印度教的、佛教的、华夏的文明要素的重叠与复合。

二、一位中国士大夫的柬埔寨之旅

这个图式对于中国古代的知识阶层即士大夫而言并不陌生。 1296年，元朝一位名叫周达观的士大夫随使团出访当时的吴哥王朝，在当地待了大约一年，留下一本名为《真腊风土记》的著作。 这或许是中国古代关于海外的志书中，最早也是唯一一本仅以一国为记述对象的。 这位士大夫的经历，以及看待和理解其他文明的方式，对于现在的人类学研究、区域国别研究而言依然富有启发。

（一）"夷""夏"的颠倒

首先，周达观在当地经历了跨文化的冲突。 这种冲突根本上正是源自中国古代也有"天圆地方"的图式，表示夷夏之别、文野之别。 华夏自视为天下的中心，像柬埔寨这样处在周边的国度属于前来朝贡、接受教化的"蛮夷"。 然而，周达观发现，中国移民在真腊的社会里反而成为当地的"蛮夷"。 例如，吴哥地处热带，真腊人喜欢洗澡，"不分男女，皆裸体入池"，裸体并不表示他们不开化，反而很讲究规矩，"惟父母尊年者在池，则子女卑幼不敢入"，反倒是"唐人暇日颇以此为游观之乐"。[1] 周达观意识到，真腊人和"唐人"之间存在文化差异，真腊人虽是裸体洗澡，男女混浴，但有一套礼仪制度将它"文明化"，但在"唐人"看来，男女裸体混浴很不文明，而真腊人觉得"唐人"围观才是不文明。 甚至连周达观自

---

[1] （元）周达观著、夏鼐校注：《真腊风土记》，北京：中华书局，1981 年，第 179 页。

己——这样一位文质彬彬的中国士大夫，在真腊人的眼里也是一副野人形象。因为他发现，当地的文化阶层，即所谓的知识分子，尽管他用中式的"儒者"来称呼，却是印度教祭司和佛教僧侣这样的宗教人士，他们才是当地社会最为推崇和尊敬的高尚之人。

吴哥、华夏文明中都有的内圆外方图式及其文野观念，恰恰能够解释周达观遭遇的文化冲突。华夏文明是包纳"天下"的一系列层次的中心，但它并非唯一的中心，像柬埔寨一样的很多东南亚国家也处在以印度文明为中心的一系列"中心—四方"体系中，甚至它们自身也是一系列属国的文明中心，它们的世界"层次"同样包纳了华夏。在各个中心—四方体系中，各个层次距离中心的远近及等级，暗含着"文野"程度的差别。相比华夏，柬埔寨距离印度文明的中心更近，所以在这套文明体系中，"唐人"更野蛮，传承印度宗教文明的祭司与佛教僧侣才是掌握文化的知识阶层。

（二）"夷""夏"的互惠

周达观在其见闻录中能够体察到吴哥文明的等级性，以及"唐人"在这个等级当中的位置，这与他所属的中国古代知识分子阶层对"天圆地方"图式及其所蕴含的夷夏之辨的理解是分不开的。亦如柬埔寨人的文野互惠观念，在华夏文明的天圆地方图式里，周边的异族和方物同样被视为滋养帝国之物。正如人类学家萨林斯（Marshall Sahlins）指出的，"在中国与'蛮夷'的整个关系体系中，存在某种力量，政治中的'蛮族'力量，中国人非常懂得占用和教化，用来服务于帝国，比如檀香木这些来自东南亚的东西，进入到帝王的朝贡体系中，'蛮族'呈上它们，也是呈现一种神圣的和极度的力量。人们在朝廷上使用这些物品，例如在唐朝，当帝王面见大臣们的时候，一张焚有香或香木的桌子被放置在他面前。点上这些来自东南亚的、承载着帝王力量的香，朝臣们吸入它，继而心领神会。这是占用蛮野的力量，而外部的蛮野则被朝廷加以驯化和利用。这是文明和野蛮互相依赖的典型例子"。①

周达观承认夷夏关系在当地的颠倒,也可见他作为一个儒士本身并不把儒家学说作为一种普遍的认识论。 儒学在元代成为与佛教、道教、阴阳学等共存的"宗教",多元宗教或多种知识体系的并存有助于汉族士大夫从仅以儒家学说治国的单纯理想中解脱出来。② 因此,他在心态上更容易接受夷夏的颠倒及其互通。

(三)贯通"夷""夏"的知识分子

周达观之所以能够理解这种文化冲突,能够发现和意识到自身文明的限度,以及与其他文明的关系,与中国古代知识分子求知域外的传统息息相关。③ 这种传统的开创者是为宗教信念而西行求法的佛教僧人,如法显、玄奘、义净等,同吴哥王朝的知识阶层类似,当时的僧人也被称为"道人",如同后来的士大夫,他们也追求济世之"道",而且认为道在"他处",才会踏出国门。 由唐转宋,海外贸易日渐兴盛,对海外知识的匮乏刺激了当时的文人圈子对域外的好奇,对海外诸国的探索和记述的主体从僧人变为周达观这样的士人群体。

费孝通先生曾把中国古代的"士"阶层视作皇帝和民众之间的中间层与黏合剂,但在中国的天圆地方图式里,还存在外番和蛮夷,士也从未只把眼光局限在中心的汉人社会,像周达观这样的士人也在处理华夏与诸夷等不同文明间的关系。 在这个意义上,士不仅是纵向上华夏文明内部介于皇权与地方社会之间的中间层,形成这股域外书写传统的士人,在横向上也是连接华夏与海外世界的中介。 没有他们对于周边的书写,华夏的中心

---

① 萨林斯、王铭铭:《我们是彼此的一部分——萨林斯、王铭铭对谈录》,载《中国人类学评论》第 12 辑,北京:世界图书出版公司,2009 年,第 84—85 页。
② 张亚辉:《传统中国意识形态史的知识社会学初步考察:一种民族学视角的社会理论反思》,《青海民族研究》2013 年第 1 期,第 26 页。
③ 罗杨:《从法显到郑和时代中国人笔下的印度洋世界》,陈忠平主编:《走向多元文化的全球史:郑和下西洋(1405—1433)及中国与印度洋世界的关系》,北京:生活·读书·新知三联书店,2017 年。

也无法成形，他们的行游和记录构成了知识互惠的基石。

三、结语

区域研究是空间不断重组的研究，是流动文化的研究。[①] 上述围绕图式的含义及与之关联的周达观的故事，笔者试图寻求的不仅是不同的文化样式，而且是不同的样式，如男—女、文—野等基本元素，在当地的综合重组方式，不是去本质化不同的文化，而是找到文化的流动脉络、生成机制，即文明的层累过程，它并不完全与现在的国家边界重合。 因此，存在一些超越于每种文化之上的更大的体系，它创造了每种文化样式之间的相互关系，这个更大的体系也并不完全与现在的区域划分重合。

另外，人类学者和研究对象之间的关系，应该是王铭铭老师所谓的"不同文明的脉络间的对话"[②]，是由不同文明中的知识分子所构成，人类学和研究对象之间的关系，应该是在处理不同的知识和知识之间的关系。 不同文明中的知识分子有着不同的身份和内涵，应尊重每种文化对于知识的定义。

正是文明的层叠过程，为实现知识互惠提供了可能。 莫斯曾说道："文明的历史，就是不同社会的各种物品及其成就之间循环流动的历史。"[③]不同文明中的知识分子从历史的长河当中采撷到不同的文明元素，基于所在的局部（local）社会，建构起不同的文化样式。 这就使得不同文化之间以及作为文化担当者的知识分子之间有相通之处，也有差异。 相通是彼此理解的前提，差异是相互理解的必要。

[①] 陈恒：《超越以西方话语霸权和民族国家为中心的区域研究》，《学海》2022年第2期。
[②] 王铭铭：《从弗思的"遗憾"到中国研究的"余地"》，《云南民族大学学报（哲学社会科学版）》2008年第3期，第12页。
[③] 〔法〕马塞尔·莫斯、〔法〕爱弥尔·涂尔干、〔法〕亨利·于贝尔原著，〔法〕纳丹·施郎格编选：《论技术、技艺与文明》，蒙养山人译，北京：世界图书出版社，2010年，第45页。

　　如果说人类学对当下的区域国别研究有什么作用或是知识贡献，或许就是去发现和揭示一部部漫长的文明层叠的历史，以及不同文明中知识分子的心史；如果说人类学有什么方法论，或许归根结底就是使"他者"自身成为方法。

（罗杨，中国华侨华人研究所研究员）

重返文明概念：构建复调文明史和区域多样性的一种可能

张　帆

　　我从去年翻译的一本格雷伯和温格罗的新书 *The Dawn of Everything*：*A New History of Humanity*①讲起，这本书提供了一个对人类文明史的新理解，所以出版社直接用了该书英文副标题做题目《人类新史》②。 这本书虽是讨论文明史，但对"文明"这一概念有着不同寻常的理解，此理解背后有莫斯（Marcel Mauss）的影子。 对于莫斯所引领的法国社会学年鉴学派的文明概念，王铭铭老师曾著文③评述，我希望本篇文章能对此有所增益。

　　作为一个美国学者，格雷伯和他的老师萨林斯（Marshall Sahlins）一样，对于文明这个概念似乎总有一种抵触，必须谈的时候也很隐晦。 这种抵触和隐晦也正好说明既有的文明概念迫切需要被清算。 因此，这本书开门见山就把进化论意义上的"文明"进程作为分析的靶子和起点。 进化论

---

① Graeber, David & Wengrow, David., *The Dawn of Everything*：*A New History of Humanity*. Farrar, Straus and Giroux, 2021.
② 〔美〕大卫·格雷伯、〔英〕大卫·温格罗：《人类新史》，张帆、张雨欣译，北京：九州出版社，2024年。
③ 王铭铭：《在国族与世界之间：莫斯对文明与文明研究的构想》，《社会》2018 年第 4 期。 王铭铭及其学生也翻译了莫斯论文明的文章合集：〔法〕马塞尔·莫斯、〔法〕爱弥尔·涂尔干、〔法〕亨利·于贝尔原著，〔法〕纳丹·施郎格编选：《论技术、技艺与文明》，蒙养山人译，北京：世界图书出版社，2010 年。

意义上的"文明"大概有两种理解方式：一种是卢梭式的神话，把自由看作对文明的压抑，看作人类进步的代价。这个神话主要讲什么呢？主要是讲人类社会的发展是按照一个进化式的、以技术作为主要标志的方式在前进，经历了新石器时代的一系列革命——包括农业革命、城市革命等，逐渐出现了城市、国家，以及与国家相关联的等级制、行政体制、军队等。在这种叙述下，文明成为跟我们的自由伸张相对立的机制。卢梭的文明神话在很大程度上影响了美国学者和其他西方学者对文明概念的理解。另外一种是霍布斯式的文明理解，简言之，就是基于对人性本恶的假设，提出文明是必要的，只有基于文明对人类自然天性的规训，人类社会才可能产生秩序。霍布斯意义上的文明有拉丁语的起源，也有古希腊的根源，后来通过霍布斯的阐释，在很多现代学科，包括政治学、国家学等的学术讨论里被发扬光大了。在社会学中，例如埃利亚斯（Norbert Elias）在讨论文明进程的时候，也是沿着这样的一个理解在阐发，即，文明对身体的规训并不是一个负面的"压迫"，而是形成一个"彬彬有礼"的社会所必需的。①

进化论意义上的文明，或者说以技术的发展、社会组织形态的变化作为标志的等级进化观，也奠定了考古学意义上的文明定义，在很大程度上影响了中国学者对文明的理解，主流学界对于文明的理解大致集中于对文字、工具、城市、国家，以及相关建制、宇宙观、精神气质等方面的讨论。

不同于这样一种文明理论，这本书提出了一种新的对文明的理解，这种理解不是来源于欧洲的启蒙运动，而是受到了美国本土印第安人哲学家的启发。例如，书中提到的坎迪亚洪克（Kandiaronk, c. 1649 – 1701），一位美国温达特部落的酋长，也是一位哲学家和批评家，他与早期法国殖民者的关系非常密切，还因此去了欧洲，看到了欧洲的等级制度、贫富分化以及不同国家之间的各种暴力和冷酷，也看到了欧洲人对诸如身体、

---

① 〔德〕诺贝特·埃利亚斯：《文明的进程：文明的社会发生和心理发生的研究》，王佩莉、袁志英译，上海：上海译文出版社，2013 年。

性、土地、财产等的独断占有。 对此，坎迪亚洪克批评道：欧洲人不是文明，而是极端的野蛮。 由此坎迪亚洪克提出一种对文明的理解——在美洲本土社会，文明并不是指精神和物质的生产与进步，而是指一种道德生境。 怎么来理解呢？ 就是说，文明不是不断地发明更多的武器、建造更坚固的城池来保护自己，让自己免受伤害；文明是指即使我知道自己会受到伤害，但我同时也知道我在受到伤害时会得到照料；文明也不是不断地生产、积累更多的财富来保障更好的生活，而是我知道即使自己生活再差，也总有人会和自己分享一口饭、一片瓦。 这就是一种文明，一种道德生境。

其实坎迪亚洪克对于文明的这种理解，较为接近后来莫斯所提倡的文明概念，这种道德生境是人类社会存在的前提，因此，莫斯指出人类并不是进入特定的精神和物质阶段才进入文明社会，人类无所不在文明之中，没有人不处于文明之中。① 不过，莫斯不仅看到了人与人之间的道德相关性，更看到了人与神和自然之间的道德，人通过交换礼物、献祭等与各种存在之间都形成了一种道德联结②，因此，莫斯意义上的道德生境有更广阔的视野，不仅涉及一套价值观念，更涉及一套宇宙观念，即一套人如何更好地栖居于世界之中的观念。

尽管如此，格雷伯和温格罗对于文明的这种理解，也比之前的欧洲启蒙式的文明理解要更为开阔，他们指出了欧洲启蒙运动的美洲之根，也据此重新审视了史前史，颠倒了我们长期以来假想的"从野蛮到文明的进化"。 书中引用了大量史前史的考古遗迹，让人印象深刻的是一个被命名为 Romito 2 的史前人类遗骸，从基因来看他生前曾患侏儒症，所以导致他的体型有异样，而侏儒症使他没有办法参加群体狩猎活动，尽管如此，对

---

① 即便在讨论爱斯基摩人（因纽特人）的社会形态时，莫斯依然使用"爱斯基摩文明"或"西北文明"这样的表述。 见毛（莫）斯：《论爱斯基摩人社会的季节性变化：社会形态学研究》，载〔法〕马塞尔·毛斯：《社会学与人类学》，佘碧平译，上海：上海译文出版社，2003年。
② 见〔法〕马塞尔·莫斯：《礼物：古式社会中交换的形式与理由》，汲喆译，上海：上海人民出版社，2002年；〔法〕莫斯等：《巫术的一般理论献祭的性质与功能》，桂林：广西师范大学出版社，2007年。

他的基因检测发现，他活到了当时的平均年龄才自然死亡的，没有被遗弃，甚至在生前曾得到悉心照料，否则一个无法参加狩猎的侏儒症患者是不可能活到自然死亡的。这个例子非常好地说明了，不管是霍布斯还是卢梭，对于"自然状态"下的人性假设都是有问题的。因为如果将这个新石器时代的遗迹看作一定程度上的"自然状态"，那就说明人类既不是孤苦无依的，也不是互相斗争的，而是相互照料的，这是人之为人的社会性基础。

从这里开始，格雷伯和温格罗勾画出了文明的轮廓，但与此同时也面临严峻的挑战。第一个最大的挑战是，如果所有人类都出生或生活在文明体系之中，人类天然就具备相互照料的特质，会形成特定的道德生境，文明不依托于特定的物质生产和社会形态，这是不是就意味着这样的社会不可能演化为大型的复杂社会？也就是说，一旦我们有了社会分工，社会规模扩大，按照传统的对文明理解的假设，就会产生剩余价值，滋养出特定的统治阶层，然后演化出等级制度，等级制度就会破坏天然生成的道德生境，而形成一套有特定统治阶级意识形态的支配结构。

这个假设是不是对的？格雷伯和温格罗在书中用了很多例子证明，人类其实从一开始就具备构建大型复杂社会的能力，这种能力并不是随着社会进化才逐渐出现的。那么为什么在史前遗迹里，我们没有看到大型复杂社会的痕迹呢？因为，首先，复杂并不一定导致永久的等级支配。在乌克兰等地出现的超大规模史前城市中，城市体系复杂精妙，但完全没有君主制的痕迹；而印度河流域的史前城市摩亨佐·达罗，有着复杂的城市结构和阶层分化，但是分化是沿着洁净和肮脏的宇宙观做出的，即，贫穷的高等级僧侣住在中心上城，所拥有的只有大浴池，而环绕上城的下城住着富裕的、技艺高超的商贾工匠等，没有任何证据证明这种等级分化最终导致君主制或者支配统治。其次，文明体作为一种道德生境，具备某种对于永久性权力机制的反思机制，甚至是颠覆机制，也就是说，人类从一开始就富有政治洞见，而非处于"纯真"状态，能够想象不同社会制度的优劣并主动做出选择。例如对世袭领导或积累财富的警惕，会形成一些避免发生这种情况的机制。 其中，最明确的就是能够在民族志以及考古学上被证实的两种机制：第一种是季节性对于人类社会形态的影响——这里可以明显看到莫斯的影响。 这是指人类社会在特定季节会聚集（如冬季或干季），形成复杂的社会组织，构建大型的建筑物等，甚至还能形成城市，形成一定的分工体系和等级制度；但是在其他季节（如夏季或雨季），大家就分散开来，把之前建立的那一套体系全部清除归零，以此来避免权力世袭和等级制的固化。 第二种是周期性的建设和毁弃机制，如世界各地遗留至今的大量巨石阵或巨木阵，这些大型建筑需要调用大量人力和物资，因此就需要复杂的劳动分工和管理，也需要精细的运输和生产，但是这些耗费巨大的仪式性建筑，似乎在完成了仪式使命之后很快就被遗弃了，而没有以此孕育出永久性的支配和等级制度。

这就引发了第二个问题，即，如果长期处在建设和归零的回环往复之中，是不是就意味着不能形成大规模的经济和贸易网络，无法开展大范围的交换，无法形成物质和知识积累。 格雷伯和温格罗在书里也引用了大量的例子指出，人类并不一定需要基于物质基础来构建大型网络，有很多的大型网络，不论史前的或有史记载的都有这样的一些实例，如美国南部的夯土群"波弗蒂角"（Poverty Point），这些夯土堆建筑的尺寸和相互位置明确显示了精妙的数学计算，它们是一个几乎覆盖北美的大型网络的中心，但没有商品贸易的痕迹，这说明人类大型网络的建立可能是基于某种仪式需要或是基于某种知识——仪式、寻梦、图像、音乐、舞蹈等——的交换。 其实经济活动并不一定是人类社会复杂性增强的一个基础，并不是人类区域性网络构建的一个前提，人类很多跨区域的活动并不一定是经济活动催发的，经济活动反而可能是这种远距离仪式或知识交换的副产品。

在这里，格雷伯和温格罗再次回到了莫斯的文明概念，即，文明不仅仅是一种道德生境，也是一个与之相匹配的区域网络，这种区域网络和帝国、国家等并不相同，也并不需要依附于一个特定的政治结构，而是通过人、物、技术、观念等的流动造就的网络。 莫斯相信，全球化从来都不是一个现代现象，过去的人远比现代人游历更广，因此他并不认为"文化传播"是一件值得研究的事情,每个人、每个人群都知道周围人、周围人群在做什么,所以应该问的是,为什么特定的人群没有吸纳特定的文化性质? 为什么多样性不会随着传播降低,甚至可能会提高? 莫斯总体上认为,文明是一种"拒绝的结构"(structure of refusal)。 拒绝的结构揭示出文明的非功利色彩,即并非所有人群都会欣然接受看似符合理性计算的功利性文化特质,拒绝与否取决于此文化特质在这群人的价值序列中的位置;与此同时,更重要的是,这个价值序列并非内部生成,而是人群之间相互参照形成的,这就意味着,文明不能被孤立地研究,而必须在文明与文明的关系中被研究。 亨廷顿所谓的"文明的冲突",就是建立在文明是自发内生的基础上,在这种假设之下,文明是畏惧传播、警惕接触的。① 但如果从莫斯的"文明"概念出发,则会看到,文明本质上是一种相互关系——接受和拒绝都是相互的,没有相互关系就没有文明的生成。

以奴隶制度为例。 在文明等级进化论的视角下,文明奠基在货币、资本、利息等概念的实行、商人阶级的产生、土地私有权以及奴隶劳动的出现之上,②在此视角下,人类社会普遍经历了奴隶制时代。 对于这一点,格雷伯和温格罗指出,人类早期是否都经历过奴隶制时代似乎无法验证,不过,从现存的民族志材料中可以看到,在美国西部本土印第安人的生活没有被殖民者破坏殆尽之前,不同的采集—狩猎部落对待奴隶制的态度截然不同。 这些比邻而居的部落之间有相当大的气质差异——西北海岸的部落以浮华奢靡闻名,而加利福尼亚南部的部落则充满着清教徒式的气质。相应地,西北海岸普遍盛行奴隶制,而加利福尼亚南部则对奴隶制充满鄙夷。 这种差异并非因为两者之间缺少联系,考古证据显示这些部落之间依托于独木舟的贸易交流历史悠久。 因此,这些群体之间的差异一定是在彼此的相互参照中不断生成并得到强化的。 是否存在奴隶制度也不能简单以

---

① 〔美〕塞缪尔·亨廷顿:《文明的冲突与世界秩序的重建》,周琪等译,北京:新华出版社,2010年。
② 参见〔德〕恩格斯:《家庭、私有制和国家的起源》,张仲实译,北京:中央编译出版社,2023年,第176页。

西北海岸缺乏劳动力而加利福尼亚南部劳动力充足作为解释，因为西北海岸是美洲人口稠密的区域之一。 因此，掠夺奴隶出自一种伦理和价值体系，其中认为贵族不能参与特定劳动，如贵族以出海捕猎虎鲸为荣，而以杀鱼腌肉为耻，从而在渔业收获之际就需要大量人手来处理猎物。 西北海岸的贵族显然无法强迫自己社会内部的平民从事劳动，所以就俘获其他部落的人来劳动。 北方这种好战且奢靡的生活方式被其南部邻居耻笑为肥胖且懒惰，这使得南部的部落更加坚守自己的"清教徒"生活方式，通过身体力行参与劳动、坚守纪律来培养内在自我，区别于北部通过炫耀奢靡的仪式和宴饮来构建外在自我。

简而言之，格雷伯和温格罗所提出的新的文明观是指：第一，文明不是进化式的以技术发展作为标识的历史进程，而是一种道德生境。 在其中人类具有相互照料的特质和倾向。 第二，文明内部具备一种反思机制，表现为季节性或周期性的积累和清零，人类社会摇摆在积累所形成的等级分化和清零所带来的平等主义之间，给社会及个体提供了自由空间和退出机制。 第三，文明是一种基于"拒斥的结构"而形成的区域网络，这种网络既不以国家为载体，也不以全球化为目的，而是随着人、物、技术等的扩散而扩展，在特定道德和价值体系的边界止步。 第四，文明不是内生自发的，特定道德和价值体系的形成是在相互参照中得到筛选和强化的。

这样一种新的对于文明的理解，有助于我们重新理解人类文明史——文明史是复调性的。 这意味着，文明并不是一个客观外在的线性过程，人类在其中束手无策，只能被迫前行；文明是回环往复的复调过程，依据人类对美好生活的想象积累和清零、前进和停止，呈现为有节律的波动状态。 这样一种对于文明的理解，也使我们能更加宽容地看到所有人类社会都处在文明之中，但与此同时，文明所具有的扩散性并不会减弱区域的多样性，因为不同的区域的差异并不来自闭关自守，而是来自在交往和交流过程中依据特定的"拒斥的结构"做出的选择和定位。

可以说，"万物的黎明"即万事俱备之意，换言之，人类从成为人类的那一刻起就具备了与现代人一样的主体性，是一种具备构建复杂社会和大型区域网络的道德动物，有能力依据自己的偏好去组织自身的文明。 只有回到把人当作人这一点上，我们才能恢复对人类文明进程的开放想象，重新审视构建现代科学的基本预设。 在这个意义上，重新去理解这种意义上的文明，对我们理清区域国别研究的起点、立场、预设和概念也是有帮助的。

（张帆，北京大学社会学系助理教授）

重铸"文明"：比较视野下文明研究的路径与挑战

张力生

我的报告主要是关于迈克尔·罗兰（Michael Rowlands）和王斯福（Stephan Feuchtwang）2019 年出版的《重铸文明》（Civilisation Recast）这本书。 上午梁老师也提到，这两位学者早在十几年前就开始致力于重拾文明概念以及其解释力。 这本书的出现与中国渊源很深，不但在内容上以非洲与中国作为比较对象，其中的许多观点也是在跟中国学者，尤其是王铭铭老师的对话和讨论中形成的。 2014 年 2 月，罗兰教授发起的伦敦大学研究项目"文明动力学研究中心"（CREDOC）成立，王老师受邀做了开幕式演讲。 随后的几年罗兰与王斯福多次来华，王老师也赴伦敦讲学。"重铸"（recast）的概念也在这个过程中正式被提出来了。

"重铸"，显然是为了应对"文明"概念所处的僵局。 几位老师上午也谈到，这个局面的形成在很大程度上来自现代人类学关于自身的某种根深蒂固的意识形态焦虑。 自 20 世纪上半叶完成"社会学化"以来，西方人类学普遍排斥受进化论与传播论影响的、带有等级性、精英化以及进步主义色彩的文明叙事，转而以探寻和理解文明的"他者"为己任。 这导致在相当长的时间里，有关文明起源、变迁和互动等问题成了历史学与考古学的"专利"。 文明变成了一个对应于古代的历史范畴，文明研究变为了关于"古文明"的学问。 罗兰和王斯福也致力于克服文明概念当中的"欧洲中心主义偏见"，但认为问题出在阐释框架上，而跟文明演进与传播的事实无关。 与此同时，历史学和考古学在文明研究方面的积累和突破能够且实际上已经对社会科学重新思考文明有所启发，而这种启发是不应当回避的。

因此，两位学者力图"重铸"一种贯通时空和学科边界的文明学，将文明概念从原有的意识形态局限中解放出来，把对于大规模时空转型和长时段历史变迁的关切，重新带回社会科学的视野。 为此，两位作者也特别重视来自中国与非洲的"非西方文明体"的经验，试图以比较的视角，重新将文明与当下的议题连接起来。

在本书的前几部分，两位作者为我们勾勒了一部文明概念的思想史。通过对涂尔干、莫斯、汤因比、埃利亚斯、弗洛伊德等关键人物及著述的"批判性与建设性"梳理，他们对"本书中的文明"（第二章）做出了界定。 这一理论路径当中，两位学者的地位最为突出：一位是我们今天一直在讨论的莫斯，另一位是路易·杜蒙。

《重铸文明》中的文明论在根本上追随莫斯和涂尔干在《关于"文明"概念的札记》（1913）一书中的观点，认为文明是超越国族边界，延展于广大空间范围的，由多个社会所共有的现象。 这种现象产生与变迁的动力，来自不同地方的技艺、巫术、象征、食品、器物、信仰、神话等元素的不停流动和相互借用。 在后来的《诸文明：其要素与形式（1929/1930）》中，莫斯将文明定义为"在一定程度上相关联的几个社会所共有的那些社会现象，这些社会通过长期接触、固定的中介或同世系关系而相互关联"。① 那么，一个文明就是"一个社会大家庭"。 关于文明的"超社会性"，王铭铭老师有过集中的论述。

莫斯强调文明作为一个"社会的家庭"，是一个边界模糊、处于不断变动中的松散整合体，而非整体性的整合体。 同时，文明也有自身的特性

---

① 〔法〕马塞尔·莫斯：《诸文明：其要素与形式（1929/1930）》，载〔法〕马塞尔·莫斯、〔法〕爱弥尔·涂尔干、〔法〕亨利·于贝尔原著，〔法〕纳丹·施郎格编选：《论技术、技艺与文明》，蒙养山人译，北京：世界图书出版公司，2010 年。

和局限，因此所有的文明都是依靠借用和吸收其他文明来生存，而同时，又是通过排斥"他者"来完成对自己的定义。因此，莫斯强调文明的这种交流和区分，呈现一种一体两面的关系。

罗兰和王斯福特别关注这一点，并由此引申到了他们思想史梳理过程中的第二个关键概念，那就是杜蒙提出的"含括"（encompassment）。这是杜蒙在关于阶序（hierarchy）的论述过程中提出的概念，也就是说对于对反的一种包括，说明阶序并非单纯的二元对立，而是将二元对立含括于一个整体当中，而在这个整体当中形成了差异，从而最终形成一种阶序。罗兰和王斯福认为"含括"是文明的一种非常鲜明的属性，表现为文明也可以含括自身的种种反题。他们承认在文明之中是有中心的，不过文明当中也有非中心，也有内与外、高与低。因为涉及含括和阶序就会出现价值的不对称，他们也认为一个文明体是包括多中心的，或者说多阶序，或者是不同价值体系的融合。

基于此，他们试图对文明进行很多重新界定，都是在我们刚才提到的主要受莫斯和杜蒙的理论影响下的延伸。他们提出了一个相对来说最为简洁和基础的文明定义："文明是一种有限度的自我型塑（self-fashioning），依据一种含括性的世界观，这个世界观界定了何为人及人的行为，何为人能够感知的范畴，以及内与外的区别。"①

在此基础之上，他们提出了一系列的文明概念的特征或原则：

第一，文明的基础是一种趋向（orientation），这种趋向通常是一种含括性的存在的世界（world of being），也是一种自我型塑的意识形态。这种自我型塑也表现为自身的限度，因此，文明往往有中心，尽管也有例外。

第二，含括性往往在一种更高级的存在当中得到理念化，这种更高级的存在由某些特殊物质所表征。

---

① Stephan Feuchtwang & Michael Rowlands., *Civilisation Recast: Theoretical and Historical Perspectives*. Cambridge: Cambridge University Press, 2019, p. 182.

第三，文明可以是平等主义的，并不是所有不平等的身份差异都意味着等级和阶序。

第四，如果文明是阶序化的，那么其中也存在上升的可能空间以及挑战。

第五，文明是评判性的（evaluative），只要不断提升和完善人的道德和审美境界。

第六，文明也是其内在的自我反思的基础，能够对文明自身的中心，以及其内部的等级和阶序进行批判。[1]

《重塑文明》继承了莫斯以文明超越国族的观点，用文明描述跨越社会和文化的流动与借用，同时也强调其限度。同时，他们吸收了杜蒙的含括理论来解释文明内部的稳定和张力，据此思考长期文明变迁的可能。那么这样一种文明概念，到底应当如何被用作进行比较研究的分析范畴呢？在该书接下来的两章，作者用两项具体的研究为我们展现了他们先前所描述的这种绵延的、跨边界的、长时间的、作为"深层历史"的文明动态。我个人认为，本书的第三章和第四章最能体现两位学者在处理大规模时空转型和长时段历史变迁问题上的抱负，这也为他们重新使用文明概念作为一个比较分析框架做了前提性的铺垫。

第三章"食物、物质和献祭的长期传统：解读西亚、南亚和东亚的饮食文化"由罗兰与伦敦大学学院考古学研究所植物考古学家傅稻镰（Dorian Fuller）合著。书中的一幅世界地图所展示的是全新世中期（距今 8000 至 3000 年），世界不同地区的人类进入新石器时代，磨制石器、陶器制作，以及以畜牧与耕种为主的农业生产形式开始兴起。柴尔德在《远古东方新探》（*New Light on the Most Ancient East*）一书中提出了"新石器革命"说，认为农业这种全新的食物生产方式的出现是新石器时代最重要的特征，标志着人类开始由狩猎采集向定居的农业社会转型，因此，新

---

[1] Stephan Feuchtwang & Michael Rowlands. , *Civilisation Recast: Theoretical and Historical Perspectives*, p. 46.

石器革命也是"农业革命"。

书中指出，包括部分中南美洲、西亚两河流域，这些地方的制陶技术是在农业革命之前出现的。而包括东亚、撒哈拉以南非洲，以及南美的一些地方，在农业革命发生之前，制陶技术已经出现。

这两者有什么区别？制陶技术与农业革命出现的先后顺序，决定了一个地区的人们以何种方式处理谷物。前者，率先掌握制陶技术的文明，更倾向于制作器皿去蒸煮食物；而后者，则形成了研磨谷物并以烘烤为主的加工方式。而在石器时代已经形成的这种规律经过长时间的演化，逐渐形成了"大麦/小麦/面包"与"大米/小米/粥"这两种截然不同的饮食烹饪方式。

不同的饮食烹饪方式也对粮食作物的栽培产生了影响，在我们熟悉的东亚与东南亚饮食文化中，糯稻及其他糯性作物因为更适应蒸煮烹饪和酿酒而流行开来，这些地区稻米的质地越发黏糯。书中指出，糯稻的分布范围不仅包括我国长江、珠江和黄河流域，东北部分地区，还涵盖了日本、朝鲜半岛及东南亚许多国家和地区。这样的饮食习惯对这些地方的文化和习俗产生了深远影响，于是形成了"糯稻文化圈"或"糯文化区"的文化地理空间范围。对黏糯食品的喜好，也融入了祖先祭祀的习俗当中，在节庆中用于供奉和分享。甚至，在距今 4500 年左右的龙山文化时代，当小麦从西亚传入中国时，并没有带来其原有的加工方法，反而经历了本土化过程，融入了中国的饮食体系，形成了与西亚烘烤面包完全不同的更适合煮蒸的面条、馒头传统。

而在近东、北非和地中海沿岸，碾磨类石器的出现比制陶的发明早了一万多年，旧石器时代晚期的狩猎采集者就已经开始对野生谷物进行研磨，制作面团或面糊。因此，在这些农耕先于制陶发生的地区，烘烤成为他们主要的烹饪方式。在烘烤过程中产生的烟雾就变成了他们在仪式活动之中与鬼神或祖先进行交流的主要方式。制陶发明之后，陶器也自然而然地嵌入到这套饮食体系当中，用于烘烤食物和酿制啤酒。

这些考古研究表明，不同文化的"口味"偏好可以追溯到这些地区在新石器时代之前的狩猎和采集社会。 这些偏好的形成，很难仅从地理环境资源和营养学角度进行解释，而一定与长时期形成的饮食与身体的关系，以及如何通过饮食维持健康的不同理念和风尚有关。 在这一章中，作者试图透过不同文明的饮食体系——作物、技术及物质文化——去理解与其对应的仪式系统和超自然观念之间的关系，也为我们展现了一个跨欧亚和北非的深层历史的对比研究如何可能。

在讨论农业革命之后，第四章"诸新石器性：从非洲到欧亚大陆及更远的地方"，将视线拉到了"城市革命"发生的青铜时代。 距今约 5000 年前，巨型公共建筑先后在美索不达米亚、埃及、印度河流域以及中国华北地区涌现，随之而来的是更大规模的人口聚集，形成了比村庄更加复杂，也更加等级化的城市共同体。 柴尔德称这个过程为"城市革命"。 英语中的"文明"（civilisation）与拉丁语中的"城市"（civitas）在词源上的联系也说明，城市的出现一直被作为文明崛起的最初迹象之一。 柴尔德也认为是城市孕育了文明。 因此，自"城市革命"之后，也就有了文野之别。柴尔德将汤姆森的"三期说"与摩尔根提出的蒙昧（savagery）、野蛮（barbarism）和文明（civilisation）三阶段对应，称青铜时代及其之后的社会为"文明"，而没有实现城市化突破的旧石器时代的狩猎采集者为"蒙昧"，新石器时代的食物生产者为"野蛮"。

而在第四章之中，作者试图为我们勾勒另一种史前文明发生的可能图景。 来自同一时期的物质遗存的分布表明，从东南亚岛屿、美拉尼西亚部分地区一直到南亚和撒哈拉以南非洲的广大区域内，并没有发生城市化的突破，但存在大量的动植物、香料、药材以及稀有珍宝的海上贸易交换网络。 其中，既包括"全球化"的稻米、山药、甘蔗、香蕉等食品，还有豆蔻、松香、象牙、玛瑙等被认为有辟邪、疗愈等灵验效力的"贵重物"（prestigious goods）。 也就是说，这些物质的流通也传递着不同区域间的信仰与价值观念，仪式、巫术等文化技术，使亚非间的广大区域，成了不同社会相互沟通影响的"接触地带"。

这些未发生城市革命的地区，长期以来被排除在全球历史的进步话语之外，被判定为在新石器时代停滞不前。 然而，这条新石器时代"亚非走廊"的存在使得一系列物质、技术、信仰元素可以在不同的文明复合体之间互相交流而不断多元化，而最初发生城市化的诸文明中心，也正是依靠与这些"落后"的"野蛮之地"间的联系和沟通才出现的。 因此，两位作者指出，"文明和野蛮世界的产生是在一种普遍存在的新石器文明中出现的，它存在的时间更长，延展于更广的跨地域范围"。

这条海上的"亚非走廊"，构成了与以城市和庙宇为特征的、扩张性的文明"中心"相对照的一条"文明链"，也是一种新石器时代版本的"全球南方"。 这些史前的"全球南方"及其新石器性（Neolithicities）绝非"野蛮之地"的，而无疑拥有自己的文明形式，也构成了一种不同的通往"现代性"的可能路径。

我认为第三、第四章是本书的核心章节。 在理论和价值取向上，两位作者旗帜鲜明地追随莫斯-涂尔干式的超社会文明观，批判以往由简单到复杂、从中心到边缘的单一文明尺度。 更重要的是，他们用考古证据向我们表明，近代以来的全球史所描述的亚欧与非洲之间的文野之别，实际上来自同一批共通的文明元素的杂糅和互构。 这种对于诸文明间深层联系与互动关怀，让重新进行长时段的文明比较研究成为可能。

从第五章"祖先、文明和等级制度：来自非洲的一些比较"，到第六章"中国文明"及第七章"当代中国的文明和作为治理的'文明'"，两位作者力图将深层历史图景与当下的社会现象及民族志材料联系在一起。 这三个章节的内容，是十余年间两位作者与中国及非洲学界接触和讨论的阶段性成果，尽管读罢仍有意犹未尽之感，却也为将来进一步的探索指出了方向。

同时，这项工作具有敏锐的现实针对性。 在当下中国和非洲的思想景观中，"文明"依然是极为活跃的修辞，并不断被赋予新意义，无论是通过文化遗产、博物馆，还是更具有"国族主义"色彩的叙述。《重铸文明》一书，也是对这一现象的一种回应。 两位学者对于文明的重新界定，对我们考察区域国别问题具有启发意义，能让我们在一国一族的地缘政治版图之上，看到另一幅更生动的文明图景。

（张力生，北京大学社会学系助理教授）

历史的功能化：马林诺夫斯基论文化动态与区域关系

王燕彬

一、非洲与中国：走出特罗布里恩岛的功能主义

1938 年，马林诺夫斯基（B. Malinowski）在《江村经济·序言》中谈到，未来的人类学要跨越文野之别，从"野蛮学"到研究文明社会，①后者的代表正是非洲和中国，但它们不仅是马林诺夫斯基功能主义应用的区域对象。 特罗布里恩岛静态、封闭的特征，使得马林诺夫斯基功能论囿于"无历史"的困扰，而经历文化接触的非洲社会和拥有悠久历史的中华文明，正有助于功能论的"历史化"，同时，这也是功能论超出了原始社会研究的界限，迈向世界性的文明探讨。 因此，非洲和中国对于马林诺夫斯基而言，不仅是区域的地理概念，而且是方法论和理论体系的经验之源。 王铭铭老师谈到"区域国别研究就是跨文化研究"，是以"己"为出发点的"cross-cultural studies"②。 作为欧洲文明之子的马林诺夫斯基，在其一

---

① 费孝通：《重读〈江村经济·序言〉》，《北京大学学报（哲学社会科学版）》1996 年第 4 期，第 5 页。
② 王铭铭：《人类学与区域国别研究》，载北大区域国别研究编委会编：《北大区域国别研究》（第 7 辑），南京：江苏人民出版社，2023 年，第 1—14 页。

生关于特罗布里恩岛、非洲殖民地以及中国乡村社区的跨文化研究背后，①正是他对西方科学革命以来近代思想的继承、对一战后欧洲政治秩序的思考。② 本文试图在思想史背景下理解马林诺夫斯基后期重要的区域研究——非洲社会变迁考察，重返马林诺夫斯基的经验与思想可以帮助我们思考今天中国自己的区域国别研究，尽管在此中国文明不再是马林诺夫斯基眼中作为他者的区域对象，而是作为文化自觉的主体。③

20世纪30年代英国人类学的非洲研究呈现出三个方面的特征，一是进行长期精密的田野调查；二是采用普遍的理论模型，如功能主义或结构功能主义；三是与英国在非洲的殖民局势密切相关。 英国将自己在非洲的殖民政策定义为"间接统治"（indirect rule）④，马林诺夫斯基的功能理论与之相契合，⑤但同时作为中间人的人类学家本身就对殖民统治秩序构成了潜在的批评。⑥ 马林诺夫斯基希望通过科学的知识和调查促成非洲原住民、殖民政府和非洲的其他欧洲机构之间的密切协作，他的文化接触和社会变迁研究从伊始便有此实用的目的。⑦ 虽然马林诺夫斯基从未亲身进行非洲的田野调查，但他培养和影响了许多学生进行非洲研究。 从1926年国际非洲协会（International African Institute）成立之初，马林诺夫斯基

---

① 虽然马林诺夫斯基并未亲身进行非洲和中国的研究，甚至没有到过中国，但他深入地指导和参与了学生在非洲和中国进行的调查和撰写的民族志。
② Roy F. Ellen, Ernest Gellner, Grażyna Kubica, and Janusz Mucha. (edited)., *Malinowski between Two Worlds: The Polish Roots of an Anthropological Tradition*. Cambridge, Eng.: Cambridge University Pressm, 1988.
③ 王铭铭：《人类学与区域国别研究》，载北大区域国别研究编委会编：《北大区域国别研究》（第7辑），第1—14页。
④ Sally Falk Moore, *Anthropology and Africa: Changing Perspective on A Changing Scene*, Charlottesville and London: The University Press of Virginia, 1996, p. 18.
⑤ Freddy Foks, "Bronislaw Malinowski, 'Indirect Rule,' and the Colonial Politics of Functionalist Anthropology, ca. 1925 - 1940." *Comparative Studies in Society and History*, vol. 60, no. 1, 2018, pp. 35 - 57.
⑥ Sally Falk Moore, *Anthropology and Africa: Changing Perspective on A Changing Scene*, p. 20.
⑦ B. Malinowski, "Practical Anthropology." *Africa: Journal of the International African Institute*, vol. 2, no. 1, 1929, pp. 22 - 38.

就与其保持着密切联系，并于 1934 年参访，此外他还出席了南非的会议，撰写了相关文章等。

马林诺夫斯基试图在非洲研究中阐明，"功能"方法（functional approach）不仅适用于原始简单社会，亦可以扩展至文化接触、社会变迁等复杂社会，乃至对世界文明秩序的构想。但格拉克曼（Max Gluckman）认为马林诺夫斯基的探索并不成功，关于文化接触、社会变迁的历史分析是失败的，这源于他的功能论框架的根本缺陷，即所有的个体和群体在理论上都是相互依存的，因此无法真正解释冲突和变迁的发生。① 此外，拉德克里夫-布朗（Alfred Radcliffe-Brown）主导的非洲研究范式也更多地占据主导。1937 年，拉德克里夫-布朗取代马林诺夫斯基成为英国社会人类学的中心人物，基于对社会人类学作为比较社会学的定位，他把非洲看作进行政治制度比较研究的圣地，并强调采用自然科学方法对政治制度等进行客观研究。②

马林诺夫斯基与布朗的区域研究思路的不同，背后是他对自然主义的拒绝，与此同时，他所遭遇的格拉克曼等人的批评，则源于他对于历史主义的否思。实际上，马林诺夫斯基对自己的这一进路有着审慎而充分的思考。其关键在于，区域研究并非只是片面的"他者"研究，而是包含着一种"他我之间"的世界观。③ 区域国别研究有赖于对世界文明的实质理解和整体构想，马林诺夫斯基的非洲研究并非对非洲文明进行剥离的、孤立的研究。非洲是马林诺夫斯基设想的世界文明历史的一环，他所关切的始终是在历经战火的人类世界的未来。因而，马林诺夫斯基的文化动态论，

---

① Max Gluckman, "Malinowski's 'Functional' Analysis of Social Change, " *Africa*: *Journal of the International African Institute*, vol. 17, no. 2, 1947, pp. 103 - 121.

② 〔英〕亚当·库珀：《人类学与人类学家：二十世纪的英国学派》，沈沉译，北京：商务印书馆，2021 年，第 57—124 页；Sally Falk Moore, *Anthropology and Africa*: *Changing Perspective on A Changing Scene*, p. 29；〔英〕M. 福蒂斯、〔英〕E. E. 埃文斯-普里查德编：《非洲的政治制度》，刘真译，北京：商务印书馆，2016 年，第 3—13 页。

③ 王铭铭：《人类学与区域国别研究》，载北大区域国别研究编委会编：《北大区域国别研究》（第 7 辑），第 1—14 页。

作为一种历史探讨，并非只是对功能主义缺乏历史这一缺陷的一个"补丁"，而是从始至终关于区域关系和文明秩序思考的成果。 在《自由与文明》中，他提出了一种国际主义的文明观，讨论了民族国家和世界战争的性质，并用功能论为文明进行人性奠基。①

二、反对"臆测"：历史主义与自然主义的双重拒绝

在马林诺夫斯基看来，人类学的处境是矛盾的，一方面它作为广义的人的科学，是其他学科的基础，是最根本的学科，但另一方面，它"姗姗来迟"，它要搜罗别人的剩余，进入心理学、历史学、考古学乃至自然科学的领域，要在研究对象、研究方法、研究范围等方面见缝插针。 在这种处境下，人类学如何成为关于所有学科、又被所有学科认为是最根本的学说，是马林诺夫斯基一生思考的议题，是他建立"文化科学"的使命，这种科学性的奠基绝不是模仿自然科学，而是要比自然科学更根本的方法论和世界观。 它的起点是形而上学的拒绝先验预设，终点是功能主义的历史观念和文明秩序。

马林诺夫斯基把进化论者和传播论者都概括为"重建主义理论家"，源于后者"把所发现的文化的每种因素都看成外来的。 因为进化论者主要对往昔时代的遗存感兴趣，而传播论者在调查中首先寻找的是从另一种地区机械地传播过来的输入品，一个把它放在过去，一个放在异处。 但两者都使事实脱离了它所处的实际环境。 这样文化的每种因素——思想、习俗、组织形式、言语——都被硬生生地从它的发展序列上扯下来，并塞进某种臆想的方案中"②。

马林诺夫斯基对古典人类学"臆测"的批评有更深的思想背景和理论

---

① 〔英〕布劳尼斯娄·马林诺夫斯基：《自由与文明》，张帆译，北京：世界图书出版公司北京公司，2009 年。
② 〔英〕B. 马林诺夫斯基：《野蛮人的性生活》，刘文远等译，北京：团结出版社，1989 年，第 21 页。

意涵。 虽然马林诺夫斯基批评古典人类学是非科学的，但泰勒（Edward Tylor）认为他所进行的也是"文化的科学"的研究，因为人的行为和思想具有一般的规律，事件之间不仅是时间的连贯性，而且具有内在的联系。正是基于历史规律的可能性，人类学家才能对文化现象进行分类，并按照大概的发展顺序阶段进行分期。① 这种进化论构想的历史秩序绝不仅是简单地构建一个单向线性的演化模式，而是辩证矛盾的，既要朝向未来，期待人类的理性和知识，又要投向过去，始终追溯人和社会的起源。

这种启蒙的乐观主义是包含着一种目的王国的政治图景，即人类的历史（从过去到未来）都是人类的自然本质不断实现，最终实现完善理想的政治国家的过程，在这个最终的高度文明的社会中，人摆脱自然必然性的束缚，实现了人的自由本性对自然必然性的超越，这是启蒙的核心含义。② 深受启蒙思想影响的古典人类学历史主义传统将人性的"自由"对"自然必然性"的超越关系，外化成了"文明"不同历史阶段、社会性质的秩序，即文明—野蛮的对立。 这一对立既是历史主义对历史的进化论式的理解，也是对文明秩序的认知。

正是在人性的定义上，马林诺夫斯基的观点与之相反，他强调"人类是一个动物物种，受基本自然条件的制约"，③因此，自然必然性不是要摆脱的束缚，而恰恰是人的科学、文化科学的起点，"文化的理论必须立足于生物学的现实"，④野蛮人只是人类的童年时期，而非文明人的未启蒙的过去。 与生物事实的人性理解相比，将最高的理性作为人之本性的定义以及在此基础上的进化论式历史秩序，在马林诺夫斯基看来，都是一种无法在经验事实层面上确认的"臆测"。

与启蒙思想将自由和文明作为目的不同，马林诺夫斯基重新解读了自

① 〔英〕爱德华·泰勒：《原始文化：神话、哲学、宗教、语言、艺术和习俗发展之研究》，连树声译，桂林：广西师范大学出版社，2005 年，第 1—17 页。
② 〔德〕康德：《历史理性批判文集》，何兆武译，北京：商务印书馆，1996 年，第 1—31 页。
③ 〔英〕马林诺夫斯基：《科学的文化理论》，黄剑波等译，北京：中央民族大学出版社，1999 年，第 53 页。
④ 〔英〕马林诺夫斯基：《科学的文化理论》，第 53 页。

由的含义以及文明的实现：自由就是人可以采取不同方式满足需求，文化诞生前，人的自由与动物相同，①文化诞生后，自由是人行动过程中的组织性和工具性，②是文化进步的驱动力。③ 文化的交往和进步实现了原始社会到文明社会的发展，但真正的文明世界是个体自由的充分实现，即每个人都有充分的选择空间，在这个意义上，自由是文明的基石。④ 也因此，在马林诺夫斯基看来，原始与文明、自然与自由并不是启蒙思想所主张的分立的二元关系，自由就是人的自然，原始社会和文明社会是自由的不同实现。

　　虽然强调人的生理—心理事实，但马林诺夫斯基并没有像布朗一样，从拒绝历史主义走向自然主义。 布朗主张，社会人类学是研究人类社会的一门自然科学，像自然科学一样采用比较方法进行归纳推理，从而发现人类社会普遍的基本规律。⑤ 历史主义是精神科学的结果，即一切都是历史构成物；自然科学的内核则是自然主义，被研究的"自然"不言自明地存在于无限的空间和时间中，人感知事物并以朴素的经验判断去描述它们。自然科学的基本方法，就是以客观的方式去认识这种自明的被给予性，"自然科学是带着一种素朴性而将自然作为被给予的接受下来，这是一种在自然科学可以说是不朽的素朴性"⑥。 自然的自明、自在，是经验研究可以作为真正的科学的基础，也是现代人类学走向田野的认识论的支点之一。但正是在"回到经验"这里，自然主义遭遇了它的根本困难，这个困难是被马林诺夫斯基所认识到的。 自然的、混乱的经验如何成为科学的经验？含糊的日常概念如何成为明晰的科学概念？ 客观有效的经验判断如何能够得到确定？ 这是每个基于自然主义的田野工作者都会面临的田野方法问题，即实验方法如何获取经验事实。 真正的事实不是在实验中通过提问获

---

① 〔英〕布劳尼斯娄·马林诺夫斯基：《自由与文明》，第22页。
② 〔英〕布劳尼斯娄·马林诺夫斯基：《自由与文明》，第18页。
③ 〔英〕布劳尼斯娄·马林诺夫斯基：《自由与文明》，第17页。
④ 〔英〕布劳尼斯娄·马林诺夫斯基：《自由与文明》，第220页。
⑤ 〔英〕拉德克利夫-布朗：《社会人类学方法》，夏建中译，北京：华夏出版社，2002年。
⑥ 〔德〕胡塞尔：《哲学作为严格的科学》，倪梁康译，北京：商务印书馆，2010年，第15页。

得的"回答（陈述）"，这只是派生的经验，原生的经验是在实验对象（也就是田野对象）本身中，而实验者/调查者是在对"陌生经验"的"同感理解"中进行理解/分析。因为这种实验方法的本质是实验者自身必须进入到被要求的科学的经验判断中（也就是实验结果中）。但恰恰是这个决定了科学结果的科学价值并无法在经验中逻辑地获取。

自然科学的方法在此是具有"欺骗性"的，似乎人类学、心理学可以是和物理学是一样的经验学科。人的理性、情感等可以像身体一样自然化，作为一个事物。但实际上，每一个对心理的感知是否像每一个物理事物的感知一样包含着"自然"的客体性？这是布朗在把人类学作为自然科学时并没有回答的问题，是他在从历史主义走向自然主义时，没有注意到的陷阱：空间和时间的物体世界是唯一确切意义上的自然，所有其他的个体存在、社会存在、心理因素都是第二意义上的自然。[1] 马林诺夫斯基很早就确立了对自然主义实在论的拒绝，他从经验批判主义出发，指出这种认为文化现象之后存在一个客观"自然"同样是一种无法在经验层面确立的形而上学，与古典人类学的历史主义一样是一种先验的"臆测"。[2] 在他看来，一切文化要素的意义都在于它所处文化中的功能，并不具备超出这个整体的普遍性，同一根木头，在一个文化中被用来当船桨，而在别的文化中可能是武器。

三、文化的动力学：世界历史与文明秩序

方法论上的三个不同路径，即历史主义、自然主义和功能主义，进一

① 〔德〕胡塞尔：《哲学作为严格的科学》，第 xx 页。
② R. J. Thornton, P. Skalnik. (edited)., *The Early Writings of Bronislaw Malinowski*, translated by L. Krzyzanowski. Cambridge, Eng.: Cambridge University Press, 1993;〔英〕马林诺夫斯基：《科学的文化理论》，第46—52页;〔英〕布罗尼斯拉夫·马林诺夫斯基：《文化论》，费孝通译，载《费孝通译文集》（上册），北京：群言出版社，2002年，第200页; Stocking. George W. Jr., *After Tylor: British Social Anthropology*, 1888-1951. Madison: University of Wisconsin Press, 1988, pp. 363-366.

步在人类学中分别形成了差异的区域研究和文明图景的研究方式与理解进路。 三者在各自的理论框架下以不同的比较方法建立区域关系，①在静态的文化区域比较之外，动态的文化接触是考察区域关系的另一个层面。 布朗认为"观察'变迁'最准确的方法，即在若干年限之内，反复地观察已研究的乡村……观察一个地区受外力接触而引起社会变迁的时候，最好选择几个受同样影响而不同程度的社区加以研究"②。 这种考察变迁的方式在社会科学中，类同于物理科学的实验。③ 与布朗不同，马林诺夫斯基强调文化变迁的研究应当是一种整体性研究，"考察新要素如何扎根，以及它们完成这一过程的具体方式"④。 他力图将功能主义理论拓展到文化变迁的分析中，延续他在人性定义中阐述的"需求—满足"（也就是"自由"之内容）的动力学结构。

马林诺夫斯基基于非洲的研究提出"三栏法"，将文化变迁分为三部分：

A. 欧洲利益；

B. 接触、混合、嫁接和转化的过程；

C. 土著文化的保留——其积极的和保守的影响。⑤

在空间上，马林诺夫斯基将非洲分为三个区域：一是西方生活思想主导区，二是纯粹的非洲部落区，三是非洲人与欧洲人互相合作依赖的区域。 这三个区域分别对应着 A、C、B 三项。⑥ B 项显示出来自 A 项的影响和来自 C 项的反应是如何发生的，并由此产生新的文化。 它是文化变迁

---

① 〔英〕E. R. 利奇：《人类学的比较方法》，赵立航、郭景萍译，《民族译丛》1986 年第 1 期，第 36—41 页。

② 〔英〕拉德克利夫-布朗：《社会人类学方法》，第 186—187 页。

③ 〔英〕拉德克利夫-布朗：《社会人类学方法》，第 187 页。

④ B. Malinowski, *The Dynamics of Culture Change*: *An Inquiry into Race Relations in Africa*. New Haven: Yale University Press, 1945, p. 62.

⑤ B. Malinowski, *The Dynamics of Culture Change*: *An Inquiry into Race Relations in Africa*. p. 62.

⑥ B. Malinowski, *The Dynamics of Culture Change*: *An Inquiry into Race Relations in Africa*. pp. 8 - 9.

的田野研究直接面对的核心对象，也是整个三栏法的中心，它必须通过观察和经验来确定，不能从 A 项和 C 项的因素中推断出来。

马林诺夫斯基既不假设文化变迁中某种启蒙的人性观，也不预设某种自然的客体性。这种方法看似与布朗的社会变迁方法类似，但有着深刻的差异。费孝通在批评与之类似的区域比较法和逐期观察法时指出，这些方法并没有真正经验地观察到"历史"，而是构建出历时性的过程。[1] 显然，布朗的方法依赖于其自然主义的认识论，将不同时期、不同地点的经验视为可以客观比较的存在者。而马林诺夫斯基强调一切文化要素的意义只存在于其所处的关联性文化整体之中。对于文化动态方法，尽管因马林诺夫斯基过早去世而没有将其发展成熟，但是他明确地强调，这一方法的核心是文化作为一个整体内生的动力。即文化出于其内部个体、群体的需求，将外来的影响融汇在其体系之中，从而让该文化中各个被外来势力扰动的制度恢复到平衡的状态之中，和原有的文化制度构成新的、完备的、融贯的整体。[2]

这一理论进而造就了不同于历史主义的古典人类学和自然主义的比较社会学（布朗）对"变迁"的理解。一方面，马林诺夫斯基对文化变迁的内生动力的强调，是基于他对文化整体是一个要素互相依存的整体的认知，避免了简单地将文化变迁理解为高级的、外部的文明对土著文明的冲击—反应，也使得他能够从每个文化自身出发考察它们，而排斥了假设一种进化论式的普遍秩序作为衡量每个文化的标尺。另一方面，由此，每个动态变化的文化都不是封闭的，在遭遇其他文化时，它们吸取外来的力量以满足自身的需求，打破了不同文化之间分明的己—他边界，避免了将文化设想为封闭的、孤立的自我演化。

马林诺夫斯基进一步勾勒世界历史和文明秩序的图景，这决定了各个国家、区域之间的关系。功能论的内核是"需求—满足"的动力结构，而

---

[1] 费孝通：《再论社会变迁》，载《费孝通文集》（第 1 卷），北京：群言出版社，1999 年，第 501 页。
[2] B. Malinowski, *The Dynamics of Culture Change: An Inquiry into Race Relations in Africa*. pp. 52 – 54.

作为人性定义的"自由"就是人可以选择满足需求的各种方式，因为不同的满足方式，会形成各种各样不同的"文化"，文化和文化之间会交往甚至战争，形成新文明。① 原始社会是自然发生形成的文化群体，文明社会则是原始群体的融合。 人类文化的起源在于进入部落社会，每个部落都有着自身独特的风俗、神话、制度、历史，即不同的文化。 这种差异性源于每个文化都试图因地制宜地满足其中个体、群体在具体处境中的需求。 同时，部落之间不是隔绝的，它们通过相互的接触，从原始走向文明。② 部落之间的战争与合作等进一步形成了整合的部落国家。③ 不同文化群体之间的战争进一步推动了国家的形成。④ 在历史上，战争对文明的发展有着巨大的促进作用，催生了种种政治制度和文明交融。 但到了一战、二战时，全人类已经形成了统一的文化群体，战争就没有促进文化融合、产生新文明的作用。 所有的战争都是破坏文明的"内战"。

在这样的历史图景中马林诺夫斯基强调，首先，任何一个文明都不是独立形成的，而是交融的结果。 例如，马林诺夫斯基指出德国辉煌的文明成就并非如纳粹标榜的那样是日耳曼民族自身发展出来的，而是在斯拉夫民族、斯堪的纳维亚民族的融合和不同地理环境的交汇中产生出来的。⑤ 其次，每个文化（包括原始社会和文明社会）都是其内部需求的产物，从根本上来说没有高下之分、文明野蛮之别。 因而，不存在普遍的历史进化路线，有的只是每个文化在其具体的历史和地理处境中发展、交融。 以此，马林诺夫斯基展望在二战之后出现一种新的国际秩序，其中西方能消除对非西方社会的压迫，让每个文化群体享有充分的自决权，从其自身出发实现文化整合、满足内部的需求。⑥ 已经作为一个统一文化群体、不会

① 〔英〕布劳尼斯娄·马林诺夫斯基：《自由与文明》，第 195 页。
② 〔英〕布劳尼斯娄·马林诺夫斯基：《自由与文明》，第 170 页。
③ 〔英〕布劳尼斯娄·马林诺夫斯基：《自由与文明》，第 172—174 页。
④ 〔英〕布劳尼斯娄·马林诺夫斯基：《自由与文明》，第 188 页。
⑤ 〔英〕布劳尼斯娄·马林诺夫斯基：《自由与文明》，第 205 页。
⑥ 〔英〕马林诺夫斯基：《詹姆斯·乔治·弗雷泽爵士：传记评价》，载〔英〕马林诺夫斯基：《科学的文化理论》，第 179—180 页。

再产生新的文明社会的人类，应该致力于实现"真正的文明"，即彻底的个体自由，每个人有充足的选择余地，决定以何种方式满足自己的需求。①

（王燕彬，北京大学社会学系博雅博士后）

---

① 〔英〕布劳尼斯娄·马林诺夫斯基：《自由与文明》，第215—226页。

自主知识
体系与区
域国别研
究新视野
专题

面向解放的共同体秩序

——从"全球南方"问题出发的辩证法与中国区域国别研究的问题意识

殷之光

我们为什么要讨论全球南方？

今天西方国际关系理论界在讨论"全球南方"时，表现出了一种明显的"哲学"贫困。来自七国集团（G7）国家的国际关系理论家、政策分析师、公共媒体舆论普遍倾向于用政治同盟或国家联盟这类具有浓厚西方历史经验色彩的概念，来解释"全球南方"这一整体性、团结性的概念。在这种概念先行的生搬硬套下，一些学者认为，"全球南方"不具有统一性，且所指模糊，无法作为一个分析范畴应用到国际关系的讨论中。而"全球南方"之所以不统一，是由于"全球南方国家"各自经济发展程度、国家实力，甚至文化都极为多样。与诸如七国集团、北约（NATO）等国家联盟相比，"全球南方"显然不具有内在统一性，进而也无法作为一个真正的集体产生强有力的国际统一行动。①

另有一些学者强调，"全球南方"至多能被视为一种"非正式的、建构的、演变中的全球派系，而非确定的、正式的政治实体"。相比之下，作为"最古老、最团结的政治团体"，"全球西方"目前则在"美国领导的联

---

① Joseph Nye Jr. , "What Is the Global South?" *Project Syndicate*, https：//www. project-syndicate. org/commentary/global-south-is-a-misleading-term-by-joseph-s-nye-2023-11? barrier ＝ accesspaylog. 最后访问时间：2023年11月1日。

盟体系"下成为世界的重要一极。 这种认识强调，迅速崛起的中国对"全球西方"民主国家的秩序原则形成了挑战，但中国并不属于"全球南方"，而是与俄罗斯一起，形成了一个可以被称作"全球东方"的一极。 全球东方、全球西方与全球南方一起，共同构成了当前的"三个世界"格局。 世界秩序便是这三个政治群体之间的相互竞争。[1] 值得注意的是，在这种认识下，"全球南方"并非竞争的主体，而是"全球西方"与崛起中的"全球东方"之间争夺的对象。 这种全球东西方两极争霸，并以全球南方/第三世界为意识形态战场的格局，毫无疑问复刻了西方对冷战格局的认识。 他通过将中国建构成一极的方式，一方面消解了当今世界全球南方政治能动性觉醒背后的历史意义；另一方面，也将中国的崛起，转化为了霸权中心主义秩序观下必然产生的"大国争霸"叙事。[2]

　　为什么会出现这种哲学贫困？ 我们发现在既有的本质主义认识论框架里面，人们尝试将"全球南方"这种动态概念强行理解为一些具有类似内在本质以及固有属性的国家集合。 文化、社会经济结构、地理环境、政治体制、宗教信仰、意识形态、经济发展阶段、国民收入等范畴，都被引入到这场由本质主义愿望驱动的讨论中，被不假思索地转化为一个个指标，强行固定下来，用以衡量某个国家属于或不属于"全球南方"。 同时，这种本质主义的认识论也忽略了历史延续性、历史流变也是人类发展动态的一部分。 因此，在发展和互动过程中，行为主体的主观意愿、政治意志，乃至经由历史经验传承而形成的文明、文化特性对主体行为的影响被淡化。 国家大小、能力强弱，以及由现有国际体系带来的结构性霸权造成的国家间不平等状态也被忽略。

　　这种本质主义带来的困境同样也影响着中国的自我认知。 今天的中国被不断地称为一种"文明型帝国"（civilizational empire）、"定居殖民主

---

[1] G. John Ikenberry, "Three Worlds: the West, East and South and the Competition to Shape Global Order," *International Affairs*, Vol. 100, No. 1, 2024, pp. 121-138.

[2] 关于霸权中心主义问题的分析，参见殷之光：《超越霸权中心主义——主权平等的第三世界历史经验》，《中央社会主义学院学报》2022年第4期。

义"（settler colonialism），对外实行"新重商主义"（neo-mercantilism）、"经济帝国主义"（economic imperialism）、"新门罗主义"（neo-Monroe doctrine）、"新殖民主义"（neo-imperialism）。 我们能感受到这些词汇与我们的自我认识相去甚远，但是却很难找到合适的语言进行辩护。 总而言之，这种哲学贫困使得我们在处理诸如"全球南方"，甚至是"区域"与"国别"概念时都显得捉襟见肘。 一个整体的、关系性的、复杂的、层叠交错的、绵延变动的世界，仿佛就坍缩成了碎片化的、各自独立的、纯粹的、静态的"国别"的机械堆砌。 这种在审视"全球南方"时面临的哲学贫困，正是我们开始思考如何冲破认识论藩篱，探索构建"自主知识体系"的起点。

事实上，以马克思主义唯物辩证法为基础的历史哲学则为我们提供了这种理解动态世界的认识论框架。 这种认识论强调对世界进行整体性、长时段、动态的考察，而非简单将不断变动中的事物强行还原至一个静态的"本质"。 以对"全球南方"问题的讨论为例，在今天对全球南方问题的讨论中，一个极为关键但容易被忽略的重点是这一问题的"全球"性。 全球是一个整体性概念。 过去40年中对"全球化"的讨论强调，产业分工在全球的尺度上铺开，似乎将原本被国界、民族分割开的世界重新连接起来。 技术的进步也大大降低了人口流动的成本。 20世纪初，当梁启超看到"轮船铁路电线瞬千里，缩地疑有鸿秘方"的现实后，感慨"太平洋变里湖水"。① 而到了21世纪，这种物质性的进步更使得不少人感到"地球村"正在逐渐变成现实。

然而，这种对"全球"性的感知也许并不像我们想象那样普遍。 支撑这种"全球"性的是分布极度不均衡的物质发展。 这种建立在全球产业分工基础上的世界体系，通过点对点的航海、航空贸易线，以及沿着这些贸易线而产生的信息线将世界连成了一个充满孔洞的网。 在地图中不难发现，连接这张世界网的贸易、信息线，最终都汇聚到少数几个关键节点

① 任公：《二十世纪太平洋歌》，《新民丛报》第1期（1902年），第122—125页。

上，形成了明显的"中心—边缘"结构。在这张世界网中，边缘与边缘之间必须通过中心才能发生联系。这张世界网无疑将世界组织成了一个整体，但透过网的缝隙，我们便能看到更多的人群、国家从这张网的缝隙中掉落并被遗忘。

对于全球南方问题的讨论，起点是对这张世界网带来的不均衡、不平等问题的认识。这种讨论是批判性的。它一方面需要我们"颠倒"自己的视角，从被治理、被遗忘、被规制者的角度出发，去理解这张世界网的局限；另一方面，也需要我们通过历史化的方法，对这张世界网构造的一系列自称"普遍"的全球秩序话语进行祛魅，将它们还原为特殊语境、特殊共同体、特殊时代之下并不完美且不断演变的人造物。

实际上，这张世界网构造出的全球性与资本主义"按照自己的面貌为自己创造出一个世界"的历史进程密不可分。这一进程的显著特点之一，是用一种霸权中心式的一元论秩序观来认识世界、规制世界并最终垄断世界的倾向。这种秩序观假定，秩序的来源必须是一元的。它由一个或一组被视为"强权"的机构提供。强权的在场，不但保障了和平，也保障了国际经济秩序高效、有序地繁荣稳定。秩序的形成，是权力自上而下对"无序"空间的延伸，也意味着强权者对空间的占有与控制。这种秩序观与西方基督教神学建构起的一元论秩序类似。圣·奥古斯丁（St. Augustine）在《上帝之城》中，将秩序理解为一种"永恒存在"，是"造物主的律法"，是造物主依照事物的"本性"为它们规定的"目的和运动"。① 在这个"有序"的结构中，个体"自由"的体现便是向各自既定位置移动的自由。

基督教神学中一元论创世神话，为构建"自由利维坦"与"世界帝国"提供了合法性。终结那种无序的、黑暗的恐怖状态的唯一可能，就是自上而下地建立起一个帝国式的威权秩序。创世，意味着上帝创立的"神之国"的开始。而世界帝国的形成，则毫无疑问，是要在人间实现神之国

---

① 〔古罗马〕圣·奥古斯丁：《上帝之城》，王晓朝译，北京：人民出版社，2006年，第498—499页。

的理想。 在此基础上，几乎所有的帝国都将自己视为向善且永恒的普遍秩序。 帝国的自我叙述几乎都建立在道德、正义、发展、和平等充满理想主义色彩的概念上。 但是，当我们今天倒叙地审视帝国时，却很容易忽略这个事实。 帝国的衰落，因此也被习惯性地从决定论的视角出发，视为经济实力与军事能力竞争失败的结果。[①] 而制度或文化，则在很长一段时间里，被视为决定这种经济、军事实力强弱的本质因素。 实际上，自 20 世纪中叶以来，以美国理论家为主的社会科学研究者，更乐意用"大国"（great powers）这一概念来指代诸如英国、法国、西班牙等近代早期资本主义全球扩张进程中形成的帝国，并以西方"大国"的近代历史变迁为基础，构建了一套充满美好色彩的现代化论述。 例如，在 20 世纪中叶出现的以社会学为学科背景的经典现代化理论思想家，将他们对世界秩序的构想聚焦于工业化、城市化和政治民主化的过程。 帕森斯（Talcott Parsons）从系统理论与结构功能主义出发的现代化认识强调，现代化就是一个复杂系统的社会，在政治、经济、文化、社会等多方面相互作用下，推动社会向更高级状态、更具差异化发展的复杂过程。[②] 罗斯托（Walt Rostow）则提出了"经济增长阶段"理论，以美西方的现代化经验为基础，用一种目的论的线性史观，将现代化过程分为从"传统社会""起飞准备阶段""起飞阶段""迈向成熟阶段"，再到"高度大众消费时代"五个阶段。[③] 此外，这个脉络里还包括如李普塞特（Seymour Martin Lipset）对现代化教育、城市化、收入水平提高等因素促进民主制度建立的研究[④]，以及摩尔（Wilbert E. Moore）对文化因素，特别是价值观和信仰的变化在现代化过程中作用的讨论。[⑤]

---

① 〔美〕保罗·肯尼迪：《大国的兴衰》，蒋葆英等译，北京：中国经济出版社，1989 年。
② Talcott Parsons, *The Social System*, Cambridge: Free Press, 1951.
③ Walt Whiteman Rostow, *The Stages of Economimc Growth: A Non-Communist Manifesto*, 3 ed., Cambridge: Cambridge University Press, 1991.
④ Seymour Martin Lipset, *Political Man, the Social Bases of Politics*, New York: Doubleday & Company, 1960.
⑤ Wilbert E. Moore, *Social Change*, New Jersey: Prentice Hall, 1964.

如果我们尝试跳出这种一元论哲学，便可以追问那种对"无序"的恐怖想象，究竟多大程度上是普遍的。 实际上，如果我们从辩证哲学的角度出发，将秩序视为人与人、共同体与共同体自然互动的天然结果，将这个过程中自然产生的合作与冲突视为不同自然与社会语境下的自主反应，那么便能给出一个截然不同的秩序想象。 从互动关系角度出发，我们可以将人与人之间的广泛联系视为社会关系的基本构成单元，将权力视为这种互动联系的必然结果。 同时，任何一种形式与规模的共同体，其形成的基本目的可以被理解为最大可能地谋求幸福。 而随着不同共同体的扩大、叠加与互动，反映出来的权力关系与结构也必然愈发复杂。 某个共同体谋求的幸福，可能会以另一个共同体遭遇不幸为代价。 在这种情况下，"公益"（common good）的实现则成为考验不同共同体整合多种复杂权力关系能力的重要准则。 能否实现更大共同体内的公益，则成为决定共同体规模及其稳定性的重要因素。 在这种辩证关系下，各种权力关系的双方，实际上都参与到这种共同体关系的塑造中。 当然，在任意一种确定的权力关系中，权力双方必定会占据一个具有标志性意义的位置。 但是，我们仍然能够通过辩证法的方式，来理解这种具体权力结构中的主从、强弱、大小的关系。 具体来说，权力出现及其网络化、复杂化的前提，是人们建立一个更大、更富足、更稳定共同体的意愿与维持这种共同体稳定性的物质局限之间的辩证关系。

由于人们社会关系的展开既具有时间性，也具有空间性。 个体的人，必须在某种特定空间中才能与他人发生有意义的联系。 这种联系所需要的互动本质上就是信息以不同形式来相互传递。 这种传递，则是任何共同体的时间维度。 同时，共同体所依赖的空间既可以是有形的，也可以是无形的——我们可以称之为想象的，但毫无疑问，这些空间都来源于某种物质性的基础。 例如，家庭、部落关系诞生的前提，是两个以上的人在一块共同土地上的居住。 宗教意识形态的联系基于某种形式的对共同信仰的知晓。 道路、交通工具，乃至今天高速信息网络的建设，本质上仅仅是信息从一个物理空间传递到另一个物理空间的时间被压缩，共同体建构所需要的时间与空间维度，至少至今为止，并未随着人类历史的发展而有任何本质上的变化。

共同体建构的时间属性，一定程度上决定了共同体在空间上能够延伸的最远距离，以及能够容纳的最多人口。这个时间属性同样可以被理解为物质性的信息传递的效率。从军队的调动，到货物与货币的交换，再到人口的迁徙，甚至是信仰与认同的建构，均能被还原为时间性的问题。同时，共同体之间权力"深入性"问题，也对共同体稳定有着极为重要的影响。这种深入性并非一般意义上权力沿着一个固定的制度结构，自上而下地渗透。而需要被理解为权力关系中，主从、强弱、大小位置转换的可能性与流畅程度，以及不同权力网络之间重叠的密度。如，在罗马帝国衰亡之后，遍布欧洲的"权力网络"也可以被视为按照不同原则连接起来的大小不一的共同体。它们或围绕宗教意识形态，或依赖王权，或依靠更小的土地贵族，不断尝试整合不同规模的共同体及其资源，以求按照各自的理想，建设"美好共同体"（communitas perfecta）。对现代国际关系而言，民族国家的界限成为标识共同体之间差异的基本单位。但是，从历史与广域的角度来看，这仅仅是划定共同体边界的一种特定方式。[1] 帝国，毫无疑问也是这种建设更大共同体途径的一种。并且，历史性地来看，国家这类共同体的治权的边界既不是固定不变的，也不能完全阻拦其他共同体之间在不同维度、层级上的广泛联系。大到贸易关系、宗教认同，小到欧洲王室间的血亲联系、个体的跨国旅行，这些不同规模、不同层级的共同体关联超出了民族国家领土规定的空间范围，但又对各自联系的国家产生了或大或小的政治影响。这种影响，反过来也具有塑造共同体权力变化的可能性。

相比国际关系所依赖的诸多本质主义概念来说，共同体能够帮助我们在一个更加动态、辩证的关系下，理解秩序的形成与演变，以及不同群体

---

[1] 此处笔者采用了爱德华·基恩从共同体角度来看理解现代国际关系学科局限性的认识。参见〔英〕爱德华·基恩：《国际政治思想史导论》，陈玉聃译，上海：上海人民出版社，2022年，第12页。

之间交往、交流、融合、冲突所蕴含的历史哲学意义。 一个"美好共同体"必然是在广大的空间与人群中，在和平与稳定的环境下，公益的持久实现。 而这种共同体的塑造，必须建立在对不同规模、不同维度共同体的整合基础上。 这种整合需要满足权力"深入性"的条件。 这也需要使得每一个构成共同体的个体能够在共同体生活中被赋能。 这种人人成圣、人人平等、人人富足的理想是"美好共同体"最理想的状态。 而既然建设"美好共同体"可以被视为人们形成权力关系的根本目的，那么任何一种共同体的解体，则可以被认为是它背离这一保证的政治结果。 与之相对，共同体内的制度构建、共同体的社会变革，甚至共同体的延伸，都可以被视为不同主体尝试通往这一"美好共同体"的主动探索。 在这个过程中，可能构成更大、更深厚、更稳定的共同体；也可能出现不同共同体的崩溃、解体、消失。 在这种视角下，国家不再单纯是一种霍布斯式的垄断暴力机器，而是在谋求"美好共同体"的进程中，一种庞大的复杂制度安排。 与其将之视为"必要的恶"，我们不妨将之视为受限制的善。 它在谋求"美好共同体"的进程中形成。 其善意，受制于它期望在什么物质基础上，为哪一个共同体，通过怎样的途径，实现何种规模的公益。 在这个意义上，我们也能将国家提供公共服务的能力——而非仅仅是战争调动的能力，作为一种框架，来理解国家行为以及不同共同体兴衰的原因。 公益的范围，决定了共同体的规模与稳定程度。 从这种角度出发，欧洲的世界帝国塑造及其衰落，便有了能与非西方世界进行比较的意义。 一个以资本主义全球扩张为手段的帝国秩序，其善意是有限的，因为它在其所整合的空间中，仅仅在有限的共同体中实现了某种程度的公益。 而那些被排除在外的共同体，则终会对这种有限的公益提出挑战。 帝国的衰落，是其对美好共同体承诺背叛的最终结果。

　　从"共同体"出发的秩序思考，需要我们将帝国这种自上而下的霸权宰治与被宰治者自发的反霸权行动放在一个整体中来认识。 这种以辩证法为底色的世界观坚信，秩序显现于矛盾力量的复杂互动中，显现于霸权宰治与反霸权的历史纠缠下，显现于启蒙与革命的关系上，显现于为了美好共同体而不断探索的自主意识里。 在过去的几个世纪里,"建立在殖民主义、帝国主义、霸权主义基础上的旧秩序",将世界连接在了一起。① 在这之后,建设一个更加美好共同体的使命,将在这个旧秩序没落与新生力量的壮大中产生。

在后一种认识论中,秩序不再意味着世间万物被安排到一成不变的位置上,其来源也更非一元的。 因此,在这种秩序观下,并不存在永恒不变的霸权,更不存在能够支持干涉的理由。 在这种秩序观下,发展需要以生产为中心,以推动共同体的自主性能力为目标。 这便是 20 世纪中叶,在资本主义全球体系的边缘与半边缘地带,谋求真正自主与独立的政治行动中诞生的,一种以平等、互助、自主、不干涉为目标的新的秩序探索。

这种从边缘与半边缘地带视角出发的秩序探索发现,依赖资本主义构建的全球性现代秩序,加固了国家间的不平等状态。 世界体系理论对这种状态的讨论最为深入。 它强调,全球化时代这种各国相互依存的状态并不特殊,不过是资本主义世界体系内劳动分工的结果。② 这种劳动分工在全球范围内并非均匀分布。 体系中的某些集团就依赖这种不均匀状态,对其他一些集团劳动进行剥削。 占据体系中心地带的集团,依托其强国家,具有扩大并合法化这种优势地位的能力。 相应地,在体系边缘与半边缘地带的国家,或本身就很虚弱,或在世界体系形成过程中逐渐沦为自立程度很低的殖民地与半殖民地。 资本主义世界体系的发展一定会强化而非削弱不同地区间的不平等。 在体系中心的国家的霸权会受到挑战,但这种霸权转移式的挑战并不能真正解决资本主义全球体系中内生性的不平等状态。

面对这种不平等的现实,20 世纪第三世界团结运动的实践给出了一个极具想象力的方案,即在尊重各国主权、互不干涉内政的前提下,通过双边以及多边的区域间合作,在促进各国的强国家建设的同时,也谋求区域

---

① 邓小平:《邓小平团长在联合国大会第六届特别会议上的发言》,北京:人民出版社,1974 年,第 1 页。

② Samir Amin, *Capitalism in the Age of Globalization: the Management of Contemporary Society*, London: Zed Book, 1997, pp. 14 - 17.

一体化，进而以团结体的形式，争取在国际事务中取得更大的影响力，以及对大国的话语权。既有的诸如非洲联盟、阿拉伯国家联盟、伊斯兰合作组织等，都不同程度上受益于 20 世纪中期的第三世界团结运动的理想与实践。萨米尔·阿明（Samir Amin）将这种方案称为"多中心区域化"（polycentric regionalization）①。它强调，可以通过区域团结尽可能地创造可抵御霸权干涉的空间，并以此实现减少资本主义现代化发展造成的全球性不平等。②

实际上，不平等的发展与政治霸权是资本主义现代化全球进程中无法超越的结构性问题。那么，如果我们尝试构想一种新的构建美好共同体的方案，则必须包含全球平等发展与国际关系民主化的整体性构想。从理念上，这种构想的底线"不是以一种制度代替另一种制度，不是以一种文明代替另一种文明"。③而真正实现这种具有"不同社会制度、不同意识形态、不同历史文化、不同发展水平"的主权国家之间，在"国际事务中利益共生、权利共享、责任共担"的秩序理想，则需要冲破国际关系认知中固有的国家边界，以人民为中心，在人民—国家—全球的三重维度中，思考并衡量现代化的意义与方向。

纳入了人民这一维度之后，对国家—全球平等秩序的讨论，特别是对不同层面共同体建设的分析便产生了内在的联系。因为，命运不可能只是某个单独领域、某个特定人群、某一时空的，而必然是整体性的人类发展历程。但同时，人类命运共同体也不像一些西方全球治理理论那样，强调全球市民社会的重要性，并消解国家主权。

承载主权的国家，特别是其建构与强政府的形成是一个多样且漫长的

---

① Samir Amin, *Capitalism in the Age of Globalization: the Management of Contemporary Society*, pp. 51 - 54.

② Samir Amin, *Capitalism in the Age of Globalization: the Management of Contemporary Society*, pp. 72 - 74.

③ 习近平：《在中华人民共和国恢复联合国合法席位 50 周年纪念会议上的讲话》，外交部，2021 年 10 月 25 日。https://www.mfa.gov.cn/web/ziliao_674904/zt_674979/dnzt_674981/qtzt/twwt/xjpzsjstzyjh/202206/t20220607_10699545.html. 最后访问时间：2024 年 8 月 30 日。

过程。 许多亚非国家迄今为止还没有出现这种理论构想中的强国家和强政府。 在全球发展不平等的条件下，来自第三世界发展中国家的强国家形成，恰恰是一种"摸着石头过河"、边实践边发展的动态进程。 通过对中国式现代化历程的分析我们看到，在形成强国家的过程中，中国并没有关起门来，或是像欧洲历史经验一样，通过战争完成对社会的动员与整合，然后再走向世界。 相反，中国是在一个由反霸权革命开启的实践进程中，在与世界各国交往互动的同时，进行社会动员与工业化改革，开展自身现代化强国家的建设。 在这个过程中出现的非正式交往，体现的国际平等互助精神，也恰恰是 20 世纪亚非世界独立国家建构历史进程中最为真实的经验。

因此，在这个三重维度之下，"共同体"的现代化建设既应当面对主权国家内部的多样性，也同样需要面对国际层面的多样性。 也正是在这个框架下，我们才能真正描述一个以平等、民主化为核心的现代化"新路"。这体现在中国共产党第二十次全国代表大会上，习近平总书记强调，中国式现代化"既有各国现代化的共同特征，更有基于自己国情的中国特色"。 这种现代化发展道路，与"那种损人利己、充满血腥罪恶"且"给广大发展中国家人民带来深重苦难"的"老路"截然不同。 中国强调，"自身发展"与"世界和平发展"相互依存的辩证关系。 也正是在这个中国与世界的同构关系下，对于发展的讨论便开始具有了普遍的历史哲学与文明意义。

（殷之光，复旦大学国际关系与公共事务学院国际政治系教授）

日本地域研究的非政治性问题

潘妮妮

日本地域研究的关键词:"非政治性"

地域研究是日本战后社会科学中一个极富特色的领域,尽管学者一般认为日本战后地域研究的制度是由美国复制而来,但其却具有鲜明的独立性。 日本学者普遍认为,美国的地区研究更接近比较政治学下的一个分支,而地域研究"在日本似乎已经作为一门学科确立了自身的地位"①。而支撑日本地域研究独特"地位"的诸要素中,有一个关键词叫作"非政治性"。 它被当作日本地域研究的一个前提。 很多日本研究者会强调使用日语汉字表达的"地域研究",不同于美国的"area study",因为后者与政策需要关联,还有与欧洲中心论结合得更强。 因此,日本的"地域研究"要突破美国 area study 的方法论桎梏,进行真正"学术性"的知识生产。

那么,要探讨日本的地域研究,大概也离不开这样一个关键概念。 它似乎也有些难以捉摸,看上去有很强的道德色彩,但同时也有很多学者注

---

① 国分良成、酒井启子、远藤贡主编:《日本国际政治学(第三卷):地区研究与国际政治》,刘星译,北京:北京大学出版社,2017 年,第 3 页。

意到，"非政治性"显然也不能理解为"独立于政治"或"与政治无涉"。"非政治性"在外部视角下所具有的这种暧昧色彩，很容易让人联想到日本文化里的"建前"与"本音"这两个概念。这两个词从字面上看，似乎很容易让人误解为"虚伪"。其实我们在互联网上也能看到，当网友讨论"建前"与"本音"时，也会倾向于简单化地将它们理解为"表里不一"。不过，这对概念似乎并不是那么简单，"建前"和"本音"其实在某种意义上可以理解为两种平行但又相互关联的世界。"建前"可以看作一种体面的、符合外部环境的"正当"规则体系。而"本音"则倾向于描述一种来自内部的动力，一种个体的世界、私人的世界、内部的世界。"本音"固然是内在的"真实"动力，但"建前"也被认为是日本人、日本社会以及日本国家所需要自觉遵守的"真实"属性。两者虽然相互区分，互不交叉，但又同时存在。

关于"非政治性"的"建前"是比较好概括的。日本地域研究从战后就强调一点，要区别于美国的"政治性"和"政策性"的地区研究。日本的地域研究主张要从发展中国家的立场出发，在与美国研究主题相区分的同时，再从学科的角度对美式方法论形成批判。这样一个合乎学术理性规则的"建前"。它包括一些具体的、成体系的论述，如地域研究要贴近现实世界的问题，而不是单纯去验证专业学科——特别是政治学和经济学——的相关理论，应对现有理论、范式保持反思态度，做出修正。"非政治性"的地域研究被赋予了理论和现实的双重价值，一方面是搭建地域的特殊性与理论范式普遍性的桥梁；另一方面在实践中要增加日本对国际社会的理解，推动日本自身的多文化共生，同时强调日本的"国际贡献"，推动整个世界全球性的多元共生。

也就是说，在"建前"意义上，"非政治性"具有一整套自洽的理念和方法，它表现的是普遍的、中立性的规则。而"本音"则需要在历史实践中观察具体的研究者群体为何会产生这样强烈的"非政治"需求，所要求"非"的，具体是何种"政治"。因为"政治"本身，就是一个极为复杂、可以在不同层次上去论述的概念，对不同国家或不同历史阶段的人来说，"非政治性"的具体所指都会不同。 而如果要"极简"地讨论日本政治，那么以下三个关键词必不可少：革新、保守、美日同盟。 这三个"极简"关键词，也是日本地域研究"非政治性"的最初切入点。

日本在二战前，就有非常成熟和发达的对周边区域的研究，这无疑有着非常强烈的"政治"指向和政策工具属性。 因此，战后的"非政治性"自然是要避免这种情境，正如著名的政治学者国分良成说的，"非政治性是反映了时代的大气候，是来自当时的日本知识界对战前日本与亚洲之间不幸关系的强烈意识"。 在日本，"日本与亚洲之间的不幸关系"是一种非常经典的表述方式。 1960 年左右，一般被认为是战后日本地域研究正式重建的时刻，而当时也恰巧为美日同盟关系转型之时，同时也是"保守"与"革新"两种政治力量激烈冲突之时，当时的社会舆论和知识界内部，对"地域研究"有着强烈的警惕心，甚至在局部出现了对抗。 因此，研究者避免卷入纠结的政治冲突，而有意识地强调"非政治"，这就是一个必然的时代方向了。

在战后特殊环境下形成的"非政治性"

这种二战后初期"非政治性"最显著的特征，就是"非"战前和战时高度政治化的"民族帝国主义"式研究，杜绝地域研究为侵略战争服务这一具体的可能性。 但是这种"非"又不可能是一种简单的抛弃，因为战前、战时已经形成了大量的研究组织、研究团队，包括一些具体的研究材料、研究方法也在战后被继承下来。 因此，战后的研究者必须对这些遗产进行一个精细化的处理过程，包括抛弃、解构和重构。 这个处理过程，基本等同于战后"非政治性"内容形成的过程，有一种"描边"的感觉。

战后地域研究的反思，有一个特别重要的参照物，就是"南满洲"铁路株式会社下设的一个综合调查部，简称"'满铁'大调查部"。 当然之前日本还有很多的研究机构，而"'满铁'调查部"的独一无二性，恐怕在于它是非常精英化的，它的很多研究人员后来分流到大学、研究所和咨询机构，继续支撑着战后日本的相关研究。"满铁"大调查部的旧址今天仍然在大连市中心，是一座规模很大的建筑，紧靠着南"满洲"铁路株式会社总部旧址。当年在这一带，曾经充斥着各国的银行和金融机构。这样我们就不难想象，在"满铁"大调查部工作的人员，与侵占着旅顺军港的日本军人，他们都是军国主义侵略战争的工具，但他们所体感的具体"政治"内容，又必然有不小的差别。

日本的侵略战争中，"满铁"大调查部最直接的工具属性是其"受托"于日本政府和日本军部，为进行战争和殖民统治展开有针对性的调查。当时有一个非常著名的"中国农村惯行调查"，由包括"满铁"大调查部在内的多个相关机构团队联合进行，主要内容为摸清占领区的农业经济、农村社会状况和农民态度，以助力殖民统治。"惯行调查"中获得的大量特定资料，在今天也被认为具有一定的参考价值。而以"满铁"大调查部为代表的很多研究者，对这种"受托"调查，抱有复杂的心态。一个直接的原因就是"大调查"的精英性，其中出身于帝国大学教育的"精英"人士占了60％以上。战前日本效仿德国，对教育内容有较为严格的划分。在军事学校与普通学校中，有更多关于效忠天皇与"神国"信仰的教育内容，而在帝国大学以及相关的精英教育系统中，这些内容则是相对淡化和稀释的。因此，如一些战后研究者指出的，"满铁"大调查部的普遍研究风气，是把政府和军部托付的针对性调查，视为一种等而下之的活动。这强调通过自主调查，获得创新的、基础性的知识，才是研究者的自我认同所在。大调查部中的个体政治倾向也颇为多元。20世纪40年代，发生了著名的"满铁整肃事件"。起因是"满铁"高层主动向日本政府请缨，受政府委托展开对"中国军事潜力"的调查。"满铁"大调查部将其视为"调查报国"的重点项目，但参与调查团队的，却有很多马克思主义者，包括中西功、具岛兼三郎等。结果最终的调查报告呈现出来的整体感觉，反而如下结论，"因为中国的民众的反抗潜力会被动员起来了，所以日本战争不可能胜利"。从后来的历史事实看，这个结论无疑是正确的，但在当时自然引发了日本政府和军部对所谓"赤化"的不满。加之在1941年10

月和 1942 年 6 月，相继发生了所谓的"共产国际谍报团事件"（"佐尔格事件"）和"中共谍报团事件"，两个事件的主要当事者都有"满铁"调查员。 在此背景下，日本政府和军部于 1942 年 9 月 21 日和 1943 年 7 月 17 日，两次展开对"满铁"的"检肃"，突击逮捕审查了 44 人。 在"检肃"过程中，"满铁"高层予以了积极配合，以此交换军部承诺不实施虐待，并防止扩大化。 最终，本想再挖出一个"间谍组织"的军部，终因缺乏证据，而以"思想事件"收场。 除 5 人在"检肃"期间死亡外，被起诉的 21 人均被判缓刑，而且他们都受到了"满铁"的"内部整肃"，被要求离职、停职或自我检讨，这直接导致了"满铁"雄心勃勃的"综合调查"计划的废弛，以及调查部本身的衰落。 这算得上是大调查部的参与者所经历的一次激烈的"政治冲突"。 这里也许就孕育着战后"非政治"心态的萌芽，对战前研究政治性的反思并不完全是针对"军国主义"的。

　　而到了二战后，我们不难发现，对研究"政治化"的批评有着多种角度。 举一个例子，由于战后的历史研究和亚洲研究比较多地受到马克思主义意识形态的影响，这就在学术界内部引起了争议。 例如，曾担任亚洲政经学会代表理事的卫藤沈吉，在谈到 20 世纪 50 年代亚洲政经学会的成立经过时表示，该学会成立的一个初衷是鉴于当时的亚洲研究，尤其是中国研究被马克思主义者所主导，而这些马克思主义者有着"鲜明的政治姿态"，因此，亚洲政经学会需要倡导更具"实证性"的研究，建立"字面意义上的学术性组织"。 这样的态度，当然也是战后"非政治性"的关键组成部分。

　　正是因为存在二战前的这种阴影，加之美国对日本的一些体制性约束，战后尽管很快重建和改组了一些针对特定地区的研究学会，但对于"地域研究"学科的重建，日本则一直讳莫如深。 但从 20 世纪 50 年代后期进入 60 年代，美日关系转型，地域研究重建的客观条件成熟了。 这一时期，日本与美国进行了日美同盟的修约谈判，在强化同盟关系的同时，美国也通过归还日本更多的主权，来换取日本履行更多的同盟义务。 与此同时，肯尼迪政府正在推进新的外交政策，就是加强对发展中国家的援助，对发展中国家进行利益层面的说服，同时加强文化上的影响，削弱苏联的影响力基础。 而盟友日本自然成为美国战略的协助者，被要求分担经营东南亚的任务。 对于日本而言，向东南亚靠近，有利于在签订战后赔偿条约时获得有利筹码，这可谓一石二鸟。 因此，对东南亚的研究和民间外交，就成为一项紧迫的任务。 这一时期形成了若干重要的代表性机构，它们背后的物质基础也反映了这种政治背景。

例如，1955 年成立的北海道的斯拉夫研究中心，得到洛克菲勒基金会资助。 1958 年成立的亚洲经济研究所，这个由岸信介——是甲级战犯，也是重订日美安保条约的当事人——推动成立的半官方机构，后来开枝散叶，为日本的地域研究培养了众多人才。 亚洲经济研究所的初期支持资金一部分是政府的专项支出，还有一部分是日本财界组织的资金。 此外，还有 1963 年成立的京都大学东南亚研究中心，它被视为日本高校正式建立地域研究学科的先声。 该中心的初期经费主要来自美国福特基金会，还有小部分来自关西财界。

正是因为这些机构的建立，从启动至今，都与美日同盟的战略性强化存在着直接关系，此时的"地域研究"理所当然地就被推到了右派"保守"与左派"革新"力量正面冲突的显要位置，也就引发了社会舆论和高校内部的质疑。 例如，前亚洲经济研究所研究员吉田昌夫回忆自己在 20 世纪 60 年代入职该研究所的经历时提到，"因为亚洲经济研究所是前首相岸信介创立的，因此给人一种'满铁'调查部重建的形象，日本学界，甚至是经济界在很大程度上都存在着类似的看法。 他们认为'满铁'最终充当了日本侵略中国的先头部队，亚洲经济研究所是否也成为日本进入亚洲的工具呢?"无独有偶，在高校左翼运动中本就较为激烈的京都大学，其下属的东南亚研究中心还在筹办的过程中，就引发了部分学生和教职员工的不满，他们当即召开了一个有针对性的"东南亚研究中心问题对策协议会"，并先后向中心筹委会和学校层面提交了质询书。 其中大致提出了三个疑问。 首先，研究中心获得美国方面的资金支持，是否会成为美国的政策工具，质疑者甚至还使用了"不免让人怀疑……是美国的派出机构"这

样的措辞。 其次，认为该机构的成立，违背了日本在国际学术交流中的
"五项原则"，即以和平为目的、全球协作、自主性、对等、公开。 最
后，认为这样一个"敏感"学术机构的成立过程未经过校内各自治组织审
议，违背了高校民主的主旨。

因此我们可以看到，在当时的外部环境下，日本的地域研究学科必须
重启，而强调"非政治性"，强调研究自身的学术性，是地域研究重启的必
要条件，这是在当时社会压力、意识形态极度复杂的情况下一种必然的选
择。 但与此同时，大多数参与者确实也深刻地认识到，地域研究不能变成
战前的样子，那样对日本国家还是研究者自身都没有什么好处。 例如，当
亚洲经济研究所的年轻职员面对外界质疑、倍感纠结和迷惘时，研究所的
奠基人、时任所长东畑精一安抚大家，强调亚洲经济研究所与"满铁"大
调查部是不同的。 其表述翻译过来就是说，"满铁"大调查部是受日本对
外扩张的"热"的驱动，向前猛冲，而亚洲经济研究所就应该与之相区
分，以一种"（自我散发）光"的态度，更加冷静地对待现实问题。 这种
颇具日本文化语感的修辞有些云山雾罩，不过也许可以结合东畑精一本人
的经历来理解。 东畑在战时就是一位著名的农业经济学家和东南亚殖民学
者，虽然并没有像很多知识分子那样直接参与政治事务，但也曾经受军部
的委托，担任菲律宾日占比亚克岛调查委员会委员，在调查过程中，东畑
提出，不同的民族、种族混居的殖民社会，同时也是相异的经济意识共存
的场所，由此要重视基于"生活意识"的经济分析。 这些成果和主张，直
接目的自然是协助日本的殖民统治，但同时也不能说没有学术价值。 事实
上，这种强调"生活"的意识，是完全融入战后地域研究的。 战后，东畑
精一和吉田茂建立了较好的私人关系，尽管他拒绝了吉田茂提出的入阁邀
请，但担任了米价审议会、经济审议会、国民生活审议会、税制调查会、
农政审议会等咨询机构的委员，参与设立农林省农业综合研究所。 从
1953 年起，他就参与了日本对菲律宾战争赔偿的全权谈判团，1958 年更是
担任了赔偿问题的特命全权大使。 1959 年，他从东京大学教授岗位退休
后就任亚洲经济研究所的所长。

东畑精一的经历反映了，仅就"学术与政治"的结构性关系而言，地域研究在战前/战时和"战后"期间，并没有发生本质性的变化，但两者又必须区分开来，这就必须依赖于研究者本身和研究机构内部的自觉约束，在外部环境的客观条件下，探索学科本身的方法论创新，尝试把自己变成独特的、不被动地受现实需求的"热量"干扰的"自发光源"。

从这个意义上说，战后地域研究的"非政治性"从一开始所关注的核心问题就是方法论和思维上的批判与创新，而不是字面意义或道德意义上的与现实"政治"划界。

"非政治性"下的方法论创新

而在"非政治性"意识下，我们可以看到日本战后地域研究有什么方法论上的创新呢？ 这里我先引用北京大学国际关系学院于铁军老师论文中的话，表述了今天日本地域研究的一些显著特征，"如重视实地调研、运用综合研究方法、对研究对象进行细致入微的全方位观察和分析、重视数据积累、注重实用等"，它们在战前/战时就已经基本定型了。 这一点也是日本学者的普遍共识，而这些已经成熟的具体方法，需要围绕"非政治性"加入新的内涵。 简单来说，大致可以总结为以下三点。

首先，强调在"理解事实"时进行一个立场转换，从服务于日本的"国益"立场，转为从对象地域或对象地域住民的立场去研究，尤其是要对发展中国家的状况持有高度的同情和理解态度。 如当时京都大学东南亚研究中心的本冈武教授就这样形象地引导学生说，如果你对当地民众的某个行为感到奇怪，不要站在自以为"现代化"的高地上去歧视和否定，而应该考虑和区分"奇怪"背后至少存在的三种情况。 第一种情况是，这种行为与住民的生活环境是契合的，并不"奇怪"。 第二种情况是，这种"奇怪"的现象有转变的可能性，但要结合地域的其他具体条件来看待。第三种情况是，当地住民本身也觉得"奇怪"，但在地域环境条件下没有改变的可能性。 总的来说，要做好区分，就要扎实地调查，平等地与当地住民交谈，否则无法理解真正的"事实"。

此外，这种"立场"转换还包括一个重要维度，就是从民族国家立场，转向"社会中心"立场。 在日本学者看来，在美式政治和经济科学下讨论的民族国家利益是一种"政治"立场，而"社会中心"立场就要求转为从地域历史、文化、地理等综合环境条件去考量。 这种理念是有意义的，二战后的日本地域研究在人文议题上的确很有"光芒"，可谓有口皆碑。 但另一方面，"国家中心"与"社会中心"的区分又是微妙的，现在的研究者并非殖民时代的冒险家。 在战后的公正的国际秩序中，要尊重国家内特定区域的住民，当然也伴随着尊重这个国家的治权。 而在实践中，"民族国家"与"社会"的发展变迁处于同一进程之中，当然也不能将两者对立起来。 这种颇具道德之光的立场转换，其实也为未来地域研究"非政治性"的变迁埋下了伏笔。

其次，战后日本地域研究方法论创新是通过一定程度地去"组织化"实现的，保障了研究者的学术自由。 在这一点上，"满铁"大调查部同样是直接的反思对象。 "满铁"大调查部的体制，形象地说有种"工业化"的感觉。 在设定的题目下，该组织调动一定规模的人力，分配任务进行调查研究。 从这个意义上说，这个"组织"就构成战时研究"政治化"的客观保障。 作为与"满铁"大调查部同样与政府有着密切联系的"组织"，亚洲经济研究所的改革意识尤为突出。 前述的东畑精一等人在亚洲经济研究所设立了"一人一国"的模式。 一些研究员在回忆录里也提到，早年日本年轻研究者的认知和兴趣通常也就是中国与东南亚。 但进入该研究所后，就被"强制"分配到新设立的拉丁美洲、西亚、非洲等同类部门。 非常有意思的是，这样的"包分配"似乎有些"组织强制"的色彩，但是反过来说，这些年轻研究者被分配的冷门领域，过去少有人研究，研究资料也很欠缺，是一片几乎空白的领域。 因此，逻辑上说，研究者受到的限制反而会较少。 亚洲经济研究所还会派遣年轻研究者前往异国进行实地调查，基于自身对对象地域"事实"的观察和体验来研究，理论上就保障了研究议程的自主性。 同时，这种"强制"分配也保证了学界对政府和社会还未关注的冷门领域、冷门地域有了一定的涉足和了解，这也有利于学术研究引领实践。

而在如京都大学东南亚研究中心这类的高校机构中，可以看到另一种反思"组织性"的模式。东南亚研究中心会采用一种类似人类学的实地调查模式，在东南亚地区选择村落规模的调查点，在校内组织包括教师与学生在内的跨学科团队赴东南亚进行数月到一年的实地调查。根据一些学者的回忆，除了较为正式的调查和研讨，也会在小型聚餐、宴席等轻松的场合充分交换意见，形成研究的创新性灵感。这样的团队调查有利于形成一个综合研究的学科导向，也颇有当时日本所推崇的"市民社会自治"的感觉。通过这些正式制度与非政治性交流，对个人的研究自由，或是知识的独立性与自主性，形成一种客观保障。

最后，地域研究方法论的改进强调了"基础学科"的定位，力求让地域研究有更纯粹的学术性立场。这种定位涉及两个重要的方面。一方面，是反思和批判西方中心主义，具体说来是要抛弃帝国主义、殖民主义，以及各民族国家狭隘利益本位的地域研究。这里引用当时最有代表性的丛书之一，岩波书店"讲座"图书系列中的一段话，虽然不是直接描述地域研究，但可以视为日本知识界的整体态度。它主张，"日本大多数的亚洲、非洲、拉美研究，是基于欧美的研究方法、文献的间接研究与调查。而且，这些欧美的研究自身含有一定的传统与积累，无法彻底摆脱以殖民主义为媒介的历史局限性，因此无论是'地区研究'还是'文化人类学研究'，都是将三大陆的诸民族视为一种'客体'来对待，而不是站在为独立与社会进步而奋斗的三大陆人民的主体的立场上"。① 另一方面，与这种殖民主义和西方中心主义相对，战后日本地域研究强调将研究对象主体化，这不仅是对对象地域住民的情感"尊重"，更是被视为形成新知识的重要途径。换言之，地域研究不再是理论的验证和工具性应用，而是从

① 講座『現代』4，「植民地の独立」、1963年、岩波書店。转引自：林武『現代「地域研究」の話題と方法——一つの研究史論』、90ページ。

综合考察中生产出适应二战后世界秩序的、创新性的，以及具有普遍性理论意义的基础性知识。

"非政治性"的坚持与当代悖论

从起源可见，战后日本地域研究的"非政治性"就是这样一种有趣的"建前"，它既有回避现实政治的消极一面，但同时也算是为战后的研究者提供了一个乐观努力的方向，以便在难以破解的社会质疑和内心纠结中，扎实地展开新的工作。在战败投降后，日本退出了过去侵占的海外土地。在瓦解军国主义统治的同时也有一个副作用，就是日本社会对外部世界的态度更加封闭了。此外，美日同盟体制也在很大程度上锁定了日本参与世界事务的物理和心理的上限。如此环境下，地域研究既要符合美日同盟的需求，又蕴含着把这些"新"的知识向社会传播，在日本民众中建立新的世界视野的愿景。

这种"建前"既脱胎于现实的需要，又要否定和超越现实，无疑是一种艰难的任务。而从20世纪80年代开始，坚持"非政治性"的地域研究就面临了内外的挑战和质疑。在学术界内部，研究者在直接的政治和社会命题之外，做了很多"纯学术性"的工作。1992年日本学者面向广义的国际关系学界，寻求研究者对日本研究优势的内部评价，其中高度评价地域研究受访者是最多的，有39.2%，而肯定理论化成就的只有6.4%。① 这既肯定了地域研究在国际上提供和挖掘历史、文化、社会方面丰富信息的成就，又暗示了地域研究仅被视为一种信息来源，而没有像非政治性"建前"所强调的那样，发挥生产"新知识"的基础性学科作用。在非正式的场合，地域研究有时还被讽刺为"章鱼罐子"，大意是说研究者占着一个对外不透明的信息领地搞"特权"，但又不能影响外部现实。除了这种学

---

① 石川一雄、大芝亮：《1980年代日本的国际关系研究》，《国际政治》1992年第100号。转引自：日本国际政治学会编：《日本国际政治学（3）》，第2页。

术性的批评，还附带一种政治化的批评，认为地域研究是"自虐"，是一种"讨好"发展中国家的学问，并指称这种态度会导致对发展中国家的制度做出"夸大"的评价。这样的批评毫无疑问有其政治导向，但夹杂在前述的"章鱼罐子"批评中，也会比较容易地被普遍接受。

学术界内部对地域研究的批评，当然也与日本国内国外的政治变化有较大关系。一方面，在20世纪80年代，日本国内激烈的左右政治斗争已经不存在了，而且在可见的将来也不会存在了，议会政治运作较为稳定。日本经济状况也很好，稳居世界第二大经济体，是全球贸易大国之一，并正在发展为举足轻重的投资大国。经济的成就自然也带来了前所未有的文化和民族自信，在媒体舆论和社会文化中，"日本本位"和"国益"不再是难于启齿的概念了。与此同时，日本有了更多"走出去"的需要。投资、能源，以及"开发援助"，加上冷战"终结"带来的国际秩序调整，都给了日本更多参与国际事务的喜悦、焦虑、机遇和挑战。这就需要地域研究来提供更多的智识资源。当时的日本地域研究就是感受到这种困境，既担心强调"非政治性"会离现实越来越远，又担心如果直接复制美式"科学"，那么日本地域研究的自我认同也要丢失。折中的方法，就是在继续尊重地域研究的非政治性"建前"的基础上，对其具体的内涵做出新的解释。

这种新解释就是著名学者末广昭所总结的，从20世纪90年代开始，日本地域研究从特定地域的研究向脱离一国研究的目标转变，从提供"百科全书式的知识"转向尝试建立贯通目标地域（问题）的框架。[①] 当时学界就提出一个重要的观点，即重新认识"地域"。大意是指，美国的 area study 强调的"世界"—"区域"—"国家"这样一种垂直的思维序列，对"区域"和"世界"的理解是附着在"（民族）国家"意识上的。因此，日本需要超越这一近现代的"政治"秩序，把"地域"作为思考全球问题

[①] 末廣昭「グローバル化とインターネットは地域研究を無用にしたか」、『学術の動向』2014年19巻8号、70頁。末廣昭「地域研究の視座から—情報の質を保証し、母集団を確定する」、『学術動向』2018年23巻4号、14頁。

的本体，放置在一个由"世界""都市""地球""地方""海域""国家""大地域"等空间概念所构成的思维网络的核心位置，或本体位置，以此来扩展对世界问题的新认识，发挥日本地域研究在"全球"的影响力。

产生这种抽象的启发性理念后，日本学界自然要寻求它在议题和方法论上的具体落脚点，而在重新阐释的过程中伴随着制度化、公开化的"官民合作"。这一时期的关键性事件就是在"日本学术会议"内成立了地域研究的专门委员会。"日本学术会议"直属于日本内阁，同时又是一个有专门法律地位的机构。它的成员由学界自主推举，但又需要经过首相任命，既属于"官民合作"的正式体制，又强调学术研究的"非政治性"。近几年日本国内出了一个大新闻，时任日本首相菅义伟拒绝批准几位学术委员会成员的任命，舆论一般认为是他们在宪法修改上对这届政府持激烈的批评态度。虽然媒体和学界内部一直在抗议菅义伟政府的这种行为，但最终这几位成员也未获得任命。这一事件也反映出"官民合作"的实践与"非政治性"的高尚形式在本质上是存在矛盾的，两者的融合依赖于政治及社会各界行动者之间的默契和惯例。

具体到地域研究专门委员会也是如此。2005年成立的地域研究专门委员会，其宗旨是要整合和增强研究资源，发挥研究对现实的积极作用，以及自身的理论化能力。这当然是学界本身自主的共识。但另一方面，它在削弱了所谓"章鱼罐子"的"知识特权"同时，又默认了地域研究的"组织化"建设，在制度上把地域研究正式往政府政策的方向收拢。当然，抽象而论，这并非不合理的事情。但是，以今天的视角看2005年，日本政治正在朝着一个难以逆转的右倾化方向行进，美日同盟、重建军事能力、推动修宪这些举措都在持续强化。那么2005年的这次"官民合作"制度建设，看上去已经架空了"非政治性"。

不过客观来说，从当时日本学术会议及地域研究专门委员会的很多表态发言看，显然它们还是要坚持"非政治性"方向的。不过与战后20世纪60年代"回避"冲突不同，日本学术会议更强调对现代政治的超越和创造。当时，日本学术会议和各专门委员会，为此陆续发布了若干文件。

以下我们对日本学术会议的两份报告内容进行简要介绍，这两份报告分别是"地域研究基盘强化分科会"报告《全球化时代地域研究的强化》（2008年）和"地域研究展望分科会"报告《地域研究分野的展望》（2010年）。这两份报告的要点包括：首先，在"理解事实"层面，日本学术会议主张从关注个别发展中国家或地区的经济发展问题，转为关注全球性的非传统安全问题，其中有我们熟悉的环境保护、移民、恐怖主义问题等。而就如何理解事实，报告仍然强调"社会中心"，但表示这个"社会"要超越民族国家的内部单元，要结合"全球性"，着眼更为"普遍性"的人与社会问题。其次，对地域研究的"基础学科"愿景也发生了变化。一方面，继续反思欧美中心论，要求超越民族国家的世界秩序；另一方面，日本学术会议所提倡的重点议程，又与日本的现实需求和优势高度重合，有着鲜明的日本色彩。如报告中注意到日本地方自治体少子化、老龄化现象，涉及引入较多外来劳动力的问题。因此，高度重视地方社会住民与移民的"多元共生"问题。其他如重视气候、环境和文化遗产保护，这些也都是日本在世界事务中长期耕耘、积累已久的问题领域。某种意义上，这些报告中没有明确提及"国家利益"，但又处处都有"国家利益"。

从这些报告中不难看出，日本学术会议想要在制度化的"官民合作"中，寻找到新的"非政治性"的实践默契。但在日本政府越来越积极公开展示政治右倾化方向的时代，这种默契再也难以维持。有一个显著事例是，2016年，日本防卫省准备设立项目直接向研究者和机构招标、发放经费。这当然是直接触犯"非政治性"立场的。日本学术会议为此展开专门讨论，以便为研究者提供指导意见。学者之间的态度也发生了分裂，部分学者坚决抵制，认为地域研究绝对不可涉及军事，不可涉及所谓的"安全保障"事务；另一部分学者观点较为"温和"，认为"安全保障"概念模糊，应该防止政府机构滥用，引导研究者为军事服务；还有部分学者更强调在技术上进行防范，如严格规范招标细则，或在申请书附加个人免责意愿等类似内容。

尽管争议很大，但最后日本学术会议也未做出强烈抵制，而是发出了一个"温和"的表态，即认为与军事相关的研究是违背"非政治性"的，日本学术会议原则上不予提倡。 但是具体到实践中，则依赖各个机构自主判断，主张各机构根据自身情况制定相应的指导方针，强化研究者的伦理自觉。 换言之，对"非政治性"的坚持仍然是一贯的，但是并不可能形成强有力的"组织化"体制。 因此从某种意义上来说，如果"组织化"抵制了，那在形式上也算"政治化"了。

但是，这种两边兼顾的"温和"表态，又会带来一个新的问题，就是个体研究者或个别研究机构，对"非政治性"的理解就可能出现显著的偏差。"非政治性"立场，反而会与特定的政治主张融合在一起。 我们仍然以"安全保障"这一敏感的"政治"问题为例。 一些学者就主张，地域研究应该关注"安全保障"问题，因为当代的安全保障已经不是一个简单的军事问题，而是与社会"文化"和人的"情绪"高度相关的普遍性问题，涉及人的生活所必需的"安全感觉"。 从这个意义上说，讨论"安全保障"并没有违背"非政治性"立场。 就纯粹的理论而言，这个主张当然有学术启发性。 但在具体实践中，它客观上就可以为日本政府的右倾政策提供了一种更为"温和"的替代性解释。

此外，又有针锋相对的另一种"非政治性"主张，即强调一切安全保障的军事属性，批判日本政府的政策，而把"地域研究"作为促进日本"市民社会"成长，以及促进"跨境"的"市民合作"的抓手。 在这些研究者看来，地域研究不仅是纯粹的学术研究，还要在"全球"视野下与市民运动结合起来。 在打破战后默契"一意孤行"的日本政府之外，"地域研究"可以推动日本社会自治的发展。

简而言之，同样是坚持"非政治性"，但实际议题和方法却是南辕北辙的。 这就是当理想的"建前"不能真正改变现实时，必然会遭遇到的僵持困境。

（潘妮妮，华东师范大学传播学院副教授）

面向知识需求场景，培养"适销对路"的区域国别学博士生

——来自学科属性、学生能力和就业市场需求的思考*

靳　戈　余　跃

摘要：交叉学科是涵育创新的重要领域，但是由于交叉学科较高的学习门槛，博士生存在培养阶段投入大、毕业时成果产出量少的现象。作为交叉学科，区域国别学的博士生教育应坚持问题导向的综合研究，注重培养学生的整体性认识能力。面对"学科交叉涵育创新"的理想与"交叉意识不强、交叉能力不足"的现实之间的差距，区域国别学博士生应从国家战略需求出发寻找研究问题，将学术发展规划置于国家战略之中，以解决问题为导向思考"交叉什么、如何交叉"的问题。在就业方面，除学术机构外，还应考虑智库、互联网知识传播平台等新兴领域，扩大就业视野和知识应用场景。区域国别学博士生从学术和应用两个方面为就业做准备，在保证学术能力的基础上提升解决实际问题的能力，以适应日益多样化的就业市场需求。

关键词：区域国别学　博士生培养　交叉学科　就业　国家战略

* 本文系 2023 年度北京高校思想政治工作研究重点课题（BJSZ2023ZD02）、北京社会科学基金一般项目（23GJA003）和 2024 年度北京大学区域与国别研究学术基金项目"区域国别学人才培养研究"阶段性成果。

学以致用、经世致用，是中国传统文化中的学术精神，也是马克思主义学风的特点。大学人才培养工作的成效，归根结底是要由是否能满足社会发展需求来检验。具体来说，毕业生的就业质量如何、用人单位评价如何、长期发展前景如何等，在很大程度上决定了"如何培养人"这个问题——如果毕业的博士"找不到工作"，不能说是成功的人才培养。而这一因素，在博士生培养工作中常常被"以培养学者为导向"的潜意识所遮蔽。事实上，我国学术劳动力市场和非学术劳动力市场对博士毕业生的需求均尚未满足。[①] 无论是从世界经验还是中国现实来看，博士教育的目标已经不再是单一地培养学者，而是"为进入各行各业成为职场精英和行业领袖做好准备"[②]。

博士教育是以学科为依托的，任何的培养方案改革都不能脱离相应的学科要求。对于工学专业、医学专业和部分应用性比较强的理学专业来说，其学科属性本身就带有工程、临床的色彩，"学术＋应用"双轨并行的博士生培养模式比较成熟。人文学科的属性则决定了这些学科的博士生培养以提升学术能力为主。在社会科学领域，由于各类智库、各级政府的政策研究室和主流媒体的参与，社会科学学术与应用的转化非常频繁，学术与应用的界限比较模糊。

无论是"以学术为志业"还是"以工程（临床）为志业"，学生能力是决定就业质量的关键。在"培养水平影响学生能力"这个链条中，还应加入一个变量——学业难度。有的学科发展历史较短、成熟度不高，研究范式不稳定，学生达到毕业要求的能力下限比较低。有的学科在理论、方法、文献等方面积累比较深厚，学术研究的门槛较高，学生达到毕业要求的能力下限很高。还有一些新兴的交叉学科要求学生掌握两个学科以上的知识，并能够在解决问题时灵活运用，同时学术成果的创新性要超过现有

① 沈文钦、高耀、王传毅：《我国博士生教育需求的政策分析——基于二元需求的视角》，《教育学术月刊》2016年第12期，第33—41页。
② 王传毅、赵世奎：《21世纪全球博士教育改革的八大趋势》，《教育研究》2017第2期，第142—151页。

的单一学科视角研究。 现有研究文献发现，跨学科联合指导对博士生的基本学术能力增值和跨学科能力增值有显著的正向预测作用[1]，但是跨学科学习对博士生科研创新成果和科研能力的提升并无显著积极影响。[2] 有研究进一步分析了这种矛盾背后的原因，指出交叉学科博士生的学业投入时间（约 35％的博士生每周科研投入时间超过 70 小时）明显高于单一学科的博士生（每周科研投入时间超过 70 小时的博士生比例低于 25％），但在学术产出数量方面有微弱的劣势。[3] 同时，交叉学科背景下博士生选择学术职业的意愿明显较高，超过一半的毕业生在就业时首选学术界，而单一学科博士生就业首选学术界的比例低于 45％。[4] 现有的关于交叉学科博士培养成效的文献解释了一个思考方向：交叉学科博士生承担了更多的学术压力、投入了更多的精力，相应地他们"转换赛道"到非学术领域就业的成本较高、意愿较低，但是也正因为在交叉学科取得学术突破的时间周期长、难度大，交叉学科的博士生科研成果产出并不比单一学科博士生有优势。 这也解释了如下一对矛盾："二战"以来许多重大学术创新出现在学科交叉领域、许多取得重大学术突破的学者都具有交叉学科背景，但是交叉学科的青年学者（包括博士生）在学术早期与同龄人相比，学科产出并不占优势。 交叉学科的确蕴含着学术创新的力量，但是学术积累阶段会更长，且积累阶段产出成果的难度较大。 作为交叉学科门类下的区域国别学，在博士生培养中面临的就是这样的情况。

区域国别学与国家战略之间存在"学以致用、用以强学"的"学用"辩证关系，"学"就是学科属性以及所蕴含的学术价值，"用"即学术的应用场景，串联起"学"与"用"的就是人。 对于作者的关切来说，区域国

① 王传毅、杨佳乐、辜刘建：《博士生培养质量及其影响因素研究——基于 Nature 全球博士生调查的实证分析》，《宏观质量研究》2020 年第 1 期，第 69—80 页。
② 徐国兴：《跨学科学习对博士生科研创新能力影响的研究》，《学位与研究生教育》2013 年第 2 期，第 15—18 页。
③ 杨钋、金红昊、蔡旻恩：《前沿交叉学科平台能否促进博士生学术发展？ ——基于某研究型大学博士生调查数据的实证分析》，《学位与研究生教育》2024 年第 4 期，第 74—83 页。
④ 杨钋、金红昊、蔡旻恩：《前沿交叉学科平台能否促进博士生学术发展？ ——基于某研究型大学博士生调查数据的实证分析》，《学位与研究生教育》2024 年第 4 期，第 74—83 页。

别学博士生的学业如何与就业衔接，也是这组"学用"关系下的一个具体问题。 经过大学教育与社会需求的反复磨合，一些传统的成熟学科与现实中的社会分工形成了比较明显的对应关系，甚至一些学科的名称就直接揭示了就业方向。 但是，作为新兴学科，区域国别学的学科建设与人才培养还需要与社会需求继续磨合；作为交叉学科，区域国别学的就业去向还不能全面地反映在学科名称上。 当然，一个新学科被社会接受肯定需要一个过程，学科、学人、学生都要有这个耐心。 面对就业这个年年出现的周期性紧迫问题，在保持耐心的同时，学校与学生也不妨注重一些学业与就业之间的衔接"技巧"。 找到并运用好这些"技巧"的基础，是对学科属性、学生能力和就业需求三方面情况的综合把握。

一、坚持问题导向的综合研究——从一个 100 多年前的感叹说起

一百多年前，学问的有用无用之争、中学西学之争和古今新旧之争，都归为王国维的一句感叹，"学之义，不明于天下久矣"①。 于是，中国出现以分科知识为标志的近代学科知识，充满了"应变"的色彩。② 21 世纪进入第二个十年，中国再次"应变"——百年未有之大变局，或许还要回归 "学之义"的讨论。 当下，现实的冲突与学术的构想相距甚远，学术在改造世界常有"学不及用"的尴尬，于是一些决策者、研究者开始对分科知识的"应变"能力存疑。 这时，综合知识在构建整体性认识上的优势就显现出来。 区域国别学区别于其他学科的一大特点就是研究对象的综合性，"对世界不同区域和国家的政治、经济、文化、社会、军事、人文、地理、资源等进行全面研究，具有战略性、综合性、集成性、对策性、实用性和即时性等特征"③。 正如哈佛大学费正清中国研究中心的多本中国研

---

① 王国维：《人间嗜好》，北京：中国画报出版社，2021 年，第 209 页。
② 章清：《什么是学科知识史》，北京：生活·读书·新知三联书店，2024 年，第 9 页。
③ 区域国别学学科简介：中国学位与研究生教育学会，www. acge. org. cn/encyclopediaFront/enterEncyclopediaIndex。

究著作那样，达到"国别通"的标准需要综合性的研究，即使是对某国某一历史阶段具体问题的研究，也应有"见微知著"的意识，抓住关键问题形成整体的判断，"形成对研究对象区域和国别的普遍性、一般性、特殊性问题的综合性知识体系"①。 构成综合的若干部分，如一国的政治、经济、历史、地理、文化等，以该国该地区独特的方式重新组合起来，就是区域与国别的独特性。 这样的综合性研究，也是区域国别学作为学科的独特性。 一些学生在区域国别学入门阶段常对本学科与国际关系学、比较政治学之间的关系产生困扰，很大程度上就是没有把握好区域国别学的综合研究这一特点。

区域研究曾被认为是"'非理论'的描述性工作，只能积累特例式的'地方性知识'"②。 今天中国的区域国别学当然不能停留在"地区与国家概览"这样的描述性分析上，"一种整合性的研究绝不是关于研究对象的知识事无巨细的堆砌"③。 把"广撒网"的描述性分析升华为"精耕细作"的学术研究，需要"问题意识"作为中介，"在新的区域国别学的研究视野中，区域的整体性是通过问题的整体性加以把握的，而不是关于区域的各方面知识的汇总"④。 关于单一的"问题"与作为整体的"综合"之间的关系，存在两种殊途同归的理解思路。 其一是"整体性把握并非全视域的鸟瞰，而是对影响一个区域或者国家的主导性问题的提炼"⑤，其二是从"全球意义"的角度来把握地区问题⑥。 这两种思路分别从某一区

---

① 区域国别学学科简介：中国学位与研究生教育学会，www. acge. org. cn/encyclopediaFront/enterEncyclopediaIndex。
② 汪卫华：《"解耦"还是"脱钩"？ ——比较政治与区域研究的关联》，《国际政治研究》2021第 6 期，第 9—32 页。
③ 唐士其：《关于区域国别学学科建设的几个问题》，《区域国别学刊》2023 年第 6 期，第 5—13 页。
④ 唐士其：《整体把握、问题导向、专业视角——关于区域国别学学科建设的几点思考》，《北京大学校报》，2024 年 2 月 25 日第 1 版。
⑤ 唐士其：《整体把握、问题导向、专业视角——关于区域国别学学科建设的几点思考》，《北京大学校报》，2024 年 2 月 25 日第 1 版。
⑥ 翟崑：《从东盟到"东盟世界"：东南亚地区秩序构建的全球意义》，《亚太安全与海洋研究》2024 年第 1 期，第 2—3 页。

域、国家的特殊性问题和普遍性问题出发做出理论阐释，看似"泾渭分明"，实则汇流如一。 一国一地区的特殊性问题之所以受到关注、成为主导性问题，很大程度上是因为这个问题具有世界意义。 而一个具有世界意义的问题，多数时候来自对这个世界"局部"问题的思考与升华。 特别是在经验主义研究范式的影响下，许多成熟学科的重要理论，其形成路径都是由具体的实践经验普遍化而来的。 正如东南亚研究先后孕育了"想象的共同体""逃避统治的艺术"等理论一样，甚至经济学发展史上许多一度主流的观点，实际上是英国研究、美国研究之中的经济研究部分。 一个好问题就是激活普遍性与特殊性之间辩证关系的钥匙，这就是问题的魅力。 正如马克思所言："真正的批判要分析的不是答案，而是问题……世界史本身，除了通过提出新问题来解答和处理老问题之外，没有别的方法。"①认识区域国别学中整体性认识与地方性知识的统一，关键要提出一个区域国别学本身的好问题。

二、理想中的学业要求与学生知识结构的现实：从一道 100 年多年前的试题说起

1917 年，北京大学预科考试"中西历史"一门课程的试卷发出了三连问：波兰何以灭于俄，印度何以灭于英，安南何以灭于法。② 这道题不考察经过、原因、意义，而是对外国历史事件的整体考察——理想中的答案，应该包括了对两国政治、经济、社会、军事等全方位的分析，如果能以世界形势分析作为背景，那肯定是加分项。 无论是对一国、一地区的历史现象还是当下境遇的分析，单一维度难免挂一漏万、管中窥豹。 如果作为学术观点，尚且有"一家之言"的价值；如果作为决策支撑，则有可能误事。 在《研究生教育学科专业目录（2022 版）》的"交叉学科"门类下

---

① 马克思、恩格斯：《马克思恩格斯全集》第 40 卷，北京：人民出版社，1982 年，第 289 页。
② 任羽中：《为国选士：老北大入学试题（1917—1948）》，上海：上海人民出版社，2024 年，第 5 页。

有9个一级学科，其中区域国别学的学科简介和智能科学与技术的学科简介中提及"交叉"的次数最多，分别为16次和17次，明显多于其他学科。 区域国别学被学科设计者所代表的学术从业者给予了深厚的"突破学科边界、构建整体性认识"的期待。

这种期待，对于该学科的博士生来说，是一种关于学术能力的美好愿景，也在现实中转化为学生具体的学业压力。 如果说读博士是人生挑战，那么读交叉学科的博士就是遇到了"挑战的平方"。 研究特定国家或地区某一个具体问题，外国语言文学、比较政治学、世界史、世界经济等学科已经很好地完成了任务。 当代中国区域国别学培养"区域通""国别通"，需要对特定区域或国家进行整体性的把握，这显然需要多学科的背景。 加之许多热点地区和国家并不以英语为母语，这又增加了区域国别研究博士生的挑战——他们需要"双学科＋多语言"的综合能力。

以外国语言文学为主要学科背景的学生，他们在入学后迫切需要在语言文学之外建立"双学科"知识结构，直觉上对"概论型"课程的需求很大。 但是"概论型"课程远远满足不了博士生阶段学术研究的需要，而且研究生阶段应该着重培养问题意识，特别需要提炼出某一区域、国家发展的主导性问题，很难挤出时间给"概论型"课程。 当然也要理解他们的难处，学科门类齐全的综合性大学仿佛一座"学术超级市场"，学生手中又没有"购物清单"，如果不先"走一圈"，怎么知道该如何选择呢?

其他学科的学生进入博士生阶段学习时，已经有了某一学科的"底色"，只需要再补充其他学科的知识。 不过，这类学生也面临两方面的挑战：一方面，他们要补上语言（主要是小语种）课，要在一年到两年时间里达到能读小语种文献、能与当地人交流的水平，需要投入很多的时间和精力；另一方面，人的成长多少都存在"惯性"，他们容易在自己的学科领域越走越深，对于吸收其他学科推动研究可能不够自觉，最终的博士学位论文只能提供比较单一的分析视角，对某一地区、国家复杂的主导性问题解释力有限。

学生们对理想与现实的差距也有认识和自省，他们不断在自问、追问，如何才能实现"跨学科"？ 无论是从学科史还是学术自身的规律来看，交叉不是目的而是方法，即不能"为了交叉而交叉"，应当是"解决问题需要学科交叉"。 交叉学科比一般学科更需要问题意识，后者在前期恰恰是前者的源头。

那么，问题来自哪里呢？ 相较于许多哲学社会科学从文献出发寻找问题的思路，区域国别学更加强调从国家需要出发寻找问题。"学以致用，用以强学"是区域国别学与国家战略关系的根本逻辑所在。[①] 如果解决不了事关国家战略的问题，那么区域国别学的学科属性就失去了一大特色。当然，每个学科都有社会服务的属性，但是区域国别学的这一属性尤为突出，而且具有显著的国家视角。 提炼区域国别学的真问题，研究者需要将自己的"学术指南针"置于国家战略之中，找到知识供给与知识需求的矛盾点，为解决矛盾推进一步。 这是区域国别学知识的应用场景，也是区域国别学研究者的使命。 那么，对于区域国别学博士生来说，学术研究的理想与现实的矛盾，就从掌握单一学科的能力现实与学科交叉的理想模式，转化为对国家战略与自身学术规划之间的张力。 在此前提下，如何交叉、怎么交叉都变成了伪问题——真问题是，解决问题需要什么知识，就学习、运用什么知识。

三、如何把学业优势转化为就业优势：从当下就业市场的需求说起

博士生是否一定要"以学术为志业"？ 在不同的社会发展阶段，对这一问题的回答是不一样的。 在博士毕业生供给小于需求的阶段，博士生是学术传承的主要力量，当然应当鼓励他们继续从事学术。 如果供给关系发生了转变，那么无论从个人发展还是社会需求的角度，博士生的就业也应当多样化。 根据《自然》（Nature）杂志的一项调查，就中国目前的教育

---

① 翟崑、韩卓希：《区域国别学与国家战略是什么关系》，《学习时报》，2024 年 10 月 11 日第二版。

系统和就业市场来看，博士生是供大于求的。① 但与此同时，也有研究者指出，如果要进一步提高我国在"教育强国指数"中的位次排名，包括博士生教育在内的高等教育规模还应适度扩大，以提升人口整体受教育水平。② 两种说法是否矛盾，教育研究者各有论述。 当前，我国博士生招生规模并非全球第一，与美国相比依然差距不小。③ 而且，强国建设对高层次人才的需求远远没有被满足。 我国在教育强国参照指标中，世界人才竞争力指数排在第 40 位，还有较大的提升空间，必须有的放矢培养国家战略人才和急需紧缺人才。④ 因此，从长远来看，认识、解决两种说法之间的矛盾，关键在科学确定博士生教育规模、优化其结构。 但是，长远的规划并不能解决当下的具体问题，每年都有博士生毕业，就业去向依然是头等大事。 从微观角度来看，优化博士毕业生的就业去向，还要提升博士生的就业能力。 对于博士生培养机构来说，就是要培养"适销对路"的学生，使他们能够把学业优势转化为就业优势。

从发达国家的经验来看，随着社会对高层次人才需求的增加和博士生培养规模的扩大，学术机构不再是博士生的唯一需求方，客观上学术事业发展对人力需求的增长幅度也低于博士毕业生的增量。 面对博士生就业市场需求规模和结构的变化，博士生的培养方案有必要扩大视野，兼容非学术类机构对人才的需求。 当然，所谓的非学术类机构并不是一般的事务性部门，而是应用导向的研究机构，主要是各类智库和企业、事业单位的研究院。 根据 2022 年出版的《中国智库名录 No.5》，我国共有智库 1928家，类型包括全国党政系统智库、科研院所、主要高校智库、社会智库、

① Chris Woolston, Sarah O'Meara, *PhD Students in China Report Misery and Hope*（2019 - 11 - 26），https://www.nature.com/articles/d41586 - 019 - 03631 - z。
② 张炜、王进富、李春林、张学良：《新形势下我国博士生教育发展路向探析——基于强国建设的若干思考》，《研究生教育研究》2024 年第 3 期，第 14—20 页。
③ National Center for Education Statistics, *Digest of Education Statistics*（2023 - 03 - 23），nces.ed.gov/programs/digest。
④ 马晓强、崔吉芳、万歆：《建设教育强国：世界中的中国》，《教育研究》2023 年第 2 期，第 4—14 页。

合作智库、国家首批高端智库、智库研究与评价机构等。 从推动科学决策、民主决策与国家治理体系和治理能力现代化、增强国家软实力的角度看，智库建设是一项战略性任务。 可以预见的是，未来中国的智库将在数量和质量上进一步优化提升，对人才的需求也将同步扩大。 从发达国家的经验来看，智库、大学、媒体、政府之间存在着"旋转门"，智库、媒体、政府在舆论领域也有密切的分工合作。 这一现象佐证了上述机构在人才需求方面存在相当的一致性，这些机构也应当纳入博士生就业的考虑。 当前，由于我国各类智库尚在发展阶段，各项机制还不够完善，客观上对人才的吸引力有限；博士生对智库的了解也不多，在该领域的就业预期不强。 这种现象随着智库事业的发展会有所好转，当然博士生培养也要提前做出适应性调整。 此外，近十年来互联网音视频重塑了内容出版、发行、播出等行业的流程，严肃的知识生产在互联网上形成了相对成形的产业链条，出现了"得道""看理想"等代表性的互联网知识传播平台。 Bilibili 网站上也出现了"知识型 UP 主"这一新的网络主播分类，其中许多主播具有博士学位，网民戏称他们是"把博士论文写在 b 站（Bilibili 网站的昵称）上"①。 在这类互联网严肃内容生产领域，博士毕业生群体具有其他群体比不了的学术优势。 有知识型网络主播表示："每个视频的制作过程中，最费时费力的就是查找资料和考证信息。 无论文献的来源和途径，还是查证的深度和广度，与攻读博士学位期间的论文写作并无二致。"②目前，在北京等特大城市由于户籍制度的限制，采取当"知识型 UP 主"这样的"灵活就业"形式并不是特别容易被接受。 但是在其他城市，或者说对户籍问题态度灵活的人，知识型主播这样的新就业形态也是一种选择。

当然，学术还是博士生群体的独特属性，学术方向的就业在未来一段时间还是博士生群体的就业主流。 博士生在学术领域就业已经存在比较稳

① 祖薇薇：《博士变身 UP 主 把论文写在 b 站上》，《北京青年报》，2022 年 4 月 15 日第 A10 版。
② 祖薇薇：《博士变身 UP 主 把论文写在 b 站上》，《北京青年报》，2022 年 4 月 15 日第 A10 版。

定的流程和模式，本文要探讨的是区域国别学这样的新兴交叉学科博士生就业。 如前文所述，对博士生而言，跨学科学习投入的时间更多，但短期内在科研成果产出方面并不会立即形成优势，甚至会因为研究领域涉及知识广、研究周期长而在成果数量上有劣势。① 如果从长远来看，交叉学科的研究在涵育创新方面是比单一学科有优势的，但是面对就业这个眼前的具体问题，"长远"和"潜力"来自用人单位的判断力，很难以量化的形式呈现在求职人的简历上。 事实上，不仅是交叉学科的博士生就业存在这个问题，交叉学科的青年科研人员在业绩评估中也可能会被质疑。 从问题的根源上看，这是改革学术评价的问题，包括博士生在内的青年科研工作者除了等待，能做得很少。 但是，从发挥主动性的角度，区域国别学的博士生也应当有所作为，最大限度地提升就业竞争力。 其中就包括，学术成果产出应有一定的规划，先从借鉴其他学科理论方法解决一个学科的问题，在现有的学科框架下产出符合一般意义上博士生水平的学术成果，再探索面向现实问题运用多个学科的理论与方法形成整体性认识的论文。 例如，在体现阶段性成果的期刊论文写作方面，不妨"保守"一些，有多少知识储备就解决多少问题，实现"积跬步"；在体现博士生阶段全部学业成果的学位论文写作方面，应尽力达到学科交叉的理想形态，体现在交叉研究中的学术潜力，达到"至千里"。 在日常的学生培养与引导工作中，培养机构应引导学生摒弃"一步迈向'交叉'"的念头——这种想法既不符合学术发展和学科交叉的规律，也不利于博士生形成就业竞争力。

需要强调的是，无论将来从事任何形式的职业，学术能力始终是判断一位博士毕业生水平的"金标准"。 这是区域国别学的"专业"属性使然。 同时，区域国别学相较于其他学科，更加重视问题导向、更加重视应用，从以学院为主体的学生培养到以学生为主体的就业，都应面向学术的应用场景调整当下的实践，解放思想扩大关于就业去向的预期，并提升运

---

① 徐国兴：《跨学科学习对博士生科研创新能力影响的研究》，《学位与研究生教育》2023年第2期，第15—18页。

用知识解决问题的能力。 这种思路当然有功利的色彩，但是如果以就业这个人才培养的具体问题为导向，"功利"何尝不是一种务实?

（靳戈，北京大学区域与国别研究院院长助理、副编审；

余跃，北京大学人事部副部长）

他者为镜

他者的运用与滥用

——清末民国思想界对土耳其革命评价的演变 *

刘新越

摘要：中国与土耳其的近代史发展有很强的相似性。在 19 世纪末 20 世纪初，中国和土耳其曾被西方列强贬称为"东亚与西亚的两大病夫"。因此，近代中国知识分子往往对土耳其的历史境遇有一定的思想共情，将土耳其视为寻求抵御西方列强方法和探索现代化道路的重要参照。晚清至民国时期，中国知识界对土耳其政治变革的关注超越了单纯的国际兴趣，转而成为一种策略，通过观察土耳其来反思和发展自身的政治理念。这种独特的关注方式揭示了中国知识分子对国家命运和自身角色的深刻思考，他们借用土耳其革命的经验来阐述对中国现实政治局势的看法和解决方案，体现了中国思想界强烈的问题意识和自我本位。土耳其革命在中国知识分子心中被符号化，关于它的评价随着中国国内政治局势的变化而波动。本文专注于 20 世纪前 30 年中国知识分子出于特定政治目的对土耳其革命的关注与写作，研究那些利用土耳其革命经验来阐明中国道路选择的文本，借以说明近代中国知识分子利用甚至滥用土耳其革命的历史经验来论证自己政治观点这一特殊现象，进而探讨其背后的成因。

关键词：土耳其革命　凯末尔　国民党

---

* 本文是国家社科基金一般项目"全球史视野下的土耳其革命与变革研究"（19BSS039）的阶段性成果。

在近代中国知识分子眼中，土耳其始终是一个重要的镜鉴，无论是在探索现代化道路方面，还是在抵抗西方列强、发扬民族主义方面，中国和土耳其的近代史发展都高度同步，两国的知识分子也有着较强的思想共鸣。① 因此，从晚清到民国，中国知识界一直密切关注土耳其的政治局势。 但这种关注与其说是出于土耳其自身，不如说是"把土耳其当作方法"，借土耳其来阐述自己的政治观点，中国思想界对土耳其的研究有着强烈的问题意识和自我本位。② 这和中国近代思想家对西方的学习和认识并不相同。 中国知识界对西方抱着羡慕、模仿或憎恨、排斥的态度，始终大体上和西方本身直接相关。 但中国思想界对土耳其的评价大多取决于思想家本人对中国局势的判断，也就是说当时国内关注土耳其的学人并非关心土耳其本身，而是出于现实的政治目的，希望借土耳其的例子来支持自己的政治观点。 因此，他们关注的焦点主要是"土耳其革命"这一特殊的主题。 正是因为中国在这一时期面临着与土耳其相似的时代难题，从清末到民国，中国国内的知识界一度出现了一股"土耳其狂热"。 根据笔者在数据库中的检索，"中国近代图书全文数据库"中与土耳其相关的内容（1840 年至 1949 年）共有 18 141 条，"《时报》数据库"中与土耳其相关的内容（1904 年到 1939 年）共有 1329 条。 在"《东方杂志》数据库"中可以检索到 169 条与凯末尔相关的内容、8 条基玛尔③相关的内容（1914年到 1940 年），1948 条土耳其相关的内容（1904 年到 1940 年）。 根据陈鹏的研究，以"土耳其""土耳基""土耳机""土耳叽""土尔其"为关键词，分别对目前开发较为成熟的两种近代报刊史料数据库——"晚清民国

---

① 相关研究著作参见陈鹏：《认知他者与反观自我：近代中国人的奥斯曼帝国观》，北京：社会科学文献出版社，2023 年；王三义编：《土耳其的道路：中国学者的研究与述评》（第一辑），天津：天津人民出版社，2021 年；董正华：《追寻现代世界的足迹》，北京：社会科学文献出版社，2020 年，等等。

② 相关论文研究可参见昝涛：《中国和土耳其之间的精神联系：历史与想象》，《新丝路学刊》2017 年第 1 期；昝涛：《六十年来的中国土耳其研究：回顾与展望》，《西亚非洲》2010 年第 4期；陈鹏：《近代中国人土耳其观的再认识》，《近代史研究》2018 年第 1 期；戴东阳：《戊戌变法时期康有为的土耳其观与其联英策》，《史学月刊》2000 年第 4 期，等等。

③ 基玛尔是民国早期对"凯末尔"人名的另一种翻译。

期刊全文数据库""《申报》数据库"进行标题检索和全文检索，分别可得到 5193 条、18 991 条有效信息。① 本文将关注"土耳其革命热"这一近代史上特殊的现象。

本文研究的主题是国内知识分子"出于特别政治目的"对土耳其革命的关注与写作，而不是所有关于土耳其革命的文字，那些客观介绍土耳其的科普类文章自然不在此列。 因此，本文研究的主题并非晚清、民国知识分子对土耳其的认识与引介，这一主题显然过于庞大，而是他们如何将土耳其革命当作一种说明自己政治观点的思想资源。 这种借土耳其政治来阐明中国道路选择的文字主要出现于 20 世纪前 30 年，这也正恰逢中国面临不同的政治道路与意识形态的选择悬而未决的时期。

本文所介绍的"土耳其革命"指的是作为复数的两场革命。 首先是 1908 年的青年土耳其革命，随后是 1919 年至 1923 年的土耳其独立战争。 虽然后者从其汉语名称看来并非革命，但在土耳其语原文中，独立战争一般都会用具有"革命"含义的名词来专门表述②，表示其划时代、变革性的历史意义。 民国时期的很多学者也接受了土耳其官方的这一说法。 柳克述在《土耳其革命史》中就明确区分了第一次土耳其革命和第二次土耳其革命，在这个意义上，民国学者对土耳其有着非常深刻的"本土化理解"。

总体而言，在晚清到民国时期客观介绍土耳其历史与政治的著作较少。 大多数关于土耳其的书写都带有强烈的情感色彩，或是大力吹捧，或是猛力抨击。 土耳其在这一时期的中国知识分子眼中并非一个客观的研究对象，而是一个用来解释思想家自身政治观点的"工具性"他者。 萨义德认为，确立他者的存在是任何一个民族得以明确自身、理解自身的基本前

---

① 陈鹏：《近代中国人土耳其观的再认识》，《近代史研究》2018 年第 1 期，第 57 页。
② 土耳其官方史学将从土耳其独立战争到凯末尔改革这一段历史统称为 Türk İnkılap Tarihi，即土耳其革命史，在土耳其历史中提到"革命"一词，一般指代的也正是这一段历史。 参见 Ahmet Yücekök, *Türk Devrim Tarihi*, Ankara: Gerçek Yayınevi, 1984; Fahir Armaoğlu, *Türk Siyasi Tarihi*, Istanbul: Kronik Kitap, 2017. 等。 以上两本书中都有关于为何土耳其独立战争和凯末尔改革应被称为革命的详细论述。

提，而这个他者的形象往往是被构建的。 他者被想象为与"自我"截然不同，甚至完全对立的事物，有了这种"我与他"之分，"自我"内部的同质化与团结才有可能实现。① 在中国近代史上，"西方"的概念则构成了一个清晰的镜像，并为我们理解并界定自身的文化与身份提供了重要的借鉴。② 对"他者"的主观、政治化描述在清末民国学者对外国的关注方面并不特殊。 清末民国的土耳其"研究"的特别之处在于，中国知识分子常常出于自身的政治立场刻意扭曲，乃至编造土耳其的历史和政治局势，甚至有类似康有为这样在不同时期对土耳其革命做出完全不同的描述与评价，并"篡改"自己之前文章与日记的情况。 这或许体现出在当时的知识分子眼中，土耳其并非自身具有研究价值的主体，关于土耳其革命的文字也只不过是"借他国之口，抒个人胸怀"，这种研究土耳其的态度颇有"六经注我"的意味。 在这个意义上，土耳其革命是一个不断被我国思想家运用甚至是滥用的客体。

近代中国知识分子对土耳其的研究并非特别热门的学术话题，专门研究这一主题的学术著作较少。 仅有的相关研究，或是研究近代中国"睁眼看世界"后知识分子对世界各国的观察与认识，因而简单涉及土耳其；或是研究某位思想家的生平，因思想家本人曾到访或关注过土耳其，研究也顺带涉及相关情况。 其中前者主要探究一些晚清文人、政要的游记、笔记类著作。 20世纪末在晚清思想史研究方面产生了一定影响的《走向世界丛书》就曾收录许多此类著作，其中涉及土耳其的主要有两本：康有为的《欧洲十一国游记二种》③和王韬的《漫游随录》④，与之相关的部分学

① 参见〔美〕萨义德：《东方学》，王宇根译，北京：生活·读书·新知三联书店，1999年。
② 参见王铭铭：《西方作为他者——论中国"西方学"的谱系与意义》，北京：世界图书出版公司北京公司，2007年。
③ 见康有为、梁启超等：《走向世界丛书·欧洲十一国游记二种·新大陆游记及其他·癸卯旅行记·归潜记》，钟叔河主编，长沙：岳麓书社，1985年。
④ 见王韬等：《走向世界丛书·漫游随录·环游地球新录·西洋杂志·欧游杂录》，钟叔河主编。

术、思想史研究中有少量涉及土耳其的内容。① 至于研究思想家著作,以及延伸到土耳其的研究,戴东阳的两篇相关论文对本文研究影响较大:《康有为〈突厥游记〉稿刊本的差异及其成因》《戊戌变法时期康有为的土耳其观与其联英策》。这两篇论文都细致地分析了康有为论述土耳其的文字,尤其对康有为《突厥游记》的写作时间做出了比较令人信服的考证,下文将具体述及。此外,章永乐的专著《万国竞争》则结合了对具体思想家的研究和近代中国知识分子"开眼看世界"两大主题,有专门的一章介绍了康有为在土耳其走访的历程。② 另外,在中国和土耳其各有一本专门研究中国学者如何认识土耳其的专著。陈鹏的《认知他者与反观自我》主要研究清末民初的中国知识界如何认识与理解奥斯曼帝国。土耳其著名的汉学学者的吉来·费丹的《共和国的中国客人》则考察民国时期的中国知识分子如何认识与评价土耳其共和国早期的政治发展。③

与以上这些研究不同的是,本文并非关于中国学者如何客观认识、理解土耳其的学术史研究。一方面,本文的研究细化到晚清民国知识分子对青年土耳其革命和土耳其独立战争两场革命的认知,即不同时期、不同政治观点的中国人如何看待这两场革命。另一方面,本文重点讨论的问题是清末民国的学者如何削足适履地"扭曲"土耳其历史,来论证自己的政治观点,也就是对土耳其历史的滥用。此前研究主要关于中国人对土耳其历史的认识,总体是知识史、学术史的范畴;本文则是在政治思想史的脉络里探讨中国学者怎么样、为什么利用甚至滥用土耳其革命的历史来支持自己的政治观点。此前研究或是没有注意到中国知识分子将土耳其革命史作

---

① 研究康有为游记的论文、专著下文将具体述及,关于王韬游记的研究参见:张慧佳、陈可:《论王韬〈漫游随录〉中的类比式西方想象》,《忻州师范学院学报》2023年第3期,第18—23页;杨汤琛:《西方乌托邦与"吾道其西":王韬悖论式的文化心理图式——以〈漫游随录〉为中心》,《华文文学》2017年第6期,第46—52页;邵建:《近代早期出洋中国士人的西方认知及其思想世界的转型——以王韬〈漫游随录〉为线索》,《史林》2013年6月,第132—138页等。
② 参见章永乐:《万国竞争:康有为与维也纳体系的衰变》,北京:商务印书馆,2017年。
③ Giray Fidan, *Cumhuriyet' in Çinli Misafirleri*, İstanbul: Türkiye İş Bankası Kültür Yayınları, 2019.

为"政治论述工具"这一历史现象，或仅是简单提及，不将其作为专门的研究主题，未能深入讨论这种现象背后的心理机制与成因。

一、清末立宪派对青年土耳其革命的评价

在清末立宪派知识分子关于土耳其革命的评论性文章中，康有为关于土耳其的叙述最具有代表性。 在他还是一位坚定的君主立宪主义者之时，他把土耳其革命视为进步的象征和模仿的对象，但在他的立场随着中国国内局势发展趋于保守后，他反倒责备土耳其的立宪革命党人制造了土耳其局势的混乱，导致了土耳其的衰落。① 奥斯曼帝国在巴尔干战争中失败后，康有为甚至还篡改了自己之前的日记、笔录，来制造一种自己"早有预见"的假象，掩饰本人在青年土耳其革命后欢欣鼓舞的文字。 这一点在康有为的《突厥游记》中体现得最为明显。 今天，大众在出版物上读到的《突厥游记》其实是康有为在民国成立以后修改过的版本，在这个版本中，康有为"痛批"在 1908 年发动青年土耳其革命的革命者，"病家不能医方，徒愤激于病剧而妄用刀割，未有不伤死。 乱国之人，不学治术，徒愤激于旧弊而妄行革变，未有不危亡其国者也"。② "不学无术""乱国"之词是极为严重的批评，拿来攻击最为憎恶的政敌可以，用来评价这样一场最终取得胜利并且成功推动了土耳其宪政发展的革命则略显奇怪。 康有为更是颇为情绪化地写道："惟突厥新党人，必乱突而非强突者，以所学专在破坏，徒矜意气，非能建设故也。"③如果不考虑这篇文章的写作背景，那么康有为如此情绪化地抨击遥远的土耳其革命就很难理解。 毕竟康有为在土耳其旅行的时间不长，在土耳其也没有结交当地的达官显贵或文坛要人，无法细致地观察、了解土耳其革命的具体情况，没有理由对土耳其革

① 赖某深：《从西班牙到希腊、土耳其——康有为的南欧、东欧纪行》，《世界文化》2022 年第 1 期，第 46 页。
② 康有为：《突厥游记》，载《不忍杂志汇编》，桂林：广西师范大学出版社，2016 年，第 399 页。
③ 康有为：《突厥游记》，载《不忍杂志汇编》，第 399 页。

命产生如此抵触、厌恶的情绪。 康有为后来夸口称自己早在 1908 年访问土耳其观察革命情势时就曾预言土耳其"将危乱且亡也"。[①] 但上述康有为有关青年土耳其党人的"预言性文字"却不见于他在 1908 年、1909 年所写的任何一个稿本之中，康有为所"引以为豪"的这句预言大概率是后来才加在补写的《突厥游记序》之中的，有关这一事实，前辈学者已经有详细的考证与辨析。

根据戴东阳的考证，康有为《突厥游记》的稿本和刊本是完全不同的两个版本，后发现的稿本才体现了康有为 1908 年见识土耳其革命时的真实想法，而"刊本已将稿本主旨部分彻底改写。 这种改写，体现了康有为政治思想从清末到民初的变化"。[②] 考察康有为的原稿，读者可以发现他在1908 年看到青年土耳其革命获得成功时的情绪是非常亢奋的。 在原稿中，康有为称赞青年土耳其党的新政是"除苛解挠，民心大悦"的举措。[③]康有为在 1908 年抵达伊斯坦布尔之时，正值青年土耳其革命爆发、奥斯曼帝国苏丹阿卜杜勒·哈米德二世被迫"诏开立宪"，康有为当时评论道："既立宪开党禁，新党人皆自外归，苏丹又因民望，逐故相而立新党之薿巴沙为相，既才且勇，除旧政百余条，越日革放贪污吏二百余人于外国，前大臣尽逐……"[④]此处，康有为显然是把自己带入"新相"的角色，与他在这篇文章前一段对"贤相"阿士文的赞许出于同样的心理动机——拯救国家要靠立宪，而立宪则需要思想进步的"贤相"之推动。 在康有为 1908 年写就的《突厥游记》原稿中，读者可以读到的尽皆是此类称颂青年土耳其党人、以土耳其情形自况的文字，毫无"将危乱且亡也"的"前瞻性论断"。

因此，研究康有为作为立宪派对青年土耳其革命的观感，势必要研究

---

① 康有为：《突厥游记》，载《不忍杂志汇编》，第 399 页。
② 戴东阳：《康有为〈突厥游记〉稿刊本的差异及其成因》，《近代史研究》2000 年第 2 期，第 223 页。
③ 康有为：《突厥游记（1908 年）》，载上海市文物保管委员会编：《康有为遗稿·列国游记》，上海：上海人民出版社，1995 年，第 564 页。
④ 康有为：《突厥游记（1908 年）》，载上海市文物保管委员会编：《康有为遗稿·列国游记》，第 564 页。

《突厥游记》的原稿，因为原稿才能体现出康有为在青年土耳其革命爆发时的看法。 许多关于康有为论土耳其的文字错误地引用了刊稿，反映的只能是康有为后来思想愈发保守，从立宪退到保皇以后的认识。 这一点上文引用的《认知他者与反观自我》一书以及《从西班牙到希腊、土耳其——康有为的南欧、东欧纪行》一文均未能注意，两者因而都对康有为关于土耳其革命的看法做出了"时代错误性"（anachronistic）的论断。

康有为关于土耳其的论述颇为独特的一点在于他别出心裁地将土耳其称为"突厥"，此说几乎是同时性地反映了当时正在土耳其兴起的"泛突厥主义"思想。 土耳其人在 19 世纪才因为鄂尔浑突厥碑铭文字的破译从语言学的角度认识到自身与历史上的突厥汗国之间的联系，而相关的历史知识在 20 世纪初才在一个相对较小的土耳其知识圈子内普及。 康有为很早就注意到了知识界的这个新的发展。 在康有为的时代，"土耳其"已经是约定俗成的译名，该译名在清朝中期就已经出现，通过徐继畬的《瀛寰志略》得以普及，在清末的时候除"土耳其"以外已经没有别的译法。 康有为特意将"土耳其"称为突厥，是为了强调中国与土耳其之间的历史联系与纽带，说明中国与土耳其"互为兄弟""同根同源"。 毕竟《旧唐书》记载突厥"盖匈奴之别种"，而匈奴是"殷人淳维之后"，如此中国人和土耳其人的联系就追溯到了三千多年以前。 康有为的这一思路在他的《进呈突厥削弱记序》中体现得非常明显。 他在《进呈突厥削弱记序》中宣称："横览万国，与中国至近形似，比拟同类，鉴戒最切者，莫如突厥矣。"[1]突厥出自匈奴，是殷人淳维之后，与中国人同种同类。 因此，奥斯曼帝国的近代经历，与中国就有了非常深的关联。 康有为坚持用"突厥"而非"土耳其"，所突出的正是人种上的亲缘关系。[2]

除了康有为之外，此时大多数立宪派的报纸都对青年土耳其革命的爆发欣欣鼓舞。 1909 年，《申报》上的一篇文章就充满热情地感叹道："我国

---

[1] 康有为：《进呈突厥削弱记序》，载汤志钧编：《康有为政论集》上册，北京：中华书局，1981 年，第 298 页。
[2] 章永乐：《康有为的"中土比较"与戊戌的世界图景》，《东方学刊》2018 年第 2 期，第 2 页。

上下，又感土耳其之刺激，以为堂堂大国，夫岂土耳其之不若。 于是一唱百和，愤然而起，曰：要求宣布实行年限，迨九年筹备之诏下，全国欣欣然有喜色，以为我人所要求者，已如愿而得。"①《外交报》上的另一篇文章虽然并不直接论述青年土耳其革命的问题，但也提出了土耳其实行君主立宪对于中国的借鉴意义，"土国今日之宪法，方在进行，宜不至为列强所藐视也。 吾国近方预备立宪，嗟我邦人，读此宜自省矣"。② 此外，长期关注土耳其、留下大量介绍土耳其文字的酉阳也指出："彼乃欧洲称为世界四病夫之一，与吾国同类而共笑之者，乃不意一跃而登于立宪之大舞台，占吾国之先著也。"③

二、清末革命派对青年土耳其革命的评价

与康有为相反的则是当时的革命党人，汪精卫、胡汉民曾有意识地就土耳其革命与康有为展开对话，论证改良、立宪在中国的不可行。 其主要逻辑是汉人在清朝统治下是被统治民族，不可与奥斯曼帝国境内的土耳其人类比，而应该与奥斯曼帝国境内的希腊人、塞尔维亚人等被统治民族对比。 汪精卫非常清晰地表明了自己这一观点，"夫中国之政治现象，与土耳其不同，故土耳其犹可言君主立宪，而中国则必不可，以民族问题为之梗也。 此其故吾昔常言之矣。 曰：土耳其国内诸民族，以突厥民族为最多数，今之握君权者，固突厥人，而为革命之主动者，亦突厥人也。 故君民之际易于调和，及得宪法，而目的已达。 若中国则不然，握君权者为满洲人，而乞求立宪，则汉人，非满人也。 此大异于土之以革命得立宪者矣。 土之革命，突厥人为主动，而马士多利亚人赞同之。 马士多利亚人之意，欲以少数民族附庸于多数民族以自存也。 今汉人宁能附庸于满人以自

---

① 《论今日新政无实行之气象》，《申报》，1909 年 7 月 28 日第 1 张第 2 版。
② 《论日土条约》，《外交报》第 243 期，载张元济主编：《外交报汇编》第 13 册，北京：国家图书馆出版社，2009 年，第 247 页。
③ 酉阳：《论土耳其立宪与中国之关系》，《申报》（上海），1908 年 8 月 2 日第 3 版。

存乎?"①

　　在 1910 年发表的一篇演说文章中,胡汉民对土耳其革命与中国革命进行了详细的对照分析。 他观察到,土耳其能够成功实施君主立宪制度,得益于其统治者与民众都属于同一民族,从而避免了民族冲突。 然而,在当时中国的情况下立宪制度难以实行,民族矛盾难以调和。 胡汉民还提出,中国的形势与当时的希腊更为相似。 尽管土耳其宣布了立宪,但希腊作为一个"先进的文明民族"仍不满足于接受"落后"的土耳其人统治,而是继续展开革命斗争,最终实现了国家独立。 他认为,汉人应当仿效希腊人反抗土耳其的模式,争取民族独立。 他还指出,即便是接受同族统治的土耳其人民也不满足于单纯的君主立宪制,他们也推翻了专制的苏丹阿卜杜勒·哈米德二世,通过革命又立了新苏丹。 这一点表明,在中国这样一个"异族统治"的国家,汉族人民更应当奋起进行革命。②

　　胡汉民关于土耳其的论述有两点尤为值得注意。 首先,胡汉民或许是刻意误用了历史事实来证明自己的革命观点,因为希腊独立战争爆发于 19 世纪初,当时希腊人仍处在奥斯曼苏丹的专制统治之下,而奥斯曼土耳其的立宪革命则是 1908 年的事情。 胡汉民宣称希腊人即使在土耳其人宣布立宪以后依旧坚持抵抗,是混淆了近一百年的历史。 胡汉民不太可能发现不出如此明显的错误,却依旧以之作为说明自己观点的论据,很可能是有意为之。 他宣称希腊是文明民族而土耳其落后野蛮,可能也并非观察、对比两个民族、两种文化后而得出的结论,而是借之说明汉族相对于满族的"文明性"。 其次,胡汉民虽然不认为青年土耳其党人的立宪之法值得中国借鉴,却对青年土耳其党人实现立宪的手段——革命颇为赞许。

　　在这一点上,康有为和胡汉民几乎是达成了共识。 如上所述,康有为在同一时期并不反对通过暴力的手段实现立宪。 因此,清末的改良派和革命派出于不同的立场,对 1908 年的土耳其革命都有着偏向于正面的评价。

----

① 汪精卫:《汪精卫集》,恂如编,上海:光明书局,1930 年,第 201 页。
② 胡汉民:《就土耳其革命告我国军人》,《民报》第 25 期(1910 年 6 月),第 20 页。

汪精卫与胡汉民在支持革命这一手段方面也有共识。 1908 年，汪精卫在围绕刚刚爆发的青年土耳其革命而写作的《革命可以杜绝瓜分之实据》一文中写道："土国所以屡召外国之干涉者，全以政治腐败之故，非为政治之革命，终无以排去干涉之原因。 内治既整，外侮斯去，革命非止安内，且以御外也。"①胡汉民则写道："近东病夫之国势与远东病夫之国势，盖绝相类，而革命时代对外之现象如此，执革命可召干涉之说者当关其口矣。"②总体而言，清末的革命党人对青年土耳其革命并不持负面态度，孙中山，以及胡汉民、汪精卫等多位革命党的文胆都曾经写下对土耳其革命正面评价的文章，只是他们认为此时的土耳其立宪革命对中国而言没有借鉴意义，土耳其在他们心目中也并不是一个值得学习模仿的对象。

三、辛亥革命后民国知识分子对土耳其革命的评价

对于第一场土耳其革命，在辛亥革命以前，革命党和改良派在总体上均持正面态度，革命党主要是看中其革命性和手段，而康有为则看中了青年土耳其党人行立宪以维持奥斯曼帝国存续的目的。 但在辛亥革命后康有为完全扭转了自己的立场，如上所述康有为修改了自己此前关于青年土耳其革命的文字，把青年土耳其革命视为土耳其动乱的开始。 革命党人则保留了此前关于土耳其革命的论述。 但在中华民国初年，革命党对土耳其革命的关注与兴趣有所减退，一方面当然是因为此时大众媒体尚未普及，语言障碍更是几乎不可逾越，此时民国学者希望获得关于土耳其国内局势的一手信息近乎没有可能，而同时的西方报纸媒体对于土耳其革命也失去兴趣，对奥斯曼帝国的关注主要在于外交层面。 从 1911 年开始，土耳其在意土战争和第一次巴尔干战争中接连失利，土耳其革命的正面影响此时尚

---

① 汪精卫：《革命可以杜绝瓜分之实据（节录）》，载"中央研究院"近代史研究所编：《近代中国对西方及列强认识资料汇编》第 5 辑第 2 分册，台北："中央研究院"近代史研究所，1972 年，第 831—832 页。
② 胡汉民：《波斯革命》，载"中央研究院"近代史研究所编：《近代中国对西方及列强认识资料汇编》第 5 辑第 2 分册，第 807 页。

没有凸显出来，国内学者对革命给土耳其带来的军事改革和战术方法上的进步无从知晓。土耳其革命自然就不再是一个值得学习、引荐的正面案例，反而成为保皇派论证革命之不可行的反面教材了。因此不同于辛亥革命前革命党文胆胡汉民、汪精卫等对土耳其革命的持续关注，在中国发生革命后土耳其革命反而不再被经常提起，这一时期关于土耳其革命的文字主要来自保守派一边。1912年10月，天津《大公报》刊登了一篇文章，宣称："土耳其前年闹革命，去年作纪念，今年却受瓜分！我中国去年闹革命，今年作纪念，不知明年如何？"又称："前车之覆，后车之鉴，凡内忧外患，伯仲于土耳其者，当知今日何日，尚非饮至策勋之时，而为涉冰履尾之时，相与忧勤惕厉，或可挽回浩劫，若犹骛虚名而忘实祸，则欢乐苦短，忧愁实多。若不幸而竟为土耳其第二，啜其泣矣！嗟何及矣！"①其借土耳其之案例为清政府招魂之意可谓昭然若揭。

但研究土耳其革命的热潮仅仅沉寂了10年，就在20年代初重新燃起。民国初期出现研究土耳其革命的热潮之原因在土耳其一边是凯末尔领导的土耳其独立战争获得了最终胜利，但仅仅如此还不足以使其获得国内学者的关注，或许更关键的因素在于国内政治局势的变化。1913年，孙中山领导二次革命失败、被迫流亡日本。在对二次革命失败的教训做出深刻反思后，孙中山认为，革命失败的原因在于党内的一些成员不服从党的领袖（即孙中山）的指挥，有人主张通过法律途径解决宋教仁案问题，未能及时采取武装起义的行动。此后，孙中山愈发重视党内集权的必要，希望打造一个以他为中心的革命党派。中华革命党的筹建工作始于1913年底，1919年10月10日，中华革命党在上海法租界经过改组，更名为中国国民党。随后，于1921年4月2日，孙中山在广州重新建立了中华民国政府，为国家的未来奠定了坚实的基础。1924年1月20日至30日期间，国民党召开了历史性的第一次全国代表大会。在这次大会上，总理孙中山提出了与苏联建立联系的政策，旨在获取苏联的军事和财政支持。同时，

———————————

① 无妄：《中国与土耳其之比较》，《大公报》（天津），1912年8月24日第1版。

孙中山还对党章进行了一系列修改，引入了共产国际的顾问，逐渐将国民党塑造成为一个权力集中的政党，其目标是建立一个以国民党为核心的一党制国家。这一时期的重大政治变革对中国历史产生了深远的影响。孙中山的支持者在此时开始拥护一定程度的集权主义与"强人政治"。[1]

无独有偶，同一时期爆发的土耳其独立战争展现了近乎完全一致的特征。凯末尔在集中土耳其国内的政治权力后，在两年之内击退外敌，推翻奥斯曼政府，建立起了独立主权的土耳其民族国家。这恰恰是中国的革命党人所盼望而暂未能实现的成就。凯末尔领导土耳其独立战争获得胜利对整个亚洲都起到了巨大的鼓励作用，显示出凭借民族主义、凭借领导人的坚定决心，亚洲国家也可以与西方国家相抗衡，甚至打败西方，争取到完全的主权与独立。中国知识界自然也为土耳其的成就而欢欣鼓舞，并将希望寄托在"中国的凯末尔"身上。以至于在民国时期有着知识界学习国外"言文化必称希腊，言政治必称土耳其"的说法。[2] 孙中山本人也有过赞赏土耳其的表述，1924年孙中山在日本神户演讲时，曾赞美土耳其道："现在亚洲只有两个顶大的独立国家：东边是日本，西边是土耳其。日本和土耳其，就是亚洲东西两个大屏障。"[3]

在土耳其率先实现国家统一、独立主权后，中国的政界、报界的大批人士感叹"我们竟不如土耳其"，称颂凯末尔所取得的伟大成就，其中包括戴望舒、柳克述、程中行、赵镜元等一批在近代史中颇有影响力的知识分子。[4] 他们关

[1] 参见尚明轩：《孙中山传》，北京：文化艺术出版社，2008年。
[2] 昝涛：《现代国家与民族建构：20世纪前期土耳其民族主义研究》，北京：生活·读书·新知三联书店，2011年，第427—430页。
[3] 《对神户商业会议所等团体的演说》（1924年11月28日），载《孙中山全集》第11卷，北京：中华书局，1986年，第408页。
[4] 参见柳克述：《土耳其革命史》，上海：商务印书馆，1928年；柳克述：《新土耳其》，上海：商务印书馆，1929年；程中行编译：《土耳其革命史》，上海：民智书局，1928年；王曾善：《土耳其民国十周国庆纪念之感想》，驻豫特派绥靖主任公署1933年出版；戴望舒：《现代土耳其政治》，上海：商务印书馆，1937年，等等。这些是较早关注土耳其革命的中国知识分子、作家写下的土耳其革命相关著作，相对较有原创性（其中部分作家在20世纪20年代就已经开始关注、研究土耳其，只是在30年代才系统性地出版相关著作）。下文将介绍30年代初之后跟随时代潮流而关注土耳其革命的（亲）国民党知识分子的相关论著，这部分著作的原创性则相对弱一些。

于土耳其的文字论述表现了一种对土耳其近乎崇拜的情绪，处处站在土耳其的立场上，歌颂凯末尔取得的伟大成就，甚至还替土耳其遮掩、美化屠杀亚美尼亚人、希腊人的行径，凡是对土耳其和其他国家有领土纠纷的政治问题都站在土耳其官方观点一边。 这些作品显然不是学术研究，甚至连客观的报道都算不上。 相反，它们体现出了很强的"政宣"特色，而土耳其只不过是用来歌颂强人政治、鼓吹政治集权的一个工具而已。 在这些亲国民党的知识分子看来，此时中国最重要的任务就是要实现民族觉醒、完成国家统一，一切政治事务都要为此服务。 纵览上述几位作家关于土耳其的著作，他们如此崇拜、宣扬凯末尔和他领导的土耳其革命，并没有特别复杂的理论依据，仅仅是因为凯末尔实现了国家统一与他们眼中的富强。 这些著作里也基本上没有关于土耳其革命理论主张的论述，土耳其革命追求议会民主制、宪政、自由、世俗主义的内容或被完全省略，或只是被简单提及。 与之相对，"国家的觉醒"一词在这些著作中无限度地出现，形成了一个核心话语。 但究之国家觉醒具体的概念，而这些作品却大多付之阙如。 其原因在于这一时期的革命党人、国民党人大多认为用民族主义统合国家、实现国家的强大是不言自明的最高追求，无需更多的解释。

与晚清时期革命派共情希腊、将汉人与希腊民族类比的情况截然不同的是，在 20 世纪 20 年代，国内关注土耳其时局的大多数知识分子在希腊—土耳其战争中几乎无条件站在土耳其这边。 其中最典型的就是胡愈之在 1923 年发表的一篇态度鲜明的文章《我们竟不如土耳其》。 在此文中，胡愈之大声疾呼道："（中国和土耳其）这两个老大帝国都有病夫国的称号，又都拥有富饶的领土，而为列国野心的政治家之所垂涎的。 这两个国家过去的运命完全相同，但从最近看来，那位西亚病夫，倒比这位东亚病夫争气得多了。 斯密那一役，土耳其民族使出从来未有的大气力，战败希腊军，摆脱百余年来西方列强所加于土耳其的镣锁。 ……现在老大的土耳其民族复兴了，造成强大的新共和国了。 这是亚洲被压民族抬头的一大纪念，我们应该珍重这纪念，并且不要忘了我们自己现在已成了世界唯一的老大病夫国。我们又将怎样呢？"①另一篇关于希土战争的评论文章《希土战争之我鉴》则继承了康有为有关中土两国"同病相怜"的话语。本文是国内关于希土战争最早的评论文章之一，而本文作者宪汉在一定意义上也引领了此后十几年的知识分子"亲土"的风气。宪汉在本文中完全站在土耳其这一边，抨击希腊是受到协约国（主要是英国）的操纵才入侵土耳其，而协约国才是谋求瓜分土耳其的罪魁祸首。宪汉写道："此次希土战役……溯其最近战端，则实协约国造成之耳。协约国非高谈文明力倡人道之强国乎，逼成土希之战，非协约国之手乎？迨十一月，虽有媾和之消息，然英人野心方炽，必欲为其傀儡之希腊大得志于土耳其，盖希胜即英胜也。以故，希兵不大胜，则战事不能休。……希人所以敢出于此种之计划者，英人为之导师也。"②如果说宪汉的评价勉强还算客观，那么柳克述这位民国时期研究土耳其首屈一指的学者在《土耳其革命史》一书中则近乎绝对地拥护土耳其政府的一切行为。该书一开头就宣称希土战争的缘起是希腊人出于"伟大理想"（Megali Idea），对土耳其发动野心勃勃的"侵略"，这已经是带有偏见、很有争议的论断，而柳克述如下引用的一段则展现了其拥护土耳其的狂热情绪甚至超过普通土耳其人，"地中海东部之克列特岛、塞普洛斯岛（即克里特岛、塞浦路斯岛），巴尔干北部之马其顿、慈拉斯（即色雷斯），以及爱琴海对岸之小亚细亚各地，均为彼辈大希腊主义者鼓吹之对象。然而上述各地，无一不属于土耳其帝国之版图。……希腊不仅合并克列特岛，并取得马其顿之大部分。彼之侵略成绩，似此已甚可观，然其野心犹不止此。……英国与希腊之联合尤为悠久，尤为露骨。英国与希腊之关系，早称密切。换言之，英国早在以希腊为傀儡也。……只是其后土耳其国民军努力太甚，杀敌太勇，遂使英希两国之大欲，终归于泡影耳"。③柳克述所称的英国与希腊早有联合对付土耳其的计划自然是阴谋论的臆想，而他所列举的各个地区均非土耳其人占多数之

---

① 胡愈之：《我们竟不如土耳其》，《东方杂志》1923 年第 12 卷第 21 号。
② 宪汉：《希土战争之我鉴》，《兵事杂志》1922 年第 104 期，第 1—10 页。
③ 柳克述：《土耳其革命史》，第 96—97 页。

地区，截至本书写作的 1928 年土耳其政府也早已不再有野心加以声索，而柳克述竟比土耳其自己还要"打抱不平"，其对土耳其极度炽热的感情可见一斑。

上述文章与著作写作时土耳其共和国才刚刚成立，国内局势百废待兴，经济情况也难说乐观，更何况凯末尔真正流传后世的主要成就，即一系列让土耳其社会焕然一新的凯末尔改革还没有开始，而柳克述、胡愈之等人却过早地宣称土耳其已实现了民族复兴。 在今天看来这种论断显然是太过乐观。 不过由此也基本上可以推断出，吸引中国知识分子的并不是今天严肃的土耳其历史研究者所看重的凯末尔改革中涉及世俗主义、西方化、现代化的部分，而主要是军事上的胜利与国家的统一。

四、作为国共之争辩题的土耳其革命

在国民革命军北伐以前，中国国内知识界关于土耳其革命的文字总体而言以正面为主，形成了一种关于土耳其革命的主流论述，这与之前青年土耳其革命在国内产生争议的评价大为不同。 究其原因，质言之则在于到了 20 年代，中国已经承受了十年的军阀混战，国内满目疮痍、人心思定。无论作为个人支持哪一股势力，实现国家统一和能够带来稳定与繁荣的政府都是众望所归。 在短短两年内就赶走了外来侵略者、实现了国家统一的凯末尔因此也就成为中国知识界中神明偶像一般的人物。 但随着国家走向统一，政治观点和意识形态方面的纠纷又浮出水面。 凯末尔作为一个民族主义者和转向反共立场的投机者的形象越发突出。 这也就导致了土耳其革命在我国第二次成为政治辩论的主题，而这一次争辩的背景就是国共之争。

（一）国民党的立场

在国民党一边，"土耳其革命"一方面继续发挥着"国家统一""救亡""独立"等方面的正面意义，另一方面在 20 年代末也开始在"清党"

"清共"方面给国民党人提供新的思想灵感。 这双重的借鉴意义也让土耳其革命一时间成为右翼知识界最青睐的研究主题之一，以至于胡适有"国民党天天说要效法土耳其"的评论。①

首先，以土耳其革命作为"救亡"的正面案例的文章与书籍在 30 年代以后数量依然很多，但内容趋向于重复。② 对土耳其革命有所关注者相关的论述多少显得无甚新意，还是在叙述此前已经非常流行的"觉醒"和"团结"的论调，其中有不少是亲国民党的报纸对蒋介石歌功颂德、投其所好的官样文章。 最典型的就是《平民月刊》1934 年第 10 卷的一篇文章中写道："这位凯末尔先生是土耳其国的总统，现年五十四岁，他有极大的头脑，强烈的意志，一手造成新土耳其国家。 每日睡时不多，只有四五个小时，但精神饱满，办事认真，一心为国，从不以公济私。 他的精神实在可佩服。 我们中国有蒋介石先生，他的年纪比凯先生轻些，但办事精神也不下于凯先生。"③虽然有这样显然是借凯末尔革命的成功来类比中国、为蒋介石做宣传的文章，但国民党一边的知识分子学习土耳其的心意却未必不是真诚的。 民国学人把凯末尔领导的"共和人民党"翻译成"国民党"，自然也有和中国形成镜鉴、对比的意思。 除了将这种"土耳其的救亡觉醒"叙事当作国民党的一种政治话语，研究者还可以将其视为一种国民党精英的自我期许。 将蒋介石比作凯末尔，将国民革命、北伐比作土耳其独立战争当然有着政治宣传的目的，但国民党选择凯末尔作为一个正面的案例，作为效仿和比拟的对象，同时也体现出了一种政治价值，甚至是意识形态方面的认同。

值得注意的是，国民党内对土耳其革命的关注并不仅限于知识圈内，"中国要效仿土耳其的革命之路"的规划蓝图并不只是知识分子一厢情愿的

---

① 胡适：《新文化运动与国民党》，《新月》第 2 卷第 6、7 号合刊（1929 年），第 15 页。
② 影响力较大的相关书籍包括：邢墨卿：《凯末尔》，上海：新生命书局，1934 年；赵镜元：《土耳其史》，南京：中华书局，1935 年；曾广勋：《土耳其经济现状》，上海：太平洋书店，1935 年；林万燕：《土耳其最近之外交政策》，南京：正中书局，1937 年；慎之：《土耳其复兴史》，重庆：世界书局，1940 年；慎之：《近东民族奋斗史》，重庆：世界书局 1940 年，等等。
③ 上海广学会：《平民月刊》第 10 卷第 6 期（1934 年）。

空中楼阁，对土耳其关注最多、研究最深入的柳克述（国民党军政界官员）就在国民党的意识形态教育中发挥着关键作用。 实际上蒋介石本人就曾认真阅读柳克述撰写的《新土耳其》一书，还在日记中感叹"乃知当时废除不平等条约之难"。 凯末尔和 20 世纪二三十年代的土耳其究竟在什么方面吸引了此时的国民党更加细致地研究与考察。 简而言之，是团结在"军事强人"身边的威权主义，即柳克述所称的国家主义观，在此方面，凯末尔的"魅力"吸引了国民党的左翼和右翼，在 20 年代后期以前，甚至中国共产党也以凯末尔为学习、效仿的榜样。 但是到了 1927 年以后，凯末尔的形象在左翼这边发生了一个很大的扭转。 这种转变主要和国民党的"清共"活动有关。

　　1925 年 3 月孙中山逝世之后，国民党内部对是否效仿土耳其革命的模式产生争议。 1926 年 2 月，在当时还是黄埔军校校长的蒋介石与苏联顾问季山嘉（Nikolay Kuybyshev）①的谈话中，季山嘉已经开始劝诫蒋介石不要学习土耳其的反面案例。 在"中山舰事件"爆发前夕，蒋介石与国民政府主席汪精卫就是否要与苏联合作发生争执。 汪精卫同样以土耳其为例质问蒋介石："土耳其革命完成后，才杀共产党。 难道中国革命没有成功，就要杀共产党吗？"这句话引发了蒋介石的强烈不满，或许正好戳到了他的痛处。② 苏联顾问季山嘉当时也注意到汪精卫希望继续与苏联合作并容纳中国共产党，但忧虑国民党可能放弃此策略，效仿土耳其。 此外，北洋政府控制区的知识分子群体也建议国民党借鉴土耳其经验，即先与苏联结盟再镇压共产党。 1926 年 9 月，《大公报》发表评论批评国民党模仿苏联的党治策略，认为国民党应有其独立的建国方略。 这篇评论还解读孙中山的联俄政策，认为孙中山计划借鉴俄国的革命经验，利用俄国对弱小民族的支持政策，但孙中山坚决反对信奉苏联的意识形态，孙中山本人是

---

① 季山嘉是他当时在中国的化名，1925 年 10 月至 1926 年 7 月他曾短暂担任苏联在华顾问团的负责人，他对"国民革命军"的看法不佳，与蒋介石也多有矛盾，因此蒋介石亲自请求斯大林替换顾问团团长。
② 蜀生：《蒋介石关于中山舰事件之自述》，《申报》（上海），1926 年 5 月 25 日第 9 版。

一直对苏联操纵中国革命保持警惕的。① 事实上，早在北伐、"清共"以前，就有社评盛传国民党之所以联俄联共，就是为了效法土耳其"故事"，让国民革命容易成功，然后再对共产党"下手"。1927年4月12日，蒋介石在尚未掌控全国政权之时就急不可耐地开始"清共"，南京国民政府随后成立。"国民革命军"东路总指挥部政治部主任陈群在讲话中提到，清除中国共产党的做法仿照了土耳其。② 这些言论展示了国民党内部对于与苏联合作及容纳共产党的复杂看法，以及对模仿土耳其革命的考量。

苏联的顾问并非没有考虑到国民党会效法"土耳其故事"、"清洗"中国共产党的问题。但是，一方面斯大林认为，中国国民党在组织上不成熟，在舆论宣传上受到中国共产党的控制，远不及组织严密的中国共产党对"国民革命军"控制能力强，蒋介石也没有凯末尔那样可以轻易压制中国共产党的能力。另一方面，斯大林还认为蒋介石不得不依赖苏联的政治与经济支持才能够发动北伐战争，这与苏联和土耳其关系的合作性质有所不同。③ 斯大林没有意识到的是，虽然中国国民党在苏联开始提供援助时确实是一个组织松散的团体，但它在革命与发展的过程中组织化程度迅速增强，蒋介石也很快掌握了对军队的有效控制。更何况连苏联都知道利用土耳其革命来鼓励国民党与自己合作，国民党知识分子当然也会在学习土耳其革命经验的同时，学习凯末尔在革命胜利后清洗左翼力量的"先进经验"。斯大林对国民党的学习能力估计不足，过于乐观地看待国民党的发展轨迹，终于在蒋介石发动四一二反革命政变屠杀中国共产党人后无计可施，坐实蒋介石掌控时局、建立个人的威权统治。在这一点上，蒋介石也确实是凯末尔的好学生。但从苏联方面考虑，正如凯末尔在用强硬手段清除国内一切左翼势力的同时也在和苏联保持密切合作，斯大林或许也寄希

① 《社评：孙中山逝世二周年纪念》，《大公报》（天津），1927年3月12日第1版。
② 《昨日之党员大会》，《申报》（上海），1927年4月16日第12版。
③ 黄志高：《凯末尔革命与二十世纪二十年代共产国际、苏联的对华工作》，《中共党史研究》2009年第2期，第60页。

望蒋介石在"清共"的同时也能继续与苏联保持合作。①

的确，在很大程度上土耳其革命"故事"在 20 世纪 20 年代末成为国民党人树立"清党""清共"政治合法性、实行"一党训政"的思想源泉。② 国民党把凯末尔起初借助苏联支持，在革命获得胜利后大肆清洗左派的行动当作先进经验来学习。 戴季陶因此大力称赞"土耳其国父"凯末尔的智慧与决心。 在四一二反革命政变发生一年后，戴季陶还在其理论著述《中国独立运动的基点》中专门辟出近一个章节的篇幅，讨论凯末尔革命对孙中山、蒋介石领导的"中国革命"的启发，其中就提到了凯末尔和孙中山、蒋介石都对来自苏联的"外部势力"保持了应有的警惕，害怕本国沦为苏联的傀儡，丧失本国的独立主权。 这一切都必须"感谢"有蒋介石这样的军事强人贯彻了孙中山的"总理遗训"，利用军队的力量将孙中山的"正确道路"付诸实践。③

（二）中国共产党的立场

在 20 世纪初中国的各个主要政治派别中，中国共产党是少数对任何版本的土耳其崇拜都比较冷淡，甚至是不以为然的群体。④ 但这并不是说中国共产党人从未称赞土耳其革命实现国家独立和获得独立主权的成就。 相反，在 20 世纪初，不少共产党人也曾热情地研究土耳其的局势，其中或多或少也有苏联的影响。 中国共产党人在推动国民党"联俄、联共"的过程中，也试图用土耳其革命作为正面案例来加以劝说。 瞿秋白、李维汉、恽代英等共产党人都赞扬过凯末尔领导的土耳其独立革命，将其视为世界社会主义革命的一部分，强调其反对帝国主义的一面，认为同为"病夫"的

---

① 黄志高：《凯末尔革命与二十世纪二十年代共产国际、苏联的对华工作》，《中共党史研究》2009 年第 2 期，第 57—58 页。
② 陈佑慎：《凯末尔在中国：土耳其想象与中国革命运动》，《国防大学通识教育学报》2022 年第 12 期，第 17 页。
③ 参见戴季陶：《中国独立运动的基点》，上海：民智书局，1928 年。
④ 陈佑慎：《凯末尔在中国：土耳其想象与中国革命运动》，《国际大学通识教育学报》2022 年第 12 期，第 16 页。

中国人民应该学习土耳其，团结起来，打倒帝国主义，实现独立与复兴。① 但随着凯末尔党人迫害土耳其共产党，中国共产党转而批评土耳其革命是资产阶级民族主义革命，没有改变劳苦大众的地位。 至 20 世纪 20 年代中后期，中国共产党及左翼人士对于凯末尔革命的批评逐渐升级。

1922 年 9 月 27 日，《向导》周刊发表了蔡和森的文章《祝土耳其国民党的胜利》，文中他热情地庆祝了土耳其摆脱国际帝国主义的压制、实现国家的统一、独立和自由。 蔡和森强调，在土耳其面临衰败、解体和被瓜分的严峻形势下，国民党②能够获得独立战争胜利的根本原因就是放弃了历史上各政党倚靠帝国主义的外交政策，坚定地选择与全世界受压迫民族的盟友——苏维埃俄国建立联合。③ 可见此时国内的共产党人就已经对土耳其与苏联合作实现国家民族独立有所观察，其背后或许也有苏联意识形态宣传家直接鼓动的因素。 很多前往苏联留学或与苏联有直接交流的中国共产党人应该是直接接受了这样一套"学习土耳其与苏联结合，共同抵抗帝国主义列强"的话语。 事实上，在 1923 年 9 月，苏俄政府的外交代表加拉罕（Lev Mikhailovuch Karakhan）更是亲自出马，发表对华宣言，重申苏联对华友好平等态度，其中他特别表示："各国对中国政策有二，其一唯苏俄采行，其次除苏俄外各国皆采行。 此两政策实施之结果，若具体加以说明，可引土耳其问题述之。 外交家在近东咸指土耳其为'近东之病夫'，各帝国主义国邦咸集中其侵略旨趣于土耳其，一若其集中于中国无殊。"加拉罕又称："当时俄国虽自身陷于困难之中，仍予土耳其以协助。 结果土耳其竟操胜券，与欧洲各国缔结梦想难得之平等条约。 欧洲各国前此掠夺土人之主权，至此均迫于奉还土耳其。 此中国国民已知之事

---

① Dong Zhenghua, "Chinese Views of Atatürk and Modern Turkey, " *Uluslararası Konferans*: *Atatürk ve Modern Türkiye*, Ankara: Ankara Üniversitesi Siyasal Bilgiler Fakültesi, 1999, pp. 669 - 670.

② 指土耳其的共和人民党。

③ 黄志高：《1921—1925 年中国共产党对凯末尔革命的观察与反应》，《北京科技大学学报（社会科学版）》2010 年第 2 期，第 120 页。

实也。"①

　　不过此处我们依然可以看到一种对历史事实的扭曲与利用。土耳其革命的实际情况比共产国际和苏俄代表所描述的要复杂很多。事实上，凯末尔从来没有设想过让土耳其走上苏联的道路，其与苏联的联合只是权宜之计。早在土耳其独立战争刚刚开始的1920年，凯末尔就已经开始打压土耳其共产党，穆斯塔法·苏布希（Mustafa Subhi）领导的土耳其共产党在土耳其从来不是一个合法组织。凯末尔在独立战争的同时，一方面打压共产党，一方面伪造了一个由自己控制的共产党组织，以获取苏联的支持。②很多人怀疑1921年1月28日在靠近特拉布宗的黑海沿岸几位土耳其共产党领导人被害是凯末尔直接指使的。③当然，在土耳其独立战争期间，苏俄自身也处在内战之中，同时也面临着来自西方国家的威胁，急需一个盟友，土耳其在当时几乎是苏俄唯一能够在外交舞台上合作的国家。因此，土耳其与苏联的合作完全是利益上的结合，而不是出于意识形态上的认同。无论是蔡和森还是加拉罕在20世纪20年代初发表的文章都忽视了这一点，反而营造出了一种凯末尔与苏俄领导人"同声相应、同气相求""精诚合作"的印象，这与历史事实是不符的。土耳其革命中采取的激烈行动，如武力镇压农民游击队和逮捕共产党人，引发了一些苏共和中共党员的公开批评，但苏联和共产国际代表试图淡化这些事件，强调凯末尔的胜利也是苏联的胜利，以说服国民党和中国共产党继续深化合作。对于中国国民党人是否会采取类似的激进措施，苏共和中共内部都存在分歧，一些人持乐观态度，认为国民党与中国共产党的关系与土耳其的情况不同，但也有人担忧国民党可能受到土耳其共和国政府转向压制、打击土耳其共产党的启发。

　　由此我们可以清晰地看出，中国共产党人后来对凯末尔的负面评价与

---

① 《加拉罕之对华宣言》，《申报》（上海），1923年9月8日第7版。
② Erden Akbulut, Mete Tunçay, *İstanbul Komünist Grubu'ndan*（*Aydınlık Çevresi*）*Türkiye Komünist Partisi'ne* 1916 - 1926 *Cilt* 3, Ankara: Sosyal Tarih Yayınları, 2013, pp. 7 - 9.
③ 刘义：《从东方政策到社会民主——土耳其的社会主义运动》，《史林》2021年第1期，第187页。

凯末尔本人的行动关系不大。 凯末尔迫害土耳其共产党人之举早在 20 年代初就已经发生，可是中国共产党知识分子开始集中批评凯末尔是在 1927 年国民党"清共"之后。 因此可以说，中国共产党人批判凯末尔，主要是为了批判国民党。 在此时期，瞿秋白、恽代英、蔡和森等是关注土耳其革命、借土耳其革命这一"反例"来抨击蒋介石最多的几位共产党人。 其中，理论水平较高的瞿秋白是极少数在 1927 年之前就对土耳其革命提出批判的革命者之一，他也正面回应并抨击了国民党知识分子借"吹捧"土耳其革命来增强自身合法性的文章。 在瞿秋白看来，凯末尔党人消除了之前的民生主义、社会主义因素，完全走向了资本主义。 他首先指出，在革命初期，土耳其的革命运动利用了左派的哈勒党（Halk Zümresi）和共产党，表面上与他们进行合作，但当凯末尔党人的地位稳固和战胜希腊人之后，政策发生了变化，渐渐有与协约国妥协的趋势，用各种方法摧残左派。"仍旧又回到大土耳其主义和大回教主义去了……变了军政独裁的统治"，[①]政权也就完全到了资产阶级手里，富豪巨商成为国民运动的中坚。农民的租税却丝毫没有减轻。 总之，"一九二二年土耳其战胜希腊之后，土耳其国民运动派的资产阶级性便完全表露出来了，国民大会政府若要巩固国民革命的胜利，必须有赞助劳动阶级的勇气"。[②]

不同于此前写土耳其革命的作家只知道关注凯末尔民族主义、反抗西方列强的一面，瞿秋白的这段论述最早从阶级斗争的角度分析了土耳其革命。 这套话语后来也为毛泽东所继承，成为新中国成立以后我国史学界关于凯末尔革命的主流叙事——这是一场代表大地主、大资产阶级利益的、妥协性很强的资产阶级革命。 毛泽东在 1940 年的《新民主主义论》中还专门提到了凯末尔，"何况所谓基马尔的土耳其，最后也不能不投入英法帝国主义的怀抱，一天一天变成了半殖民地，变成了帝国主义反动世界的一

[①] 瞿秋白：《国民革命之土耳其》，《新青年》（季刊）1924 年第 4 期，第 44—60 页，后来此文又以"秋白"署名连载于《民国日报·觉悟》1925 年第 2 卷第 12—15 期。

[②] 瞿秋白：《国民革命之土耳其》，《新青年》（季刊）1924 年第 4 期，第 44—60 页。

部分"。① 尽管这套表述在新中国成立后完全占据主导地位，毛泽东在文章中确立的对土耳其革命的批判立场，也在一定程度上阻碍了更深入研究土耳其革命的可能性，但是在20年代中期瞿秋白最早提出这种论断之时，它在国内毫无疑问还是一种非常新颖，甚至具有理论前沿性的观点。瞿秋白可以称为国内最早关注土耳其革命经济因素而非国民党人反复强调的民族主义政治因素的学者。这种理论上的视野和清醒可谓难能可贵。不仅如此，瞿秋白明确地指出了第三国际和当时国内共产党人对凯末尔革命误判的根源所在："第三国际往往恨……土耳其国民党的反共产政策太过辣手（枪毙监禁），而不晓得反乎民族……需要的策略，本来没有成功的所能。""土耳其共产党的组织，本来不甚好，正因为阶级斗争的工作太弱，使土耳其国民党能于利用农民工人的赞助而取得政权之后，立刻反过来压迫共产党及工农群众——所谓土耳其的'民族文化'也许'恢复了，光大了'，可是土耳其人依旧受压迫；这种国民革命，便是戴季陶所要实行于中国的！"②瞿秋白在文章最后总结道："戴季陶简直是一个十全十美的资产阶级的思想家，资产阶级的武装及战术都应有尽有了！"其言下之意，就是国民党片面地在革命中使用民族主义叙事、制造敌我冲突的论调，并不会解决阶级矛盾，也不会调和阶级间的关系。无论是土耳其的凯末尔还是中国的国民党片面地去强调民族文化、民族精神，其实都是在逃避经济不平等、阶级矛盾扩大的社会问题，而这就是资产阶级理论家最擅长的宣传手法。瞿秋白的这一番论述可以说是精准指出了包括柳克述、程中行在内的一干国民党知识分子对土耳其革命颂赞背后的思想逻辑。

很可惜，在瞿秋白以后，20世纪二三十年代的中国共产党知识分子对于土耳其革命的论述再也没有达到如此的理论高度。与国民党知识界不断重复的"觉醒""富强"叙事相对，中国共产党的知识分子则不断使用"背叛""出卖"这样的修辞，进行道德上的指控，宣称凯末尔之所以能够打赢

---

① 《毛泽东选集》（第二卷），北京：人民出版社，1991年，第680—681页。
② 瞿秋白：《中国国民革命与戴季陶主义》，载《瞿秋白选集》，北京：人民出版社，1985年，第196页。

独立战争，全是因为苏联的支持，但凯末尔一旦获得革命胜利，就背信弃义，大肆捕杀为革命做出贡献的土耳其共产党人，把革命成功的所有功劳都归为己有。 这样的论述也可以用来攻击国民党和蒋介石。 可以说此时中国共产党人针对凯末尔的这些评价是排除了时代和历史背景的"借土讽中"。 借助左翼势力赢得革命胜利又背叛革命的故事可以发生在其他的国家，将土耳其换成匈牙利、换成十一月革命失败的德国，似乎也完全成立。 由此可见，中国共产党人在当时只是借用土耳其革命发表对时政的评论。 这是因为凯末尔对土耳其共产党的"清理"和迫害早在独立战争爆发之初就已经开始，凯末尔是在完全镇压了土耳其国内的共产党等左翼势力之后才开始将全部军力投入土耳其独立战争西线战场，展开抵抗希腊入侵的希土战争，某种意义上倒是践行了所谓的"攘外必先安内"的原则。 客观来说，土耳其的左翼力量在独立战争与革命中发挥的作用微乎其微，这也是土耳其左翼史学家并无异议的历史常识。[①] 因此，恽代英等指出的"凯末尔利用共产党赢得革命"的观点并不符合史实。 更加值得注意的是，中国共产党人对凯末尔的这套批评叙事是在 1927 年以后才大规模集中出现的，但土耳其的左翼势力早在 20 年代初就已经基本销声匿迹了。 当时中国的知识分子关于这些情况的了解虽然不可能太详细，但应该也有基本的认识。 因此，中国的知识分子在 1927 年对凯末尔评价的变化主要不是出自土耳其自身的情况。 在 20 年代初，土耳其左翼势力的自身发展并不成熟，而处在西方封锁下的苏联为团结土耳其作为反西方的盟友，对土耳其的"清共"政策也未表达太多抗议。 因而中国共产党人此时追随苏联的官方叙事也将凯末尔视为一个民族解放的革命者。 但在国民党发动反革命政变以后，国民党明确提出将凯末尔作为一个学习、效仿的对象，把凯

---

① 参见 Niyazi Berkes, *Atatürk ve Devrimler*, İstanbul：Adam Yayınları，1982. 作者是土耳其近代史权威学者、土耳其左翼史学代表人物之一，本书中的相关论断基本代表了土耳其左翼历史学家的主流观点；另一本英文著作对土耳其左翼政治势力在土耳其革命中的地位与作用有更详细的研究，其观点和结论与 Niyazi Berkes 的著作基本相同。 参见 Erik Jan Zürcher, Mete Tunçay, *Socialism and Nationalism in the Ottoman Empire and Modern Turkey*, London：I. B. Tauris，1994.

末尔借助苏联支持，赢得民族解放，然后再清除"红色势力"，统一国家、迅速发展作为一个成功的案例来学习，这自然就引发了中国共产党人对"凯末尔"这个符号的厌恶乃至仇恨，本质上，这也依旧是他们反对国民党右派背叛革命的斗争需要，至于凯末尔究竟做了什么、土耳其革命的具体经历如何，从李维汉、恽代英这一时期关于土耳其的文字来看，中国共产党人应该并不关注。①

结语

从 20 世纪初到 20 世纪 30 年代，国内知识分子对土耳其革命的评价不仅多次变化，而且在同一时期，不同阵营的观点也截然不同。 这在近代中国思想史中是一个较为独特的现象。 当然，任何国家都不可能只有一个单一的形象，国人在打开国门、睁眼看世界以后，围绕同一个国家自然也会有不同的看法。 但土耳其的特殊之处在于它对中国知识分子而言总是倾向于符号化，这也就让国内学者对它的评价是根据中国国内自身的政治局势变化而变化。 这与中国对西方的关注和介绍不同，总体而言，国人对于英、法等西方国家的认识与评价是个人化的，主要取决于个体的看法，而土耳其却总是成为不同阵营之间"辩论的主题"。 在 1908 年青年土耳其革命爆发后，立宪改良派与青年土耳其党人共情，而革命派选择与希腊人共情，不认可青年土耳其党追求君主立宪的政治努力；在 1927 年国共合作破裂后，凯末尔领导的土耳其革命再次成为国共之争的辩题。 在这一背景下，对土耳其革命的评价如何，一定程度上并不取决于个人的立场，而是取决于个人的政治信仰和所属阵营。 与之相对，国内知识分子虽然对西方的评价也会随着本国政局的演变而有所不同，但西方终归会是一个有内在价值、有内涵的研究对象，并不会简化成一个符号或一个象征，沦为说明

---

① 黄志高：《凯末尔革命与二十世纪二十年代共产国际、苏联的对华工作》，《中共党史研究》2009 年第 2 期，第 55—60 页。

某种观点的工具。

值得注意的是，在清末"改良与革命之辩"和民国"国共之辩"之间，土耳其革命在国内知识界中经历过一段"普遍认可"的短暂时期。 如前文所述，在 20 世纪 20 年代初，绝大部分关于土耳其的学术论述倾向于持正面观点，形成了某种关于土耳其革命的"主流意见"。 这一时期关于土耳其的论述所使用的词汇也高度趋同，并大多最终落脚在"学习土耳其先进经验"的呼吁之上。 然而问题的关键是，这一时期关注土耳其的知识分子究竟希望学习土耳其哪些经验？ 他们所称赞的土耳其"焕然一新""觉醒"意味着什么？ 通过分析柳克述、慎之、程中行等人对土耳其的评价与论述，可以发现他们特别强调"强人领导"和"发扬民族主义"的重要性。

这一时期中国知识分子不断重复的"觉醒"实质是指民族主义觉醒，在他们看来民族主义是拯救国家最关键因素。 像柳克述这样更加细心观察土耳其的学者型官员则明确宣称要借鉴凯末尔主义中的"国家主义"这一条。[1] 在他看来，要实现民族的觉醒与发展，必须团结在像凯末尔这样的强有力的政治强人身边，必须把国家当作目的本身，一切为国家的发展和繁荣服务。 这或许是李泽厚所言的"救亡压倒启蒙"的典型代表。[2] 不过，柳克述理解的国家主义并不符合凯末尔主义六大原则中的"国家主义"的原意。 在凯末尔这里，国家主义是就经济层面而言的，强调国家在经济再分配、宏观调控方面的责任，并在一定程度上实行计划经济，包括推行五年计划，等等。 这是土耳其在 1923 年 2 月至 3 月举行的伊兹密尔经济会议后确立的基本经济发展方针。 柳克述却将其误解成了"国家至上主义"。

某种意义上，民国知识分子对凯末尔的崇拜和追随，应该放在这种

---

[1] 凯末尔主义宣传家将凯末尔的思想概括为"六大主义"或"六大箭头"，包括共和主义、平民主义、民族主义、世俗主义、国家主义和改良主义。 柳克述在写作《新土耳其》时凯末尔主义尚未理论化，成为成熟、完善的思想，因此柳克述对凯末尔思想的理解在今天看来也多有偏差。
[2] 参见李泽厚：《中国近代思想史论》，北京：生活·读书·新知三联书店，2004 年。

"国家至上主义"和"救亡压倒启蒙"的思想背景中来考察，并可以和民国学人一度对希特勒、墨索里尼的追捧相对比。[1] 在 30 年代，凯末尔、希特勒、墨索里尼都在不同程度上受到国内学人的称赞甚至崇拜，而后来他们也都遭到左翼知识分子的大力攻击与批判。 民国学者认可凯末尔、希特勒并不出于特别的意识形态上的思考，而更多是一种强人崇拜的情感。 在军阀混战、国家亟待真正统一的时代背景下，这种对铁腕手段、强人政治的追求与向往是完全可以理解的。 但到了 20 年代末，蒋介石推行个人独裁，打压左翼力量后，有关这种"强人政治"本身是否应该是追求的目标产生了争议。 因此，凯末尔和土耳其革命也就不再仅仅是国民党御用文人用来美化自身、加强自身合法性的工具，而成为一个更具争议性但同时也更具内涵的话题。

　　到了 30 年代，胡适等自由派人士更是借凯末尔曾鼓励在土耳其建立反对党为由，建议国民党也应该分成两三个党。[2] 甚至在国民党集团败退台湾以后，胡适依然坚持拿土耳其已经实行议会民主制来规劝蒋介石。 于是土耳其革命又成为"一党训政派"和"议会民主派"新一轮交锋的知识工具库。 中国共产党领导人毛泽东在其早年也曾经顺应当时的风气赞赏凯末尔领导土耳其反抗西方列强，领导土耳其走上自主革命之路。 后来，毛泽东对凯末尔与土耳其革命的评价发生了变化，称凯末尔领导的这场革命是"代表大地主、大资产阶级利益的"；"妥协的、不够彻底的资产阶级革命"，因此，在新中国成立后国内文化知识界对凯末尔和土耳其独立战争的评价始终较低。[3] 从而，1949 年后，土耳其从民国时期知识界的热门话题逐渐变得无人问津，沦为一个几乎在中国知识分子视野以外的边缘国家，直到近些年土耳其革命的热度才有所回升。 究其原因，正如陈鹏所

---

[1] 参见〔美〕柯伟林：《德国与中华民国》，陈谦平、陈红民译，南京：江苏人民出版社，2006年。 本书简单介绍了民国时期知识分子对"强人政治"的向往情结，并提及民国知识分子对凯末尔、墨索里尼和希特勒的关注与赞赏。

[2] 胡适著、曹伯言整理：《胡适日记全编7》，合肥：安徽教育出版社，2001年，第 709 页。

[3] 昝涛：《中国和土耳其之间的精神联系：历史与想象》，《新丝路学刊》2017年第1期，第 65—66 页。

言，土耳其革命主要是中国知识分子用来反观自我的一个"他者"，它只能起到一个"借鉴"或"提醒"的工具性作用，土耳其革命自身所彰显的政治观念之价值或许还不够明显，而土耳其毕竟也未能在国际政治舞台中取得很高的地位。[①] 因此，土耳其革命在近代中国的热度注定只能是昙花一现，在中国知识分子有希望借土耳其来论述的观点与主题时，土耳其革命短时间内成为交谈与辩论的热点；在辩论终结或某一种观点、话语占据绝对上风以后，土耳其革命自然也就失去了其讨论价值，隐居幕后。 即便如此，土耳其革命能够在 20 世纪前 30 年中国的知识场域获得如此高的热度，引发一大批知识分子争相讨论研究，甚至吸引柳克述、程中行、戴望舒等一批"崇拜者"，本身就已是中国近代思想史中的一种特殊现象，自有其研究价值。 本文研究的主题仅仅是作为"论述工具"和"知识仓库"的土耳其革命，所反映的只是中国知识分子对土耳其关注的一个侧面，至于晚清、民国学人对土耳其更客观、更近距离的观察之内容与成果，则有待其他研究来进一步阐明。

（刘新越，北京大学区域与国别研究院 2023 级博士研究生）

[①] 陈鹏：《认知他者与反观自我：近代中国人的奥斯曼帝国观》，北京：社会科学文献出版社，2023 年，第 299—301 页。

奥斯曼帝国宫廷生活中的中国瓷器 *

张向荣

摘要：元明清时期，大量中国瓷器通过丝绸之路源源不断输入奥斯曼帝国。奥斯曼宫廷热衷于收藏中国瓷器，今天土耳其托普卡帕宫是东亚以外最大的中国瓷器收藏地。藏品年代涵盖13世纪末至20世纪初，跨元明清三代，反映了中国外销瓷的全貌和发展历史，从中也可窥见奥斯曼帝国的饮食文化。中国瓷器在奥斯曼宫廷备受青睐和珍惜，即使是破损的瓷器也不会被丢弃，而是被奥斯曼的能工巧匠修复和改造，并催生了奥斯曼珠宝镶嵌艺术。奥斯曼帝国对中国瓷器的仿制与创新，最终形成了独具特色的伊兹尼克瓷器。中国的瓷器在奥斯曼帝国的宫廷生活中发挥了重要的社会功能，不仅丰富了奥斯曼人的物质和精神生活，还成为古代中土经济和文明交往的载体和见证。

关键词：奥斯曼帝国 宫廷生活 中国瓷器 郁金香时代 社会文化史

---

* 本文系国家社科基金青年项目"土耳其'新奥斯曼主义'及其实践研究"（世界史方向）[19CSS025] 的阶段性成果。

历史上，奥斯曼帝国位于东西方贸易的十字路口，是陆上丝绸之路和海上丝绸之路的交汇点。 在其全盛时期，奥斯曼帝国凭借其战略位置和强大的军事力量控制了亚欧贸易的关键通道。 亚历山大港、伊斯坦布尔和大马士革等重要港口和城市成为贸易中心，促进了丝绸、茶叶、香料和瓷器等大宗商品的流通。 通过这些城市，东方的商品源源不断地输往欧洲，形成了繁荣的贸易网络。 相比丝绸之路上的丝绸、香料等其他贸易商品，瓷器因为防水耐用、易于运输保存，逐渐成为丝绸之路，尤其是海上丝绸之路最大宗的贸易产品。 瓷器作为一种载体，往往蕴含着有关宗教信仰、礼仪习俗、美学文化等重要信息，能更好地承载和融合不同的文明元素，体现了亚洲内部以及亚欧之间不同文明之间的交流，也推动了文化、技术和知识的传播与融合。

从 14 世纪开始，海上丝绸之路逐渐趋于兴盛，中国瓷器漂洋过海大规模进入奥斯曼帝国。 这些来自中国的瓷器对奥斯曼帝国的宫廷生活及其文化艺术产生了重要的影响，不仅丰富了奥斯曼人的物质和精神生活，还成为古代中土经济和文明交往的重要载体和见证。 学术界现有研究主要从陶瓷艺术和美学角度分析土耳其托普卡帕宫收藏的中国瓷器。 本文将以奥斯曼帝国托普卡帕宫收藏的中国瓷器为缘起，梳理中国瓷器在奥斯曼帝国的传播过程以及奥斯曼帝国对中国瓷器的模仿与创新，重点从社会文化史的角度考察中国瓷器在奥斯曼宫廷生活中的作用和社会功能，为中土文化交流史以及奥斯曼帝国社会史和文化史研究提供新的视角。

一、中国瓷器在奥斯曼帝国的传播与流行

古代中国对安纳托利亚地区的文化影响可谓源远流长。 早在塞尔柱帝国时期，中国对安纳托利亚地区的艺术就产生了显著的影响。 塞尔柱帝国时期的埃尔祖鲁姆神学院瓷砖画中，塞尔柱苏丹的面孔和服饰都带有明显的东亚特征，还有穿着疑似中国丝绸长袍的女子，佩戴典型的中国戒指。此外，塞尔柱时期的石雕、金属制品上常常出现龙的图案，以及凤凰、孔

雀、莲花和云纹等中国元素的装饰。① 元明清时期大量中国瓷器通过丝绸之路源源不断流入奥斯曼帝国。 中国瓷器被奥斯曼官廷视为奇珍异宝,同时也是中国的文化符号和象征。② 土耳其语将中国称为 "çin"(秦),瓷器则被称为 "çini"(秦尼)。③ 奥斯曼帝国的托普卡帕皇宫账簿显示,曾经有两万多件中国瓷器输入奥斯曼宫廷。 除去历史上的损毁和流失,如今托普卡帕博物馆收藏了 10 358 件中国瓷器,④成为东亚以外中国瓷器第二大收藏地。⑤ 这些瓷器大多出自景德镇窑和龙泉窑,主要为青花瓷、青瓷、青白瓷与多色瓷。⑥

　　奥斯曼官廷收藏的中国瓷器中青花瓷有 5373 件,占藏品的半数以上。⑦ 青花瓷起源于 14 世纪,为景德镇的工匠将中国传统的陶瓷工艺与波斯传入的钴融合烧制而成。 从元朝开始,作为中外文明交融结晶的青花瓷通过海上丝绸之路行销海外,远及中东、非洲和欧洲。 如今,元代青花瓷留存于世的仅 400 多件,而托普卡帕博物馆就收藏了 40 多件,其中很多为罕见的艺术瑰宝。 托普卡帕博物馆收藏的青花瓷器型硕大,图案通体满绘,多层次不留白,带有浓郁的伊斯兰文化风格。 瓷器中有相当数量的青花瓷咖啡杯,多呈蓝白色,图案包括蕴含中国元素的龙、鸟、石、云、花和建筑装饰。 有些咖啡杯是中国官窑应奥斯曼宫廷的要求定制,在设计和

---

① Gontil Oney, "Chinese Influences in Anatolian Turkish Art," *International Seminar for UNESCO Integral Study of the Silk Roads*, October 30, 1990, p. 2 - 3.

② Gedük Serkan, *Topkapı Sarayı Müzesi Çin Porselenleri Koleksiyonu Üzerinde Yapılmış Osmanlı Süslemeleri ve Onarımları*, Yüksek lisans Tezi, Mimar Sinan Güzel Sanatlar Üniversitesi, 2014, s. 13.

③ 阿拉伯人最初用 "fağfur" 这个词来指代 "中国皇帝",后来这个词与 "瓷器" 这一术语联系在一起。 奥斯曼语中有时也用 fağfur 指代中国瓷器。

④ Julian Raby and Ünsal Yücel, "Chinese Porcelain at the Ottoman Court," in *Chinese Ceramics in the Topkapi Saray Museum, Istanbul: A Complete Catalogue*, ed. John Ayers, London: Directorat of the Topkapı Saray Museum by Sotheby's Publications, 1986, p. 30.

⑤ 一些因素,如宫廷叛乱、地震、火灾和其他原因导致包括瓷器在内的藏品损坏。 奥斯曼帝国史料中记载 1574 年奥斯曼皇宫御膳房发生大火,有不少物品损毁。

⑥ Nurdan Erbahar and Hülya Tuncay, *Çin ve Japon Porselenleri*, Istanbul: Sanat Yayınları, 1982, s. 82.

⑦ Nurdan Erbahar and Hülya Tuncay, *Çin ve Japon Porselenleri*, s. 82.

装饰上迎合奥斯曼帝国的偏好，采用密集复杂的阿拉伯花纹和波斯的几何图案。青花瓷能成为奥斯曼帝国从中国进口的主要瓷器类别，除了其精致的工艺外，青花瓷的蓝白风格与苏丹和精英阶层的艺术品位和宗教审美高度契合，功不可没。

从旅行者和来自欧洲国家的使臣记载来看，中国瓷器自 14 世纪以来就已在安纳托利亚使用。阿拉伯旅行家伊本·白图泰（Ibn Battuta）记述了 1331 年在安纳托利亚西部小镇比尔吉宴会上曾见到瓷器，这是史料记载奥斯曼帝国境内使用瓷器的最早记录。[1] 首次记载奥斯曼宫廷使用瓷器的是奥斯曼帝国历史学家吐尔逊·贝格（Tursun Beg），他在其关于穆罕默德二世的编年史著作《征服者的历史》中描述了穆罕默德二世于 1457 年在埃迪尔内为王子巴耶济德和穆斯塔法举办的割礼仪式，提到宴会上用"球形瓷器"提供果子露饮料。[2] 1582 年，苏丹穆拉德三世为穆罕默德王子举行割礼仪式，因为宫中保存的 397 件中国瓷器无法满足需要，临时从集市上购买了 541 个盘子、碟子和碗。[3] 从中可以看出，16 世纪后期奥斯曼宫廷中的中国瓷器数量还比较少。

外国赠礼、战利品和贸易品是托普卡帕皇宫中国瓷器的主要来源。在 16 世纪至 17 世纪，来自外国的礼物是奥斯曼宫廷中国瓷器的重要来源。其中包括来自波斯萨法维王朝的礼物，据记载，从 1555 年至 1697 年，萨法维王朝至少七次向奥斯曼苏丹赠送瓷器。苏莱曼大帝（1520—1566 年在位）曾经收到来自印度的一批中国瓷器作为礼物。[4] 奥斯曼宫廷中的另

① Gedük Serkan, "Çin Porselenleri Üzerindeki Osmanlı Süslemeleri," *II. Uluslararası Türk Sanatları, Tarihi ve Folkloru Kongresi*, Bosna Hersek, Konya: Selçuk Üniversitesi Türk El Sanatları Araştırma ve Uygulama Merkezi Yayınları, 2014, s. 284.

② Gedük Serkan, "Topkapı Sarayı Müzesi Çin Porselenleri Koleksiyonu Üzerinde Yapılmış Osmanlı Onarımları, *International University Museums Association Platform Journal of Cultural Heritage UNIMUSEUM*, 5 (2), 2022, s. 77.

③ Lynda Carroll, "Could've Been a Contender: The Making and Breaking of 'China' in the Ottoman Empire," *International Journal of Historical Archaeology*, Vol. 3, No. 3, 1999, p. 177.

④ Julian Raby and Ünsal Yücel, "Chinese Porcelain at the Ottoman Court," in *Chinese Ceramics in the Topkapi Saray Museum, Istanbul: A Complete Catalogue*, ed. John Ayers, p. 31.

一部分中国瓷器来源于战利品。 1514 年奥斯曼帝国在查尔德兰战役中击败萨法维王朝，奥斯曼帝国攻入大不里士，夺走了大批瓷器和贵重艺术品。 1517 年奥斯曼帝国攻灭埃及马穆鲁克王朝，从开罗运走一批东方瓷器。① 除了外国赠礼和奥斯曼帝国的战利品外，托普卡帕皇宫的绝大部分瓷器藏品是通过丝绸之路流入的中国外销瓷。 这些外销瓷在品质上接近中国古代皇家用瓷，只是在形制和装饰上具有不同的风格，以符合奥斯曼人饮食器皿的样式和审美品位。 不同于中国古代国内用瓷，这批外销瓷中有不少尺寸较大的碗和盘，符合伊斯兰国家的餐饮习俗，适用于奥斯曼帝国合餐而食的礼仪。 托普-卡帕皇宫的瓷器藏品年代涵盖 13 世纪末至 20 世纪初，跨中国元明清三代，反映了中国外销瓷的全貌和发展历史，从中也可以窥见奥斯曼帝国的饮食文化。

　　奥斯曼帝国皇室喜欢收藏中国瓷器，这一点在奥斯曼帝国时期的细密画中多有反映。 很多奥斯曼帝国的细密画中有苏丹在宴会中使用瓷器和朝臣向苏丹敬献青花瓷的场景。 奥斯曼宫廷瓷器的消费者主要为苏丹和皇室成员，其次是大维齐尔、维齐尔以及首领太监等高级官员。 奥斯曼皇宫的大部分瓷器在宫廷宴会中使用。 当时的奥斯曼人普遍相信中国的青瓷具有神奇的功能，可以鉴别其中盛放的食物是否有毒，他们认为如果食物有毒，瓷器会破裂。 中国瓷器在奥斯曼宫廷中的重要性成为许多学者和外国旅行者笔下的重要话题。 17 世纪奥斯曼帝国最有名的学者卡提普·切莱比(Kâtip Çelebi)在地理著作《世界观》中认为青瓷出现三个特征，即可表明食物有毒。 17 世纪法国东方学家安托万·加朗在《伊斯坦布尔回忆（1672—1673）》里记述了奥斯曼宫廷中青瓷的价值，写道："土耳其人，尤其是年长的人，非常看重它，因为一旦沾上毒药就会破裂……苏丹的兄弟们经常担心中毒，只用这些盘子吃饭。"②还有人相信中国青瓷可以解

---

① Gedük Serkan, *Topkapı Sarayı Müzesi Çin Porselenleri Koleksiyonu Üzerinde Yapılmış Osmanlı Süslemeleri ve Onarımları*, yüksek lisans tezi, 2014, s. 13.

② Antoine Galland, *İstanbul'a ait günlük Hatıralar*（1672 – 1673）, Türk Tarih Kurumu Yayınları, 2018, s. 20.

毒，如法国旅行家让·泰维诺（Jean Thévenot）在关于 1656—1657 年的游记中有如下描述，"我从一个离开皇宫的男孩那儿得知，统治者的膳食是用瓷器盛放的……这些东西是用中国的泥土制成的，比瓷器更有价值，是解毒剂"。① 事实上这种对中国瓷器具有验毒和解毒神秘功能的说法在当时的伊斯兰世界广为流传。

中国瓷器在奥斯曼宫廷备受青睐和珍惜。 即使是破损的瓷器也不会被丢弃，而是被奥斯曼的能工巧匠修复。 奥斯曼工匠使用金、银、铜等金属将破损的瓷器壶嘴和把手等部位重新拼接和固定，甚至瓷器上的裂纹也会用延展性好的金属夹固定。 他们还会在瓷器裂缝处或破损处镶嵌金属条或金属环，以确保瓷器的完整性。 这种修复不仅增强了瓷器的实用性，还赋予了其新的装饰效果。 随着修复经验的积累，奥斯曼宫廷开始流行对中国瓷器的装饰风格和功能进行改造，如花瓶被加上金属的壶把、壶盖和壶嘴，成为茶壶。 香炉是奥斯曼宫廷仪式传统的重要组成部分，但由于收藏的中国瓷器中没有香炉，奥斯曼工匠将杯子和盘子等工艺品与贵金属结合在一起，制成奥斯曼式的香炉。 奥斯曼宫廷一度流行在中国瓷器表面镶嵌五颜六色宝石的风尚，反映了奥斯曼贵族的志趣和品位。 这些珠宝镶嵌装饰通常与瓷器原有图案相协调，形成独特的艺术风格。 托普卡帕皇宫收藏的中国瓷器中有 273 件镶嵌有宝石，这些改造过的瓷器是奥斯曼珠宝镶嵌艺术的精品和代表。②

二、奥斯曼帝国对中国瓷器的仿制与创新

奥斯曼帝国苏丹穆罕默德二世于 1453 年征服君士坦丁堡之后，加大了对文化艺术的赞助。 苏丹对东方的瓷器非常推崇，下令仿制中国瓷器。

① Gedük Serkan, *Topkapı Sarayı Müzesi Çin Porselenleri Koleksiyonu Üzerinde Yapılmış Osmanlı Süslemeleri ve Onarımları*, yüksek lisans tezi, 2014, s. 20.
② Gedük Serkan, "Topkapı Sarayı Müzesi Çin Porselenleri Koleksiyonu Üzerinde Yapılmış Osmanlı Onarımları, *International University Museums Association Platform Journal of Cultural Heritage UNIMUSEUM*, 5（2）, 2022, s. 77.

奥斯曼工匠借鉴中国瓷器的器型、纹饰和生产工艺，最终烧制出奥斯曼风格的本土瓷器，在 15 世纪末到 17 世纪末形成了以安纳托利亚西部小镇命名的陶瓷中心伊兹尼克。① 不同于景德镇瓷器用的高岭土，伊兹尼克瓷器主要由石英以及铅熔块烧制，具有类似瓷器的结构，但不具有瓷器的透光性。 在 16 世纪奥斯曼艺术的古典时期，伊兹尼克的陶瓷生产在苏丹的赞助下得以繁荣壮大。 伊兹尼克瓷器装饰带有奥斯曼蔓藤花纹和中国花卉设计。 这两种风格的结合被称为 "Rumi-Hatayi"（鲁米-哈塔伊），其中鲁米表示奥斯曼帝国的蔓藤花纹，而哈塔伊表示中国风格的花卉。 明朝瓷器的"葡萄纹"设计非常受欢迎，并在奥斯曼帝国时期被广泛模仿和重新诠释。

苏莱曼大帝时期，国力的鼎盛和对艺术的重视推动了奥斯曼制瓷业的蓬勃发展。 奥斯曼帝国生产了壶、杯、碗、高脚盆、烛台和花盘等陶瓷器皿。 16 世纪中期，奥斯曼瓷器的装饰风格变得活泼和多元。 绿松石和钴蓝色的深色调相结合，并添加了番茄红的亮色和鼠尾草绿及淡紫色的柔和色调，还增加了很多植物的花纹，如郁金香、玫瑰、康乃馨和风信子。 其中，红色是整个伊斯兰艺术史上的流行颜色，同样在伊兹尼克的陶瓷设计上有所反映。 奥斯曼瓷器开始输入欧洲，就像中国瓷器一样，奥斯曼瓷器在欧洲也被认为是具有异国情调的东方瓷器。 伊兹尼克瓷器采用了一些中国瓷器中的图案，如云、破浪、花和葡萄，并加入阿拉伯花纹和波斯抽象的几何图形，还创造性增加了兔子、猎犬和帆船等图案，显然是文明交流与融合的产物，最终形成了奥斯曼风格的本土瓷器。

虽然伊兹尼克瓷器在质量和产品稳定性上始终与中国瓷器存在差距，但这里生产的瓷砖在奥斯曼帝国依然广为流行。 16 世纪中期，伊兹尼克的陶瓷作坊开始生产瓷砖。 伊兹尼克瓷砖在奥斯曼帝国的宫殿、清真寺、浴室、图书馆等建筑中得到广泛应用。 如奥斯曼帝国著名的建筑师米马尔·希南设计的皇家建筑和清真寺多采用伊兹尼克瓷砖。 与瓷器艺术相

---

① 屈塔希亚是另外一个瓷器生产中心，但主要面向大众和平民。

比，奥斯曼的瓷砖艺术的色彩和图案更为丰富，但其装饰仍然深受 15 世纪中国艺术的影响。 如牡丹是奥斯曼瓷砖艺术中最常用的图案形式，可以清楚地看到其蕴含的中国风格。 这些色彩鲜艳、光彩夺目的瓷砖是奥斯曼文化艺术中伟大的成就之一，成为奥斯曼建筑文化中不可缺少的因素。 奥斯曼瓷器还出口到中东、印度和西欧，最终又影响了西欧陶瓷工艺的发展。16 世纪开始，西欧对伊兹尼克瓷器产生了极大的兴趣，也开始进行模仿。伊兹尼克瓷器最初主要供应奥斯曼宫廷，到 16 世纪末，随着国内外订货数量的增加，伊兹尼克陶瓷作坊开始将宫廷的瓷砖订单推后。 南欧许多教堂墙壁上都装饰着伊兹尼克瓷砖。 今天欧美的博物馆也收藏了奥斯曼帝国时期伊兹尼克瓷器艺术的精品。

1894 年苏丹阿卜杜勒·哈米德二世在耶尔德兹宫的外花园，建立皇家瓷器厂。 建厂是为了满足宫廷、府邸的瓷器需求，但更重要的目的是政治性的，为了向世界展示帝国积极的形象，表明奥斯曼帝国在技术上并不落后于欧洲。 耶尔德兹瓷器厂在行政和财务上隶属于帝国财政部，并引进了法国的技术人员，采用欧洲近代工厂的组织和管理形式。 考虑到当时几乎所有欧洲国家都有政府支持建立的瓷器工厂，哈米德二世将这家工厂作为奥斯曼工业化成就的代表。 耶尔德兹瓷器厂生产的精品瓷器成为奥斯曼帝国重要的外交礼物。 哈米德二世多次将其赠送给英国、伊朗等外国皇室和政要。 德国皇帝威廉二世在 1889 年和 1898 年两次访问伊斯坦布尔，访问期间收到耶尔德兹瓷器厂赠送的瓷器，并在哈米德二世陪同下参观了瓷器厂。 哈米德二世还向俄国沙皇赠送这家瓷器厂生产的花瓶。①

三、中国瓷器在奥斯曼宫廷生活中的功能和社会意义

中国瓷器在奥斯曼宫廷的功用经历了从收藏品到日用品的转变。 起

---

① Sinem Serin, *Yıldız Çini/Porselen Fabrikası*, Yüksek Lisans Tezi, İstanbul Üniversitesi, 2009, s. 21. 52. 73. 87.

初，稀少的中国瓷器被奥斯曼苏丹作为一种昂贵的奢侈品陈列在专门的"瓷屋"①之中，是其显示权力和财富的象征，很少用于日常生活。 直到 1420 年，中国瓷器在奥斯曼帝国都非常稀有，只能在苏丹的餐桌上看到少数几件。② 进入 16 世纪以后，与同时代的欧洲国家相似，奥斯曼帝国苏丹举行盛大的宴会来展示自己的权力和政治权威。③ 为庆祝王子的割礼和公主婚礼，苏丹往往会举行持续数天的宴会，宴会宾客包括宫廷官员、帝国高官和外国的使臣等。 而珍贵的中国瓷器是宴会中必不可少的物品，成为奥斯曼宫廷文化和餐桌礼仪的重要载体。 在奥斯曼宫廷，宴会具有象征意义，成为决定社会关系、地位和权力关系的一种媒介，是重新确立与会者政治地位的一种方式。 从外交的角度来看，16—17 世纪中国瓷器也是苏丹向欧洲和波斯萨法维王朝展示奥斯曼帝国权力、声望和政治话语的工具。

帝国的朝臣和贵族们利用瓷器等贵重物品来维持与苏丹及其直系亲属的社会关系。 朝臣们通常在苏丹登基、宗教节日和皇室婚礼时，向苏丹赠送贵重的礼物。 赠送给苏丹的礼物的多少和价值对于其职务晋升至关重要，其中来自中国的瓷器和丝绸是最重要的礼品。 国外的使臣在觐见苏丹时，也经常将中国瓷器作为贵重礼物。 如波斯帝国的使节曾经将中国的青花瓷赠送给苏丹。 当苏丹生病时，大维齐尔和伊斯兰酋长常常敬献中国瓷器作为祝愿苏丹康复的礼物。 此外，在皇室婚礼和割礼仪式上，美丽、稀有的中国瓷器是必不可少的宴会用品。 苏丹也经常从宫廷内库中挑选精美的瓷器，作为奥斯曼公主的嫁妆和赠送自己母亲的礼物。 按照惯例，作为

---

① 据说在征服者穆罕默德二世时期开始设置"瓷屋"。 Gülru Necipoğlu, *15. ve 16. Yüzyılda Topkapı Sarayı-Mimarî, Tören ve İktidar*, Çeviren: Ruşen Sezer, İstanbul: Yapı Kredi Yayını, 2007, s. 103., 转引自 İrem Çalışıcı Pala, "Bazı Belge ve Tanımlarla 'Çini' Kelimesinin Değerlendirilmesi," *Yedi: Sanat, Tasarim ve Bilim Dergisi*, Sayı 13, 2015, s. 14.

② Julian Raby and Ünsal Yücel, "Chinese Porcelain at the Ottoman Court," in *Chinese Ceramics in the Topkapi Saray Museum, Istanbul: A Complete Catalogue*, ed. John Ayers, p. 28.

③ Banu Özden, Political Power behind the Feasts: Food as a Symbol of Authority and Obedience in the History of Turks, *Dublin Gastronomy Symposium*, May 29, 2018, p. 1.

皇室女性嫁妆的瓷器在公主去世后必须归还奥斯曼宫廷。

18 世纪初，奥斯曼帝国进入郁金香时代，享乐主义和奢侈消费兴起。皇室和贵族通过兴建豪宅、收藏精美的瓷器等方式，展示自己的地位和财富。 18 世纪奥斯曼帝国官员学者苏莱曼·佩纳赫（Süleyman Penah）认为，奥斯曼人对西方或东方商品的渴求源于一种错误的信念，即这些商品质量更好，对外国商品的偏好是受到炫耀性消费和奢侈诱惑的驱使。① 郁金香时代，奥斯曼帝国的公主们在金角湾和博斯普鲁斯海峡沿岸兴建滨海宫殿，过着奢华的生活，并兴起了收藏瓷器的风气。② 奥斯曼公主收藏中国瓷器，很可能受到同时代欧洲风尚的影响。 在 1700 年左右的欧洲，瓷器柜是每位公主私人别墅中必不可少的组成部分。③ 正如一位欧洲历史学家所言，"瓷器最能真实和自然地表达 18 世纪精神的艺术，即渴望新奇，热爱奢华"。④ 在这一背景下，瓷器对于奥斯曼宫廷的女性具有特殊的社会意义，成为她们展示女性独立身份和尊贵地位的媒介。

穆罕默德四世的女儿大哈蒂斯（1658—1743）终生致力于收藏东方瓷器。 1743 年她去世时财产清单里有 2377 件瓷器，绝大部分为中国瓷器。而到了 18 世纪后半叶，受欧洲风尚的影响，奥斯曼的公主们转而追求镀金和色彩艳丽的欧洲瓷器。 穆斯塔法三世的女儿哈蒂公主（1768—1822）不仅搜集了当时稀缺的来自迈森、维也纳以及巴黎的欧洲瓷器，还在宫廷男性主导的社交圈子里举办宴会以展示这些瓷器。⑤ 收藏欧洲瓷器被宫廷女性视为追求独立、世俗和现代身份的象征。 大哈蒂斯公主曾多次在其位于

---

① Artan Tülay, "18th century Ottoman princesses as collectors: Chinese and European porcelains in the Topkapı Palace Museum," *Ars Orientalis*, Vol. 39, No. 1, 2011, p. 136.

② Cordula Bischoff, "Women Collectors and the Rise of the Porcelain Cabinet," In *Chinese and Japanese porcelain for the Dutch Golden Age*, eds. Jan van Campen, Zwolle: Waanders, 2014, p. 175.

③ Cordula Bischoff, "Women Collectors and the Rise of the Porcelain Cabinet," In *Chinese and Japanese porcelain for the Dutch Golden Age*, eds. Jan van Campen, p. 175.

④ Louise Avery, "European Ceramics Given by R. Thornton Wilson," *The Metropolitan Museum Art Bulletin*, Vol. 15, No. 9, 1957, p. 192.

⑤ Artan Tülay, "18th century Ottoman princesses as collectors: Chinese and European porcelains in the Topkapı Palace Museum," *Ars Orientalis*, Vol. 39, No. 1, 2011, p. 136.

海边的宫殿中宴请她的兄弟穆斯塔法二世和艾哈迈德三世。[1] 19 世纪的官僚精英们制定了推广新重商主义政策的议程，特别是反对奢侈品进口，他们开始将宫廷的浪费性奢侈归咎于女性的获取和收藏欲望。[2] 如小哈蒂斯公主因为推广欧式的生活方式被保守派指责和攻击，成为改革派政府的替罪羊。[3]

　　随着进口的中国瓷器数量增多，瓷器的象征意义逐渐减弱，实用功能日益增强，开始越来越多地用于宫廷日常生活和臣民的市井生活。 从中国定制的瓷咖啡杯在奥斯曼宫廷和市民的日常生活中发挥了重要作用。 16 世纪中叶，奥斯曼帝国首都伊斯坦布尔开始出现咖啡馆。[4] 在苏莱曼时代（1520—1566），伊斯坦布尔有 50 家咖啡馆，而在塞利姆二世统治时期（1566—1574），咖啡馆数量跃升至 600 家。[5] 咖啡馆很快成为不同社会阶层的社交中心，构成了奥斯曼的早期近代公共领域和市民社会，并成为 18 世纪英国咖啡馆文化的源头。[6] 西方旅行者的笔记描述了奥斯曼帝国各个城市的咖啡馆，有些高档的咖啡馆铺着豪华地毯，配有精美的瓷杯。 对于奥斯曼人来说，咖啡不仅仅是一种饮品，还包含了特有的社会意义和文化内涵。 当咖啡成为日常生活的一部分时，咖啡杯成为苏丹及宫廷人员重要的日用品，并迅速发展为一种奥斯曼式的礼仪。 托普卡帕皇宫藏品中最古老的咖啡杯和最小的咖啡杯均来自中国，为 16 世纪明朝嘉靖年间烧制。[7]

---

[1] Artan Tülay, "18th century Ottoman princesses as collectors: Chinese and European porcelains in the Topkapı Palace Museum, " *Ars Orientalis* , Vol. 39, No. 1, 2011, p. 125.

[2] Artan Tülay, "18th century Ottoman princesses as collectors: Chinese and European porcelains in the Topkapı Palace Museum, " *Ars Orientalis* , Vol. 39, No. 1, 2011, p. 136.

[3] Artan Tülay, "18th century Ottoman princesses as collectors: Chinese and European porcelains in the Topkapı Palace Museum, " *Ars Orientalis* , Vol. 39, No. 1, 2011, p. 116.

[4] Ahmet Yaşar, *The Coffeehouses in Early Modern Istanbul: Public Space, Sociability and Surveillance*, MA thesis, Boğaziçi University, 2003, p. 13.

[5] Ebru Fleet Kate Boyar, *A Social History of Ottoman Istanbul*, Cambridge: Cambridge Univ. Press, 2011, p. 193.

[6] Selma Akyazici Özkocak, "Coffeehouses: Rethinking the Public and Private in Early Modern Istanbul, " 33 *Journal of Urban History*, Vol. 33, No. 6, 2007, p. 965.

[7] Ismail Kugu, *Materiality in Courtly Power: Porcelain Coffee Cups in the 18th-Century Ottoman Court*, Doctor Dissertation, University of New York, 2022, p. 93.

18 世纪奥斯曼帝国与欧洲国家建立了密切的外交关系，外国大使来到奥斯曼帝国首都后，依例会向苏丹递交信函。 向外国大使提供咖啡的仪式是奥斯曼宫廷礼仪中必不可少的环节，在这一过程中，东方精美的瓷器成为展示帝国的权力和荣耀以及苏丹威严的重要媒介。 18 世纪中叶，欧洲风格的花园、家具和建筑开始吸引了奥斯曼上流社会。 奥斯曼宫廷进口了欧式餐具，受欧式生活风尚影响的新贵族们对中国瓷器的兴趣减弱，没有把手的中国咖啡杯最终被更具装饰性、带把手的欧洲咖啡杯所取代。 但是对于奥斯曼帝国的传统精英和平民来说，市场上越来越容易买到的东方瓷器仍然深受欢迎。

结语

中国瓷器在奥斯曼帝国的传播史，也是古代中国与奥斯曼帝国的文化交流史，也反映了奥斯曼帝国在东西方之间文明交流中的独特角色。 瓷器不仅仅是一种贸易商品，也是思想和文化交流的载体，体现了文明的汇聚、交融和共生。 奥斯曼帝国模仿了中国瓷器，但也吸收了阿拉伯和波斯的文化元素，并最终发展出独具特色的奥斯曼本土瓷器。 奥斯曼的瓷器输入欧洲，又进而影响到欧洲瓷器制造业的发展。 中国瓷器在奥斯曼的流转和传播，充分展示了丝绸之路的双向性和开放性，也是东方之间以及东西方文明交流互鉴的典型例证。

（张向荣，西北大学中东研究所讲师、西北大学世界史流动站博士后）

在德黑兰读卡夫卡

——海亚姆的旋律、卡夫卡的讯息与赫达亚特的跋：波斯语文学中的卡夫卡遗产

海达尔·赫兹里（Haidar Khezri）　黄婧怡译

摘要：本文考察了卡夫卡在现代伊朗文学中的接受史。萨迪克·赫达亚特1948年所著《卡夫卡的讯息》催生了卡夫卡在伊朗的接受，它是第一本用波斯语撰写的讨论欧洲作家的文学批评作品，也是第一本在伊斯兰文化语境下写就的、能够经受住时间考验的卡夫卡文学批评作品。赫达亚特将卡夫卡重新包装成摩尼教徒，淡化了卡夫卡身上的犹太民族和宗教色彩，这与学界在过去、现在和未来对卡夫卡的批判性阅读形成了对话。通过阐明《海亚姆的旋律》和《卡夫卡的讯息》的基本内容，本文超越了以往只关注赫达亚特作为一名超现实主义小说家和短篇小说家的研究范式，以突出赫达亚特对波斯语文学批评所做的贡献。这表明了赫达亚特如何从海亚姆到卡夫卡，再到他自己的文学事业的追溯中，感知并整合出了一种批判性的人文主义传统。附录部分是《卡夫卡的讯息》开篇部分的节选内容。

关键词：萨迪克·赫达亚特　弗朗茨·卡夫卡　卡夫卡的讯息　文学批评　比较文学

引言

萨迪克·赫达亚特（Ṣādiq Hidāyat，1903—1951）曾这样总结他眼中的卡夫卡的一生，"有三个主题决定了卡夫卡的命运：他与他父亲的冲突，由此而来的他与犹太社区的分歧，以及他不健康的、独身主义的生活"。这样的概括实际上也是在说他自己。像卡夫卡一样，赫达亚特身为现代波斯语文学史上最伟大的小说家，终其一生离群索居，未婚无子，并以此来反抗伊朗传统形式下的文化、家庭、宗教和社会结构。但与卡夫卡这位生活在奥匈帝国统治下的捷克文学先辈不同的是，赫达亚特没有把自己的命运和未完成的作品托付给他人，他在巴黎自我放逐之时，销毁了所有未完成的稿件，并结束了自己的生命。

和卡夫卡的作品一样，赫达亚特的许多小说、短篇故事、书信集和对话仍然保存了下来，其中大部分的作品，都是对其生平的反思和二度创作。但与卡夫卡不同的地方在于，赫达亚特的自反性表达并不仅仅包括叙述、对话和书信体模式，还极力延伸到他的文学批评领域，以导言的形式出现在两部文学作品之中。赫达亚特的两篇导言为来自古典波斯语诗歌传统的奥马·海亚姆和用德语撰写散文的弗朗兹·卡夫卡赋予了极高的声誉，使他们成为对当今波斯语文化世界影响最大的两位作家，前者扎根于东方，后者则体现了西方的传统。

从海亚姆的四行诗（柔巴伊）①到赫达亚特的"旋律"②

伊朗的文人学士和文献学者一直将奥玛·海亚姆（Omār Khayyām，1048—1131）视为文人中的一个异类。尽管海亚姆是四行诗的开创者，但

---

① Fränz Kāfkā, *Payām-i Kāfkā az Ṣādiq Hidāyat*；*Gurūh-i Maḥkūmīn Tarjome-yi Ḥasan Qā'imiyān*, Tehran: 'Amīr Kabīr, 1342, 23.
② Ṣādiq Hidāyat, *Rubā 'iyyāt-i 'Umar Khayyām*, Tehran: Brūkhīm, 1924, 22.

在赫达亚特之前，并没有人对海亚姆的生平和作品进行过持续性的、批判性的论述。这种忽视对波斯语文学来说并不是什么新鲜事，因为在前现代的批评中，作为一名诗人的海亚姆也被忽视了。直到英国诗人爱德华·菲茨杰拉德（Edward Fitzgerald，1809—1883）率先翻译了他的四行诗集时，随着海亚姆的诗歌首先在西方声名鹊起，他的作品才经由赫达亚特撰写的引言《海亚姆的旋律》（1934年），在伊朗重新流行起来。赫达亚特对海亚姆的发掘始于童年时期，在他的第一本书《海亚姆的四行诗》中进入了一个新的阶段。该作品标志着赫达亚特个人和文学生活中强大的思想主动性的开端，其中他对海亚姆的生活和哲学的关注，以及四行诗的内容、语言和风格的关注不言而喻。根据赫达亚特的说法，海亚姆敏锐的"对知识局限性的认识，尤其是对人类不公正行为的观察"，让他意识到人类无法完全理解本质的存在（vājib al-vujūd）。[1] 赫达亚特在《海亚姆的旋律》中对海亚姆的哲学与诗歌做了详细介绍，并附上了相应的四行诗。这篇导言被认为是现代波斯语文学批评中"海亚姆学"研究的基础。受到海亚姆等作家的影响，赫达亚特在1937年出版了他的第一部代表作《盲眼猫头鹰》（Būf-i Kūr，The Blind Owl）。[2] 虽然赫达亚特在后期的作品中将注意力集中在卡夫卡身上，但海亚姆对他的思想仍然产生了相当大的影响。

海亚姆像赫达亚特一样过着隐居的生活，未婚无子。尽管如此，赫达亚特对海亚姆生平的叙述仍然着重强调了，海亚姆的孤独状态和他对科

---

[1] 对"存在单一论"，参见 Jon McGinnis，"The Ultimate Why Question：Avicenna on Why God Is Absolutely Necessary，" in *The Ultimate Why Question：Why Is There Anything at All Rather Than Nothing Whatsoever?* ed. John F. Wippel，Washington，DC：Catholic University of America Press，2011，pp. 65 – 83.

[2] Homa Katouzian，*Sadeq Hedayat：the Life and Literature of an Iranian Writer*，London and New York：I. B. Tauris，1991，pp. 137 – 141；Leonard Bogle，"The Khayyam Influence in The Blind Owl，" *in Hedayat's "The Blind Owl" Forty Years After*，comp. and ed. Michael C. Hillmann，Austin：Center for Middle Eastern Studies，University of Texas at Austin，1978，pp. 87 – 98.

学、数学和天文学的艰深学问的求索，并没有阻止他进入诗歌的世界。①
海亚姆的个人和文学生活与当时统治社会的文学、宗教和社会传统格格不
入。 赫达亚特这样写道，海亚姆"对他那个时代的人感到厌倦和厌恶，对
他们的道德、思想和习俗持尖刻的讽刺态度，并抵制社会规范"。② 他因
忽视对真主的崇拜，拒绝伊斯兰的教法规范和嘲弄宗教理想而被当时的人
们指认为异教徒。 他在世时创作的四行诗只供他的密友们欣赏，因此未能
成名，"似乎在他所生活的时代，海亚姆的《旋律》是一种禁忌，因此无法
供大众消费。 ……在他死后，他的作品《警官》获得了一些名声，但也被
认为是无神论的"。③ 在赫达亚特的阅读中，对海亚姆如此解读也表明了
海亚姆和赫达亚特之间的相似性，他隐隐地感知到，关于社会的反叛立场
奠定了他本人与海亚姆之间的联系，"现在，我，作为海亚姆的追随者，我
是一个异教徒（zindīq）④，我的血也会被擦去"。⑤

在赫达亚特看来，海亚姆和他的四行诗摒弃了阿拉伯语的霸权、伊斯
兰的末世论和闪米特的神灵观念，转而寻找一种属于印欧人种的独特
性——该判断呼应了赫达亚特本人的心态，"四行诗是雅利安精神对闪米特
信仰的反叛"。⑥ 赫达亚特也反驳了那些将海亚姆称之为苏非派诗人的批
评者，并认为海亚姆是一位反阿拉伯优越感的苏欧布。⑦ 除了海亚姆的个
人生活之外，赫达亚特亦将海亚姆的文学作品从内容、语言、风格到诗歌形

---

① *Kāfkā*, *Payām-i*, 58.

② Ṣādiq Hidāyat, *Tarānahā-yi Khayyām*, Tehran: 'Amīr Kabīr, 1342, 8.

③ *Hidāyat*, *Tarānahā-yi*, 12.

④ zindīq 是一个从波斯语借来的阿拉伯语单词。 其狭义用法是指"秘密的摩尼教徒"，但也可以
宽泛地指"异教徒、叛徒、不信教者"。 从中古时代开始，穆斯林将摩尼教徒、叛教者、异教
徒、异端者和那些反对伊斯兰教的人称为 zindiqs。 参考 Louis Massignon, "Zindik", in
Encyclopaedia of Islam(1913 - 1936), ed. M. Th. Houtsma, T. W. Arnold, R. Basset, and
R. Hartmann, http://dx.doi.org/10.1163/2214 - 871X_ei1_SIM_6098.

⑤ Muṣṭafā Farzāna, '*Āshnā ī bā Ṣādiq Hidāyat: Qismat-i Dovum, Ṣādiq Hidāyat chī Mīguft*?
Paris: N. p., 1988, 224.

⑥ Hidāyat, *Tarānahā-yi Khayyām*, 27.

⑦ Shu 'ūbiyya 或 al-Shu 'ūbiyya 是非阿拉伯民族（主要是伊朗人）的文化和政治运动，他们生活
在早期的穆斯林社会中，而这些社会否认他们享有阿拉伯人的特权地位。

式等各个方面，视为一种革命的手段，它既反对了来自外部的 "阿拉伯、闪米特、伊斯兰诗歌传统"，也反对统治阶级倡导的 "波斯—伊斯兰传统"。这些四行诗与波斯语文学的其他题材是不同的，它独特的两行诗形式并不来自阿拉伯语传统，而是阿拉伯语诗歌从波斯语诗歌中挪用过来。 有鉴于这种独特性，赫达亚特避免使用阿拉伯语的 "柔巴伊"（rubā 'ī）一词，转而采用波斯语词 "塔拉纳"（tarāna，旋律的意思）。 对赫达亚特来说，二者之间的区别在于，波斯语中其他常见的诗歌类型虽然形式更丰富，但较少实质性的内容；它们强调高度修饰的措辞、冗长的句法、自我夸大和奉承的言语，这些都源自阿拉伯—伊斯兰文学传统。① 相比之下，四行诗简练的形式反而是一种更高级的诗歌内容。 换句话说，内容与韵律长度成反比。赫达亚特还将海亚姆的诗歌风格描述为一种 "古典风格"，因为他用看似简单的形式表达了有关存在的最复杂、最基本、最痛苦和最微妙的问题。这些问题以不带虚假的语言表达，并以讽刺喜剧的语调为基调，最终让位于一种空虚的徒劳感和虚荣感。② 海亚姆的创新风格（sabk/style）取决于其简单而直率的语言、缩写和无与伦比的修辞。 根据赫达亚特的说法，海亚姆能够 "依据思想的对象来选择'言辞'（'alfād，波斯语中 utterance 的意思）"，这让他成为一名 "拥有自由思想的诗人"。③

　　赫达亚特还认为，海亚姆的四行诗和哲学代表了现代人的焦虑、恐惧和希望。"海亚姆的哲学永远不会失去其新鲜感……海亚姆描绘了受折磨的灵魂，他的尖叫反映了数百万人的痛苦、焦虑、恐惧、希望和失望。"④与那些认为海亚姆不过是一个酒鬼、机会主义者和享乐主义者的前现代和现代批评家不同，赫达亚特认为海亚姆的作品是在快乐形式中包裹着悲伤的内容。 在形式上，诗歌歌颂及时行乐，但在其哲学根源上，则与死亡有

---

① Hidāyat, *Tarānahā-yi*, 53; *Arthur Christensen, L'Iran sous les Sassanides*, Copenhague: Levin and Munksgaard; Paris: p. Geuthner, 1936.
② Hidāyat, *Tarānahā-yi*, 23.
③ Hidāyat, *Tarānahā-yi*, 29.
④ Hidāyat, *Tarānahā-yi Khayyām*, 5, 15.

关。 形式越是美丽，其含义就越是悲伤。[1] 赫达亚特认为形式和内容在海亚姆四行诗中的二元性与摩尼教的二元论有关。[2] 与他本人的经历一样，海亚姆的痛苦本质上是哲学性的，是"存在的原罪"的结果。 赫达亚特对痛苦的概念化描述来自他对海亚姆和他自己经历的感知，他将其描述为一种人类无法控制的存在主义苦难，并认为死亡和毁灭是人类唯一拥有的绝对自由。 因此，根据赫达亚特的说法，海亚姆设想过，甚至提议了，世界不可避免的毁灭和复兴，"海亚姆渴望这个愚蠢、卑鄙、悲伤的世界被摧毁，并在它的废墟上创造一个更合乎逻辑的世界："如果我能像神一样控制宇宙，我会毁灭它。'"[3]

赫达亚特视海亚姆的痛苦为一种独特的缠绕：它与对贫困、权力、社会阶级或与爱人的恐惧无关，这些动机被赫达亚特称之为"庸常"（pūch），是自负和徒劳的表现。 在比较研究的意义上，与海亚姆的存在主义痛苦更紧密联系的是他的哲学家同行阿拉伯诗人阿布-艾拉俄·马艾里（Abu al-Alā' al-Ma'arrī，973–1058）。[4] 马艾里自幼双目失明，成年后过着无婚无子的避世生活。 马艾里以"异教徒"而名声不佳。 他的作品在某些时期屡屡被禁，甚至被烧毁。 马艾里与海亚姆的这些相似之处促使赫达亚特第一次，也是最后一次将兴趣转向阿拉伯语文学，并向波斯语读者展示他对马艾里作品的偏爱。[5] 就像赫达亚特对卡夫卡的研究将这位欧洲作家与海亚姆连接起来一样，塔哈·侯赛因，这位在法国接受过教育的埃及盲人大学者，也将卡夫卡与马艾里联系起来，这是阿拉伯世界最早

---

[1] Hidāyat, *Tarānahā-yi Khayyām*, 48.

[2] Hidāyat, *Tarānahā-yi Khayyām*, 63.

[3] Hidāyat, *Tarānahā-yi*, 43.

[4] 自 1903 年以来，伊朗和阿拉伯学者就马艾里对海亚姆的影响展开的争论，标志着伊斯兰世界比较文学中波斯—阿拉伯流派的开始。 参考 Haidar Khezri, 'Al-'Adab-u al-Muqāran fī Iran va al-'Ālam al-'Arabī 1903–2012, Tehran: Samt, 2013; Cairo: Al-Majma' al-THaqāfi al-Miṣrī, 2017; Haidar Khezri, "Internal Colonialism and the Discipline of Comparative Literature in Iran," *Revista Brasileira de Literatura Comparada 23*, no. 43 (2021), pp. 94–117.

[5] Ṣādiq Hidāyat, "Risālat al-Ghufrān-i 'Abu al-' Alā 'al-Ma' arrī," *Payām-i Nu*, 1945, 39.

的卡夫卡研究者。① 由此可见，作家们在组织其文学批评的洞见之时，他们总是会将自己的思想和生活经验与文本的作者相类比。 表面上《海亚姆的旋律》是聚焦于海亚姆，但赫达亚特仍利用该书的导言部分来"抒发他个人的信仰"。② 他在自己的第二部文学批评作品《卡夫卡的讯息》中，也采取了相类似的方法。

从卡夫卡的讯息到赫达亚特的跋

在海亚姆之后，赫达亚特集中精力来研究几乎与他同时代的弗朗兹·卡夫卡，尽管他们在语言和文化上有着巨大差异。 即便德国诗人早已介入了对波斯语诗歌传统的发现之中③，赫达亚特却是第一位对德语散文采取有效批评研究的伊朗文人。 他在 1948 年出版了第二本批评著作《卡夫卡的讯息》。

赫达亚特用可接触到的法语译本来了解卡夫卡。 他在 1943 年根据《审判》的法文译本，以波斯语的《法律之前》（ *Jilu-yi Qānūn* ）为名，在伊朗杂志《话语》（ *Sukhan* ）上首次发表。④ 一年以后，他又凭借维拉亚特的法语译本翻译了卡夫卡的《变形记》。 之后他分别在 1945 年和 1946 年翻译并出版了《亚洲胡狼与阿拉伯人》和《猎人格拉库斯》。⑤ 最后到了 1948 年，赫达亚特出版了他的第二部文学批评作品《卡夫卡的讯息》，该书最初作为哈桑·卡米扬（ Ḥasan Qā'imiyān ）翻译的卡夫卡《在流放

---

① Jens Hansen, "Kafka and Arabs," *Critical Inquiry 39*, no. 1, 2012, 167 - 97.

② Bogle, "The Khayyam Influence," 91.

③ 歌德的《西东合集》标志着在 1814 年德国文学与波斯文学之间的一次开创性的文学相遇，更多内容参考 Anne Bohnenkamp and Anke Bosse, "West-östlicher Divan," in *Goethe-Handbuch*, ed. *Bernd Witte et al.*, Stuttgart and Weimar: J. B. Metzler, 1996 - 1998, 1, pp. 306 - 334.

④ Ṣādiq Hidāyat, *Nivishtihāy-i Parākandeh*, Tehran: 'Amīr Kabīr, undated, 10.《话语》是一本文化类杂志，首发于 1943 年，到 1978 年停刊，创始人是德黑兰大学教授、文学家帕尔维兹·纳塔尔·坎勒里（Parviz Natal Khanleri）。《话语》杂志的发刊即吸引了萨迪克·赫达亚特、博佐哥·阿拉维等波斯语现代文学的翘楚倾情献稿，是当时在伊朗最有影响力的文学杂志。

⑤ Hidāyat, *Nivishtihāy-i Parākandeh*.

地》的波斯语版本的序言出现，是第一本用波斯语写就的欧洲文学批评研究作品。①

有人认为赫达亚特的超现实小说《盲眼猫头鹰》可能深受卡夫卡的影响。但几乎没有证据能佐证他在写作这篇小说之前就对卡夫卡有任何了解。② 恰恰相反，在赫达亚特自 1942 年到过世时发表的作品中，最明显受到卡夫卡影响的应该是《流浪狗》（*Sag-I Vilgard*）和《被诅咒的蜘蛛》（*The Cursed Spider*），后者因为赫达亚特本人的自毁行为而未能保存下来。前一部小说是从一只被遗弃的狗的视角出发，在传统的伊朗宗教性的语境下徐徐展开了整个故事，后一部小说则是关于一个作家变成了一只不会织网的蜘蛛的故事。赫达亚特笔下的蜘蛛像《变形记》的主人公格雷戈尔·萨姆萨（Gregor Samsa）一样，在故事的结尾死去。以《流浪狗》命名的故事集收录了赫达亚特早期的数篇小说，如 1924 年创作的《一头驴子死后的故事》（*Sharḥ-i Ḥāl-i YikʻUlāgh Hingām-i Marg*），1930 年发表的《活埋》（*Zinda bi Gūr*）和 1932 年发表的《三滴血》（*Se Qaṭra Khūn*）。这些小说共同开创了波斯语散文小说的新方向，并以卡夫卡为其主要的灵感来源。

尽管在 20 世纪初期以前，伊朗人普遍更喜欢诗歌而非小说，就连赫达亚特的父亲也希望他成为一位诗人，③然而赫达亚特还是选择写作散文而非诗歌，并在其中巧妙地采用了大量口语。口语化的写作风格在此之前，只在德胡达（Ali-Akabr Dehkhodā, 1879–1956）④、卡西姆·玛卡姆·法拉哈尼（Qā ʻim Maqām Farāhānī, 1779–1835）⑤和贾马尔扎德（Mohmmad-Ali

---

① 关于《在流放地》的波斯语译名，哈桑·卡米扬可能得到赫达亚特的建议，将其译为《囚犯团伙》（*Gurūh-i Maḥkūmīn*）。Frānz Kāfkā, "Gurūh-i Maḥkūmīn," trans. Ṣādiq Hidāyat and Ḥasan Qāʼimiyān, *Ḥalqe-yi Naqd, Adabyāt-i Dāstān 94–95*, 1384, 46–50.

② 参考 Shahrūz Rashīd, *Muhlatī Bāyad ke tā Khūn Shīr Shud*, Oslo: Aftāb Publication, 1397, 53.

③ Ḥasan Qāʼimiyān, Miskīn-Jāmeh, Q, et al., *Yādbūdnāmeh-yi Ṣādiq Hidāyat*, Tehran: ʻAmīr Kabīr, 1336, 16.

④ 伊朗著名作家和语言学家、波斯语权威字典《德胡达大词典》的编纂者。

⑤ 恺加王朝时期的一位宫廷官员，也是著名的散文家。

Jamālzādeh, 1892–1997）①在 1921 年出版的小说集《很久很久以前》
（*Yikī Būd, Yikī Nabūd*）中才运用过。 在多种场合之中，赫达亚特小说
的语言和结构都不符合当时流行的散文格式，这种不合时宜使他引起了伊
朗文坛的注意。 好比卡夫卡使用了带有捷克语调的德文一样，赫达亚特有
意采用与波斯语文学的标准文体相对抗的做法，被评论家纳斯林·拉希米
（Nasrin Rahimieh）喻为"本土语言的毁灭和再生"。②

赫达亚特亦倾向于透过卡夫卡的文本来解读他自己的生活故事。 例
如，他会强调卡夫卡对父亲的恐惧，这与赫达亚特面对自己父亲的经历，
以及生活在代表伊朗社会最高政治地位和文人声誉的家庭中的压力产生了
共鸣③，"卡夫卡的父亲是位专横的商人，他为自己的经济成功感到自豪，
将儿子压在自己的野心之下，母亲是迷信的犹太人，还有更多普通人姐
妹。 卡夫卡害怕他的父亲，一生都生活在对他的恐惧之中"。④ 在赫达亚
特的一些作品中，他坦诚表达自己曾一度六个月不与家人交流，只是回到
父亲家里睡觉。 赫达亚特也强调了卡夫卡选择不结婚，以及卡夫卡与女性
的复杂关系。 赫达亚特的门徒穆斯塔法·法扎纳（Muṣṭafā Farzāna）曾
这样描述赫达亚特与他身边女性之间的复杂关系，"赫达亚特黑暗生活的复
杂性源于他与父母，尤其是母亲的关系"。⑤ 其他学者也注意到女性的形
象对两位作者不寻常的个性而产生的深刻影响。 除此之外，两位作家都饱
受病痛的折磨，但又放任病痛将自己的写作引入更加黑暗的主题。 当赫达
亚特讨论卡夫卡的疾病时，他以自己不佳的健康状态为棱镜，来看待卡夫

① 以讽刺和幽默见长的伊朗小说家，被誉为伊朗短篇小说之父。 出生于伊斯法罕省的一个中产阶
  级家庭，父亲是支持立宪派的著名宗教学者赛义德·贾马尔丁·伊斯法罕尼。 他在 12 岁后离
  开伊朗，辗转瑞士等地求学，曾在一战时加入柏林的伊朗爱国者联合会，晚年定居日内瓦。
② Nasrin Rahimieh, "Die Verwandlung Deterritorialized: Hedayat's Appropriation of Kafka,"
  Comparative Literature Studies 31, no. 3, 1994, p. 266.
③ 赫达亚特的先辈在伊朗文坛有过很高的地位。 他的祖父是恺加王朝的宫廷诗人。 赫达亚特在
  一篇短文中讽刺了自己的家学传统，"根据《民法典》的第 891 条，我应该从我父亲那里继承写
  作能力"。
④ Kāfkā, *Payām-i Nu*, 18.
⑤ Farzāna, '*Āshnā'ī*, 131.

卡笔下的黑暗面。 卡夫卡讽刺性地将自己的病患描述为自由的源泉，[1]疾病多少也给了赫达亚特一点自由，他以精神病患为借口辞去在政府的工作，并获得前往法国旅行许可的理由。

在《卡夫卡的讯息》问世的 14 年前，沃尔特·本雅明出版了《弗朗茨·卡夫卡：逝世十周年》，赫达亚特或许没有读过此书，但该书提供了一个富有启发性的比较点。 本雅明和赫达亚特都将传记元素与注释相结合，同时强调卡夫卡是"宇宙时代"（cosmic epochs）的思想家。[2] 两位作者都将卡夫卡与陀思妥耶夫斯基、克尔凯郭尔和帕斯卡等作家联系起来阅读。[3] 然而，在卡夫卡的犹太人身份方面，两人的态度有所不同。 赫达亚特写道："卡夫卡与帕斯卡、克尔凯郭尔和陀思妥耶夫斯基的关系比与犹太先知的关系更为密切。"[4]但本雅明更为强调卡夫卡对犹太教的忠诚，声称"没有一位作家像他那样认真履行了'不可为自己雕刻偶像'的诫命"。[5] 本雅明笔下的卡夫卡仍然对弥赛亚的到来充满希望，"一位拉比曾说过，救世主不想用暴力改变世界，只想对它稍加整顿"。[6] 但赫达亚特笔下的卡夫卡与他自己一样，"相信这个充满谎言和侮辱的世界将被摧毁，一个更美好的世界将在其残余之上建立起来"。[7]

关于卡夫卡的一个反复提及的问题是他与犹太复国主义的关系。 伊斯兰世界中没有人像赫达亚特那样将卡夫卡与犹太教分开，甚至夸大了卡夫卡与犹太教的距离。 赫达亚特在这件事上的立场，多半是为了回应马克

---

[1] Fränz Kāfkā, *Briefe 1902 - 1924*, *Hrsg. Von Max Brod*, Frankfurt am Main: Fischer Taschenbuch Verlag, 1958, p. 161.

[2] Walter Benjamin, *Illuminations: Essays and Reflections*, trans. Harry Zohn, ed. and with an introduction by Hannah Arendt, preface by Leon Wieseltire, New York: Schocken Books, 1969, p. 113; Kāfkā, *Payām-i*, 9, 10, 11, 57.

[3] Benjamin, *Illuminations*, 128; Kāfkā, *Payām-i*, 19.

[4] Kāfkā, *Payām-i Nu*, 19.

[5] Benjamin, *Illuminations*, 129.

[6] Benjamin, *Illuminations*, 134.

[7] Kāfkā, *Payām-i Nu*, 75.

斯·布罗德（Max Brod，1884－1968）①对卡夫卡的批评，后者强调卡夫卡与犹太教和犹太复国主义的关系。 在赫达亚特对穆斯塔法·法扎纳的回应中，他重申了这一立场："我发现了马克斯·布罗德的秘密动机：他只想把卡夫卡展示为犹太信徒和作家，因此隐藏了卡夫卡的许多作品。"②赫达亚特试图将卡夫卡与雅利安人和古代伊朗的摩尼教联系起来的动机，也影响了他本人的立场。 他在以下分析中将古印度和波斯思想融入了对卡夫卡的解释：

> （卡夫卡）也准备告别物质生活，转而追求精神生活。他在笔记中提到了古印度伊朗人的信仰，即除了天国世界（mīnavī）之外，还有一个世界；我们所谓的感性世界（gītī）不是天国世界的邪恶的一面，相反，我们所谓的邪恶是我们永恒正直的必要条件。③

《卡夫卡的讯息》作为伊斯兰世界对卡夫卡的第一部全方位的论述作品，具有特别重要的意义。 在赫达亚特创作该书之时，卡夫卡仍然是一位并不知名的作家，甚至在欧洲的某些地区也是如此。 赫达亚特将卡夫卡的默默无闻归因于其文本内外的不同因素，他指出了卡夫卡独特的语言和特定的文学风格，并认为这些作品具有一定程度的"不可译性"。④ 他还认为卡夫卡的作品是属于未来的，理解卡夫卡所必需的观点只有在世界大战期间和原子弹使用之后才会出现。⑤ 就其原创性贡献而言，《卡夫卡的讯

---

① 马克斯·布罗德，捷克犹太裔作家、作曲家、记者。 他是弗朗兹·卡夫卡的朋友，也是卡夫卡的传记作者。 卡夫卡生前指定布罗德为其文学遗嘱的执行人，叮嘱他烧毁未发表的作品。 但布罗德仍然出版了这些作品。 在纳粹占领布拉格以后，布罗德移民到当时的巴勒斯坦被托管区，并带走了一个装有卡夫卡未发表的笔记、日记和草图等物品的箱子。
② Farzāna, 'Āshnā', 204.
③ Kāfkā, *Payām-i Nu*, 48.
④ Kāfkā, *Payām-i Nu*, 55.
⑤ "至卡夫卡的书出版之际，那些深知世界危机本质的人就热烈地欢迎他的作品。 二战尚未爆发以前，人们心中尚隐约存在着对自由、人权和正义的希望。 法西斯也还未公然地用奴隶制代替自由，用原子弹代替人权，用不平等代替正义。 民众还没有被变成动物，活生生的人还没有被政客和掠夺者变成非人。 这也是为什么二战后的读者能切身从卡夫卡的作品中体会到一个灾难滋生的空洞世界的倒影。"参考 Kāfkā, *Payām-i Nu*, 14.

息》首次将卡夫卡解释为摩尼教徒，这是基于赫达亚特对卡夫卡作品中东方神秘主义和摩尼教二元论的批判性综合。 近年来，主张对卡夫卡的作品进行去犹太教化解读的德国学者沃尔特·索科尔（Walter Sokel）也着手研究卡夫卡作品中的灵知主义和二元论倾向。① 赫达亚特不仅在文学上钦佩卡夫卡，他在《卡夫卡的讯息》中还流露出了一种独特的对卡夫卡的共情。 赫达亚特将这种共情置于自己的文学主题之中，这样的做法在波斯语文学中是独一无二的。②

作为一部文学批评作品，《卡夫卡的讯息》不仅传达了赫达亚特自己的观点和欧洲思想家对卡夫卡的观点，也是对赫达亚特自传及其思想的一瞥。 这是赫达亚特生前发表的最后一部作品，也是他全部作品的关键性尾声，伊朗评论家将其称为赫达亚特的最后遗嘱。 甚至在某些情况下，赫达亚特批注在卡夫卡身上的一些想法毋宁说是更符合赫达亚特本人的观点。理查德·弗劳尔（Richard Flower）讨论过这个问题。 他指出赫达亚特在《卡夫卡的讯息》中表达了自己对死亡和毁灭的担忧，并将其归因于卡夫卡。 而在《卡夫卡的讯息》一书的最后，赫达亚特也以一段非常具有赫达亚特特色的末世论结尾，并将这种末世论归因于卡夫卡，"卡夫卡相信，这个充满谎言和侮辱的世界将被摧毁，一个更美好的世界将在其残余之上崛起"。③ 在此弗劳尔批评赫达亚特对卡夫卡的研究没有引用任何参考资料，但如果弗劳尔读过《海亚姆的旋律》，或许能找到这些想法的根源。④

---

① Walter Sokel, "Zwischen Gnosis und Jehovah. Zur Religious-Problematik Franz Kafkas," in Franz Kafka Symposium 1983, ed. *Wilhelm Emrich and Bernd Goldmans*, Mainz: v. Hase and Koehler, 1985, p. 47.

② 例如吉尔伯特·拉扎德（Gilbert Lazard, 1920 - 2018）就试图将《卡夫卡的讯息》翻译成法语。当卡夫卡问他为什么要翻译这本书的时候，他指出了该文本在修辞和风格上的与众不同。 参考 Farzāna, '*Āshnā'ī*, 209.

③ Richard L. G. Flower, *Ṣadeq-e Hedaya't: 1903 - 1951: eine literarische Analyse*, Berlin: Herrmann, 1977, 301.

④ Hidāyat, *Tarānahā-yi Khayyām*, 43.

从法国《变形记》在伊朗到伊朗《变形记》在法国

在《卡夫卡的讯息》正式出版的一年前，塔哈·侯赛因也出版了他的文论《弗朗茨·卡夫卡》。赫达亚特或许没有读过这本书，该书也未构成一项实质性的、持续的批评研究。① 侯赛因曾将卡夫卡的作品誉为"黑暗的文学"（al-'Adab al-Muẓlim），这是阿拉伯语文学中第一次出现卡夫卡的名字。这篇文论或多或少受到了当时巴黎的左翼学者围绕着卡夫卡而展开的争论的影响，通过卡夫卡的文本，巴黎的文人探讨了人类与上帝联系的断裂、历史灾难和正义的缺失而导致的跨传统的"怀疑主义"。② 像赫达亚特一样，塔哈·侯赛因也因其早期对伊斯兰正典的批评而成为埃及穆斯林知识分子圈的弃儿。这两位同样具有法国渊源的作家，都在文论中表达出了相似的语气和方法。他们将传记元素与注释相结合，同时强调了卡夫卡独特的散文风格、坦率的语言和自相矛盾的主张，但他们对于卡夫卡的怀疑主义的看法并不一样。塔哈·侯赛因将卡夫卡的怀疑主义诉诸犹太教的传统，赫达亚特则坚持将卡夫卡排除在犹太教的传统之外。二者都将阅读卡夫卡作为通往欧洲文化的桥梁，以及批判伊斯兰学术，表达对马艾里和海亚姆这两位怀疑论者的敬仰之情的基石。两位中东作家都意识到了在他们的宗教、家庭和病患的冲突中引发的张力，他们在卡夫卡及卡夫卡作品的主人公身上也看到了这些张力。③ 不过，塔哈·侯赛因后来结婚了，这使得他与自己的宗教生活圈达成了和解，赫达亚特却一直未婚，直到 1951 年猝然长逝。

就通过翻译和批评将卡夫卡引入当代波斯文学而言，赫达亚特的作品对于卡夫卡在伊朗的接受至关重要。与其他西方作家相比，赫达亚特强调

---

① Ṭāhā Ḥussein, "Frānz Kāfkā," *Al-Kātib al-Miṣrī5*, no. 18, 1947, 567 – 589.

② Ṭāhā Ḥusseīn, "Al-'Adab al-Mudlim," *Al-Kātib al-Miṣrī 3*, no. 12, September 1946, 567 – 589.

③ Ḥusseīn, "Frānz Kāfkā," *Al-Kātib al-Miṣrī5*, no. 18, 1947, 200.

自己与卡夫卡在审美和生平上的相似性，这极大地促进了伊朗文学对卡夫卡的接受。 也正是因为赫达亚特的共情，卡夫卡在当代伊朗的文学界得到了较其他西方作家更多的关注。 在1979年伊朗伊斯兰革命之前，《卡夫卡的讯息》是卡夫卡在伊朗唯一的，也是最有影响力的接受框架。

跟随着赫达亚特的脚步，现代主义小说家巴赫拉姆·萨迪奇（Bahrām Ṣādiqī, 1937－1985）曾深深为卡夫卡的作品所着迷。 萨迪奇的写作风格常常使人联想起卡夫卡的故事，尤其是1970年出版的《战壕与空水瓶》（*Sangar u Qumqumahā-yi Khālī*）和 1961 年出版的《天国》（*Malakūt*），以及一些短篇小说。① 在萨迪奇的故事里，经常像卡夫卡一样以一个奇特，乃至不正常的故事开头。 如在《天国》一书中，这个故事的开端是："在那天星期三的晚上十一点，精灵进入了马瓦达特先生。"这样的情节和场景设置无不使人联想到卡夫卡的小说。② 在1955年出版的短篇小说《谜》（*Kalāf-i Sar Dar Gum*）之中，故事的主人公无法在镜子面前辨认出自己的脸，而在1958年发表的小说《恕我直言》（*Bā Kamāl-i Td assuf*）的结尾，叙述者在报纸上读到了他的讣告，并参加了自己的葬礼。 萨迪奇笔下的角色所经历的那种卡夫卡式的困惑，总是会使人联想起约瑟夫·K 在《城堡》和《审判》中的宫廷回廊里所经历的困惑。 与之相关的是，大多数萨迪奇的小说总会像卡夫卡一样，给出一个戛然而止或悬而未决的结局。③

在1967年"六日战争"和1979年伊斯兰革命的语境下，一种强调卡夫卡的复国主义属性的趋势又在伊斯兰世界兴起，但在另一方面，革命的到来又为伊朗作家提供了一种不真实的氛围感，或者更确切地说，一种颠覆现实的感受。 这反而促进了人们对卡夫卡精神的理解，并将卡夫卡式的背景与对伊朗社会的批评联系起来。 旅法伊朗裔漫画家玛纳·内斯塔尼

---

① Maḥmūd Katīrā 'ī, "Ṣādiq Hidāyat Bunyānguzār-i Khayyāmshināsī, " *Negin 70*（1349），27－30.

②《天国》的英文译本，参考 Bahram Sadeqi, *Malakut and Other Stories*, translated by Kaveh Basmenji, Bethesda, MD: Ibex Publishers, 2012.

③ Ṣādiqī, *Malakūt*, 5.

（Mānā Nayistānī）以卡夫卡的 K 先生为原型创作了漫画人物 K 先生。　K
先生的形象出现在现代伊朗史上的一个较为敏感的时期，也就是 2009 年因
选举风波而导致的"绿色运动"，以玛纳·内斯塔尼本人的经历为原型的
漫画《伊朗变形记》(*An Iranian Metamorphosis*) 用密集的交叉影线风格
传达出了一种紧张的氛围。　在 2013 年发表的漫画《K 先生的故事》中，
纳伊斯塔尼还描绘了 K 先生遭受身份问题的困扰，反映了绿色运动后流亡
伊朗作家面临的现实困境。

　　赫达亚特的一生活在传统与现代的碰撞之间，他渴望打破传统，却往
往被社会、家庭和宗教所代表的传统所累。　在写作《卡夫卡的讯息》之
时，赫达亚特因其超前于社会的思想和贵族出身的家境而蒙受着莫大的压
力。　彼时他的家庭和好友都卷入了 20 世纪四五十年代伊朗社会的政教关
系空前紧张的氛围里。　他的好友艾哈迈德·卡斯拉维（Ahmad Kasravi,
1890 – 1946）①于 1946 年在德黑兰司法部被激进分子刺杀，他的姐夫哈
吉·阿里马拉（Ḥāj 'Alī Razmārā, 1901 – 1951），巴列维政府的军事长
官，亦被什叶派年轻学者纳瓦布·萨法维（Muṣtafā Navvāb-i Ṣafavī, 1926 –
1956）率领的武装组织"伊斯兰费达伊"②刺杀。　据穆斯塔法·法扎纳的
回忆，在他与赫达亚特生前最后的一次谈话中，他曾问及赫达亚特是否在
效法卡夫卡烧毁自己的书稿。　赫达亚特是这样答复的："我如何能和卡夫
卡相比？　他有面包，他有未婚妻，如果他愿意，他还可以出版自己的
书……我没有面包，没有未婚妻，甚至没有读者。"③赫达亚特的文本的遭

---

① 伊朗著名语言学家、历史学家、神学家。　曾任德黑兰大学教授和德黑兰市的法官。　出生于大
　不里士省的一个阿塞拜疆人家庭，年轻时参加过立宪运动。　卡斯拉维是一位改革主义者，他在
　担任德黑兰市法官的时候，发表了数篇批评什叶派、苏非主义和巴布教的文章。
② 出身德黑兰南部的一个宗教家庭，原名穆吉塔巴·米尔-劳希。　曾在位于伊拉克的什叶派圣城
　纳杰夫就读，后在伊朗胡齐斯坦省阿巴丹市的石油工厂工作过一段时间。　再后来改名为纳瓦
　布·萨法维，意思是萨法维王朝的代表。　1945 年创立"伊斯兰费达伊"组织，该组织以效仿埃
　及的穆斯林兄弟会为名，多次策划对巴列维政要的暗杀活动。　萨瓦维与当时库姆经学院的权威
　卡沙尼关系密切，并支持民族主义者摩萨台领导的石油国有化运动。　1951 年摩萨台担任总理
　后将其抓捕。
③ Farzāna, 'Āshnā'ī, 386.

遇及其他本人的自杀，展现了比卡夫卡的文学事业更加深刻的黑暗。 但庆幸的是，在赫达亚特离世以后，他的两部作品的最终出版向我们彰显了一丝希望，这两部作品分别是写于 1946 年、出版于 1979 年的小说《珍珠炮》和写于 1930 年、出版于 1982 年的小说《伊斯兰大篷车》。 赫达亚特在《珍珠炮》里猛烈抨击了西方以武器贩卖的形式，对伊朗施加技术和商业殖民。 而在《伊斯兰大篷车》中，他又以讽刺的形式虚构了一群迂腐的毛拉来到欧洲的故事。 对赫达亚特来说，西方化、伊斯兰化都是阻碍伊朗走向世俗现代化的障碍。 身为一名作家和文学批评家，赫达亚特洞察了海亚姆在对诗歌的形式和意识形态的变奏，并从中追溯出了一种批判性的人文主义传统。 而通过解读卡夫卡在文学上的创新，赫达亚特也运用了他自己的卡夫卡式文学创新，这些创新之举仍然能在今天的波斯语文学中产生共鸣。

附录 《卡夫卡的讯息》英文版开篇（摘选）

少有作家能开创新的风格，思想方式和主题。能给存在赋予新意义的人就更少了。卡夫卡是这一稀有群体中最富有远见的一个。读者只要一进入卡夫卡的宇宙中，就会立即被它所吸引。穿越卡夫卡世界的大门，读者会感到这个宇宙对他或她的生活的影响，并感到这个世界不再只是曾看起来像的一个死胡同。卡夫卡向我们讲述了一个似乎黑暗而复杂的世界，它无法用一贯的标准来衡量。卡夫卡世界的主题又是什么？是无限性吗？是独一的神吗？是精灵和仙女吗？都不是。卡夫卡处理的是我们所面临的简单而日常的琐事。他描绘的是与我们一样有着焦虑和烦恼的普通人和官僚。这些人物讲着我们的语言，一切都按部就班。

当我们阅读卡夫卡的时候，我们立马会被恐惧降服！所有曾看似严肃、有逻辑和常规的事物都突然间丧失了它的意义。钟表开始以另一种方式嘀嗒作响，距离不再与我们的测量相符，空气开始变得稀薄，我们无法呼吸。这是因为逻辑的丧失吗？恰恰相反。任何事物在卡夫卡笔下都是有迹可循的，它们只是颠倒了，被一种肆无忌惮的，不可避免的逻辑所控制。我们以为那些平凡的人们就如我们所想的那样，总是一丝不苟地对待他们的工作，现在他们却在怂恿和滋生一种"庸常"（pūch）。他们是可怜的机器人。他们的工作看似越严肃越重要，就越显得愚蠢。日常的生活、职责和任务，所有的我们以前认为正常的事情，在卡夫卡的笔下都显得荒谬、无效，甚至是可怕。

人类是孤独的，被遗弃，无依无靠的。他生活在一片远离故土的无人之地上，他无法与任何人产生联系，或体验亲密。对此他完全知情，这从他的表情就可以看出来。他想隐瞒一些事情，以强迫自己成为别人，哪怕被人发现。他承认他自己是多余的，他在思想、行为和行动上都不自由，并经历着羞辱。他想要表明自己的清白，所以他找理由，从一个理由滑向另一个理由，但他被他自己的借口所禁锢，无法将脚指头伸出他为自己所画的牢。

我们在这个为我们设下无数陷阱的世界中是没有名字的，这让我们面对着深深的虚无。这就是滋生恐惧和忧愁的原因。在这片异国他乡，我们看见城市，遭遇人群，有时候我们还会瞥见一个女人。但我们必须谦卑地穿过那条我们已深陷其中的走廊。这道走廊随处可见，我们还可能随时被拦住逮捕。我们以一项不明不白的罪名遭受判决，我们不知道到底触犯了哪条法规（qānūn），也没有法律顾问，我们只能靠自己了。当我们向某人寻求庇护的时候，这位潜在的主人用看似友好的语气向我们致以问候："哦，真的是你吗？"但他们这就又走开了。仿佛我们犯了一些我们没有意识到，或只是部分意识到的错误。这就是我们存在的罪，我们的原罪（gunāh-i vujūd）。打我们出生起，我们就接受着这样的审判，它让我们的终生变成一连串的噩梦，旋转着嘎嘎作响的正义之轮。到最后，我们被判处以最严重的惩罚。在正午时分，那些以法律的名义逮捕我们的人将刺穿我们的心脏，我们将像狗一样死去。刽子手和他的受害者都沉默不语。这象征着我们当今的时代，人性就像法律一样铁石心肠。场面虽然恐怖,我们的心却不为所动,毫无血色地跳动着。我们脖子后面的刀伤几乎看不见。沉默为一个现代人提供了唯一的出口,他被压抑着,永远无法自由呼吸。

在最近的战争开始之时(第一次世界大战),卡夫卡创作了《在流放地》这样一部令人不寒而栗的作品,这意味着它的出版动机比单纯的文学冲动更加严肃。其中有着更深层次的激情。卡夫卡用这本书同时引诱和恐吓着我们,一片迫在眉睫的混乱已经渗透进人类的思想之中,他在如此的威胁中创作了这部作品。卡夫卡的突然出现,就像一首带着邪气的宇宙论之诗。不祥的预兆在这部作品中出现了,带着悲观的目光,证实了最糟糕的可能。他那敏锐的,洞察的,坚定不移的艺术眼光用鲜明的措辞解释了邪恶最深层的原因,却没有展示应该如何克服它。这部作品细致入微地描述了现代人在我们这个充满诱惑的世界中的处境,卡夫卡内心的语言则赋予了它可见的形式。

卡夫卡在欧洲尚不为人所知。战前对他文本的翻译更是被人所忽视。尽管如此,在历经了四年的冷落之后,他的作品却像一道秘密的地下溪流一般涌起,突然间声名鹊起。谁是卡夫卡?他来自哪里?制造这一回声的源泉又是什么?与我们的流亡世界和谐共鸣,和我们的现代生活齐声高唱?

（海达尔·赫兹里,美国中佛罗里达大学现代语言文学系助理教授;
黄婧怡,中国人民大学哲学院博士研究生）

博望天下
论　　坛

米斯克基金会：沙特 2030 愿景不可替代的重要机构[*]

刘庆龙

摘要：2011 年，"阿拉伯之春"爆发，给沙特带来巨大冲击，为应对这一严峻的挑战，现任沙特王储穆罕默德·本·萨勒曼于同年成立了米斯克基金会。该基金会以沙特青年为重点，提出关注青年、赋权青年的思想。2016 年，他以经济与发展委员会主席的身份领导沙特对外发布"2030 愿景"，在国内开启全面深入的经济、社会改革。在这场现代化改革中，米斯克基金会是一个不可替代的重要机构，它不仅是"2030 愿景"改革理念的重要源泉之一；而且在改革进程中它成立了多家子公司，搭建自己的生态系统，推动项目运行和产业进步，为青年群体创造就业岗位和发展机会。此外，该基金会持续开展各类活动，深度介入沙特青年成长的各个阶段，搭建社会动员的平台网络，发挥着至关重要的作用。

关键词：沙特阿拉伯　米斯克基金会　2030 愿景　现代化改革 青年群体

---

* 本文获得北京宸星教育基金会支持。

2016 年 4 月，沙特政府对外公布了 "2030 愿景" （رؤية السعودية ٢٠٣٠,Vision 2030），在国内掀起全面深入的经济社会改革。 从愿景的草拟制定到发布实施，部分关键机构在其中发挥着重要作用，引起了广泛关注，学者们以此为切入点，分析和解释沙特正在进行的现代化改革。 有研究关注 2030 愿景的主导机构，强调经济与发展委员会 （مجلس الشؤون الاقتصادية والتنمية,Council of Economic and Development Affairs）自上而下的宏观领导和顶层设计；①有学者聚焦经济金融领域，强调沙特央行 （البنك المركزي السعودي,Saudi Central Bank ）和公共投资基金 （صندوق الاستثمارات العامة, Public Investment Fund，PIF)的重要作用和巨大变化；②也有学者继续关注沙特石油能源领域的影响和变化，强调阿美公司在改革中扮演着关键角色。③

现有研究缺少对另一个重要机构——米斯克基金会 （مسك，Misk Foundation）的关注和分析。 目前，对该机构的报道大多集中在它与国际机构的合作，如 2015 年 10 月，米斯克基金会成为巴黎第 9 届联合国教科文组织青年论坛的主要合作伙伴之一，双方于 2016 年 9 月签署了合作框架协议，表示将在青年、教育、新兴技术、文化和科学等方面开展合作；2017 年 5 月，该基金会在利雅得承办了第 7 届非政府国际组织论坛；同年，该基金会成为麻省理工学院媒体实验室联盟的 "成员公司" 等。 沙特媒体虽然注意到该机构对国内青年群体的培养和帮助，但仅停留在新闻报

---

① 刘庆龙：《沙特 2030 愿景：实施六年来的综合评估》，载北大区域国别研究编委会编：《北大区域国别研究》（第 6 辑），南京：江苏人民出版社，2022 年。
② 即沙特货币局，2020 年 11 月 24 日，沙特政府通过王室法令发布《沙特中央银行法》（Saudi Central Bank Law），沙特货币局更名为沙特中央银行（Saudi Central Bank），但英文缩写保留 "SAMA"。 提及该机构，本文在该项法令颁布前称其为沙特货币局，颁布后称其为沙特央行。 Ahmed Banafe and Rory Macleod, *The Saudi Arabia Monetary Agency*（*1952 - 2016*）: *Central Bank of Oil*, Switzerland: Palgrave Macmillan, 2017; Mohamed A. Ramady, *Financial Regulation and Liberation*: *Saudi Arabia's Path Towards True Global Partnership*, London: Springer, 2021.
③ Mohamed A. Ramady, *Saudi Aramco 2030*: *Post IPO challenges*, London: Springer, 2018; Jean-Francois Seznec and Samer Mosis, *the Financial Markets of the Arab Gulf*: *Power, Politics and Money*, New York: Routledge, 2019.

道层面，少有展开深入的讨论。① 本文认为米斯克基金会对沙特 2030 愿景现代化改革产生了巨大影响，在改革理念、项目运行和社会动员三个方面发挥着不可替代的作用。

一、改革理念的源泉

沙特阿拉伯的王室成员们有创立基金会的传统。 1972 年，以开国国王阿卜杜勒 - 阿齐兹命名的阿卜杜勒 - 阿齐兹国王研究和档案基金会 ［دارة الملك عبد العزيز, King Abdulaziz Foundation for Research and Archives (Darah)］成立，随后历任沙特国王的子女们都成立了纪念先人、传承精神的基金会。 这些基金会各有特色和专注的领域，但教育和发展是共同关注的主题。

2011 年，如今的王储、时任利雅得省埃米尔顾问穆罕默德·本·萨勒曼创建了穆罕默德·本·萨勒曼基金会（مؤسسة محمد بن سلمان, Mohammed bin Salman Foundation），②以"米斯克基金会"而闻名。 与此前基金会追忆逝世国王、延续精神思想的纪念性质不同，米斯克基金会成立于"阿拉伯之春"席卷中东地区，对沙特造成巨大冲击的时代背景下，具有应对危机、解决问题的现实意义。

2011 年 1 月下旬，突尼斯"茉莉花革命"爆发不久，沙特就受到影响。 2011 年 1 月 21 日，沙特官方报道西南省份吉赞地区小城萨米塔一名男子上街自焚，后医治无效身亡，这一举动被认为是效仿突尼斯商贩穆罕默德·布阿齐兹。③ 该自焚事件没有在第一时间引起巨大反响，但埃及"一·二五革命"爆发后，沙特的吉达、塔伊夫、阿瓦米亚、利雅得和胡

---

① "Misk, Human Resources Development Fund to support training of Saudi youth"，Arab News, November 18, 2023, https：//www. arabnews. com/node/2411176/saudi-arabia.
② 王储的父亲萨勒曼国王时任利雅得省埃米尔。
③ "Man dies after setting himself on fire in Saudi Arabia，" BBC News, January 23, 2011, https：//www. bbc. com/news/world-middle-east-12260465.

富夫等地出现多起挑战政府的抗议活动。 2011年2月10日，沙特一批知识分子和宗教人士宣布成立伊斯兰乌玛党（مؤسسة محمد بن سلمان，Islamic Umma Party）。 该组织无视沙特禁止一切政党活动的法律规定，要求得到政府承认，提出要结束绝对君主制，在全国进行广泛的选举和改革。①

曼弗雷德·温纳将沙特描述为建立在氏族部落基础上的"沙漠父权国家"，②"阿拉伯之春"中对传统父权表达强烈不满的是青年群体。 与其他年龄段人群相比，沙特青年更喜欢离开家乡，到大城市学习、工作和定居，更习惯使用网络等新媒体冲破传统的束缚。"阿拉伯之春"爆发后，沙特青年很快开始利用社交媒体进行动员。 2011年2月，一批年轻的沙特记者在网上发布呼吁改革的请愿书，后来被称为"2·23青年请愿书"（February 23 Youth Petition）。 沙特青年导演马哈茂德·萨格巴表示，该请愿书主要呼吁沙特政府进行国家和宪法改革、举办全国对话、举行有女性参与的选举。 在"2·23青年请愿书"运动的带动下，沙特国内出现以学者、商人为主体的"国家改革宣言"（National Declaration for Reform）请愿书。③ 紧接着又出现第三份名为"走向权利和制度的国家"（Toward a State of Rights and Institutions）的请愿书。 其中，第三份请愿书极具影响力，不仅有众多沙特民众参与签字，而且包括萨勒曼·本·法赫德·本·阿卜杜拉·奥德在内的一批沙特宗教界知名人士也参与其中。④

① Guido Steinberg, *Leading the Counter-Revolution*: *Saudi Arabia and the Arab Spring*, Stiftung Wissenschaft und Politik German Institute for International and Security Affairs, p. 8.
② M. Wenner, "Saudi Arabia: Survival of Traditional Elites, " in F. Tachau (ed.), *Political Elites and Political Development*, Cambridge, 1975, pp. 166 - 181.
③ Ahmed Al Omran, "Saudi Arabia: A new mobilization, " *What Does The Gulf Think About the Arab Awakening*? European Council on Foreign Relations, 2013, pp. 6 - 7.
④ 该项请愿书主要有八项内容：第一，建立民选协商委员会，由其掌握立法权，并负责监督政府；第二，大臣会议主席与国王权力的分离；第三，进行司法系统改革；第四，打击金融和行政腐败；第五，通过针对无家可归和失业的紧急解决方案；第六，鼓励成立非政府组织；第七，给予更广泛的言论自由权利；第八，释放政治犯。 Talal Al-Matter, "Saudi Arabia and the Arab Spring: Five Years of Influence and Action, " *Third Asia Pacific Conference on Advanced Research*, Asia Pacific Institute of Advanced Research, July 2016. 萨勒曼·奥德是沙特著名的伊斯兰学者，他是国际穆斯林学者联盟（International Union for Muslim Scholars）的成员和董事会成员，"今日伊斯兰"（Islam Today）网站阿拉伯文版的主任，并长期活跃在电视节目和报刊新闻中。

因此，米斯克基金会与之前基金会最大的不同在于，它关注的出发点不是某一领域，而是一个群体——沙特青年，穆罕默德·本·萨勒曼在成立基金会时，就明确表示青年是沙特发展的引擎，强调决定沙特未来的关键支柱是沙特青年。① 这展现了他对国家未来的发展构想，成为 2030 愿景改革理念的源泉之一。

"阿拉伯之春"事件中沙特青年对政府最大的不满在于缺少就业岗位和发展机会。 2010 年，沙特全国近一半的人口在 25 岁以下，15 岁至 24 岁的青年群体人数达到 507.57 万，占比为 18.51%。 但在 2009 年，15 岁至 24 岁青年群体的就业人数仅有 49.32 万，其中绝大部分是男性青年，为 42.79 万，女性青年仅有 6.53 万。 青年群体的失业率为 29.95%，是全国 15 岁以上整体失业率的 5.5 倍，是 25 岁以上群体失业率的 10 倍。 其中，青年男性群体失业率为 23.51%，青年女性群体失业率高达 54.84%。② 米斯克基金会成立后，重点在于青年关心的就业问题，并提出赋权青年主要有两大重要途径，教育与创业、文化与艺术。③

2015 年 1 月，萨勒曼就任沙特国王，随后立即对大臣会议进行改组，穆罕默德·本·萨勒曼被任命为经济与发展事务委员会主席，全面负责国内经济、社会改革，他在米斯克基金会的亲密伙伴进入政府担任要职。2017 年 6 月，他成为王储，一个月后，米斯克基金会的首席执行官巴德尔·本·穆罕默德·阿萨克尔被任命为王储私人办公室负责人。 阿萨克尔是王储团队核心成员之一，专门负责王储的媒体宣传和运营，曾被《阿拉伯商业》评为 2020 年全球最有权势的沙特人之一。④ 同时，他是最早一批帮助穆罕默德·本·萨勒曼创立米斯克基金会的元老，⑤高度理解和认

① "Chairman's Message," MisK Foundation, https：//misk. org. sa/en/about-misk/.
② 数据来源："Demography," Arab Development Portal, https：//data. arabdevelopmentportal. com/topics/Demography-1/International/Annual/. 其中，缺少沙特 2010 年失业率情况。
③ "About MisK," MisK Foundation, https：//misk. org. sa/en/about-misk/.
④ "2020 World's Most Powerful Saudis：Badr Al Asaker", Arab Business, https：//www. arabianbusiness. com/lists/450671-2020-worlds-most-powerful-saudis-badr-al-asaker.
⑤ "FaceOf：Bader Al-Asaker, secretary-general of Misk Foundation", Arab News, https：//www. arabnews. com/node/1310756/saudi-arabia.

同关注青年、赋权青年的改革理念，帮助王储将此上升至沙特国家发展战略的高度，体现在 2030 愿景现代化改革之中。

在 2030 愿景文件中，沙特政府强调同时在国家、经济和社会三大领域开展改革。 其中，经济领域的改革提出四个关键词，首个关键词便是就业，这切中青年群体关注的重点。 沙特政府提出通过增强职业培训、促进中小企业发展、提供公平工作机会等方式增加就业机会，强调无论沙特男性还是女性都应充分参与经济活动，共同享受经济发展成果。① 此外，还对经济改革提出两大目标，即实现经济增长和多元化，以及增加就业，这丰富了经济多元化的内涵，包括产业多元化和就业多元化两个方面。

2021 年 9 月，沙特政府在 2030 愿景改革下启动人力资源发展计划，由王储亲自领导，负责团队包括 11 位重要成员。② 该计划旨在通过培育正确价值观、发展基本技能、提高知识水平，提升沙特公民在全球竞争中所需的能力。③ 人力资源发展计划提出 16 项主要目标，主要围绕沙特青年的成长和发展需求，涵盖教育和就业两大部分。 教育领域分为三个方面，第一，培养国民价值观、增强国民归属感，价值观细分为三个维度，包括温和、宽容的价值观，专注、纪律的价值观，以及坚决、坚毅的价值观；第二，提升家庭为孩子未来所做的准备，在儿童中培育积极态度、坚韧和勤奋的文化；第三，推动终身学习，坚持阿拉伯语的使用，提升教育公平，改善基本学习成果，提升教育机构排名。 就业领域首先提出扩大职业培训范围，满足劳动市场需求；其次，以沙特青年为主体，开展职业教育，协助其做好准备进入劳动力市场；最后，大力发展和培育创新、创业的文化氛围。 在该计划的推动下，沙特幼儿园入学率从 2015 年的 13％提

---

① *Saudi Vision 2030 Document*, Vision 2030, Riyadh, p. 7.

② "Human Capability Development Program," Vision 2030, Riyadh, https：//www. vision2030. gov. sa/v2030/vrps/hcdp/.

③ "Crown Prince launches Human Capability Development Program to boost citizens' capabilities," *Saudi Gazette*, September 15, 2021, https：//saudigazette. com. sa/article/610945.

升至 2020 年的 23％，2023 年底，沙特有 16 所大学被选入 QS 前 1000 榜单，①其中，阿卜杜勒-阿齐兹国王大学和法赫德国王石油和矿物大学分列第 106 位和第 160 位。②

2021 年，沙特政府发布《人力资源发展计划　媒体文件 2021—2025》，对该计划进行更新和完善，明确该计划的三大支柱，即建立有弹性且强大的教育基础、为国内和全球的未来劳动力市场做准备、提供终身学习机会。　新版文件表示将重视发展基本技能和未来技能，培养价值观和提升知识；同时，强调鼓励私营部门和非政府组织参与其中，共同建设人类能力发展生态系统。　该项目框架将用以提升沙特人的学习能力，提供供需预测、交换数据等内容。③《人力资源发展计划》将沙特青年群体视为最大的目标群体，希望帮助他们在国内和全球劳动力市场上具备更强的竞争力，获得更满意的工作和更高层次的职位。　该计划提出到 2025 年，沙特幼儿园入学率要达到 40％，有 6 所沙特大学要进入全球前 200 榜单，将沙特在世界银行人力资源指数的排名提升至前 45 位，40％的高技能职位要实现沙特本土化。④

从米斯克基金会到 2030 愿景，重视青年、赋权青年已成为沙特政府的改革理念。　费萨尔国王研究中心的资深研究员马克·C.汤普森将年轻人关注的就业机会、住房条件、医疗保健和生活成本等经济社会发展问题统称为"低政治"（Low Politics）议题，认为这些议题是分析和理解沙特政治决策及行政管理的关键。⑤

① "لعام QS ارتفاع عدد الجامعات السعودية إلى 14 جامعة في تصنيف الرياض, الرياض," 2022, https：//www. alriyadh. com/1945587.
② "QS 世界大学排名 2023"，QS Top University, https：//www. qschina. cn/university-rankings/world-university-rankings/2023.
③ "Human Capability Development Program – Media Document 2021 – 2025," Vision 2030, Riyadh, pp. 11 – 12.
④ "Human Capability Development Program," Vision 2030, Riyahd, https：//www. vision2030. gov. sa/en/vision-2030/vrp/human-capacity-development-program/.
⑤ Mark C. Thompson and Neil Quilliam ed., *Governance and Domestic Policymaking in Saudi Arabia：Transforming Society, Economics, Politics and Culture*, London：I. B. Tauris, 2022, pp. 3 – 4.

二、项目运行的机构

2030 愿景颁布后，沙特政府持续关注"低政治"议题，采取一系列改革措施予以应对。 同期，米斯克基金会开始搭建自己的生态系统，创建了漫格制作公司（مانجا للإنتاج, Manga Products）、米斯克艺术学院（معهد مسك للفنون, Misk Art Institute）和穆罕默德·本·萨勒曼非营利城（مدينة محمد بن سلمان غير الربحية, Mohammed bin Salman Nonprofit City）等子公司，助推现代化改革，运行改革项目，为沙特青年提供多种就业渠道。

沙特青年们在日常生活中喜欢观看日本动漫、外国电影，进行各种单机和联网游戏，动漫、影视和游戏产业在沙特有着广阔的前景。 对此，米斯克基金会成立了漫格制作公司，专注于制作和开发漫画、动画及游戏。该公司提出五大发展目标，其中，强调支持沙特和阿拉伯世界漫画、动画、游戏领域青年才俊的成长，并大力扶持和培育这些领域的初创公司。[1]

漫格制作公司的发展与 2030 愿景现代化改革紧密联系在一起。 时隔 35 年，沙特政府于 2017 年 12 月宣布在境内重新开放电影院。 2019 年，沙特本土影院连锁品牌 Muvi 影城成立，在吉达的阿拉伯购物中心开设了第一家电影院。 这成为 2030 愿景社会改革中的一项重要举措，引人瞩目。 沙特本土影城成立不久便遭遇 2020 年新冠疫情，在全球电影行业收缩之时，Muvi 影城逆势发展，至 2020 年底开设了 10 家影院，拥有 103 块银幕。[2] 至 2023 年底，该影城已在沙特的利雅得、吉达、达曼、塔伊夫、布赖代、海米斯·穆谢特、宰赫兰、胡富夫、朱拜勒、欧奈扎等 10 座城市

---

[1] "Objectives, " Manga, Riyadh, https: //manga. com. sa/about-us/.

[2] "Word of mouth is driving cinemagoing in Saudi, says Muvi Cinemas executive, " Screen Daily, https: //www. screendaily. com/features/word-of-mouth-is-driving-cinemagoing-in-saudi-says-muvi-cinemas-executive/5165901. article.

开设影院。 其选址大多设在繁华商圈的大型商城之中，以吉达为例，五家影院分布于生活工作坊、阿齐兹购物中心、亚辛购物中心、海法购物中心和阿拉伯购物中心等吉达市最繁华的商圈。 2023 年 10 月，笔者在沙特希贾兹调研之际，走进红海海滨城市吉达的一家 Muvi 影院，亲身体验，发现沙特影院中上映的影片主要是好莱坞、宝莱坞和埃及电影。 其中，好莱坞电影颇受追捧，汤姆·克鲁斯主演的《壮志凌云：独行侠》创下纪录，观影人数超过 100 万。① 在对沙特观众进行访谈时，他们普遍表示期待能够在电影院里看到越来越多的沙特电影。② 在此背景下，漫格制作公司与日本公司展开深入合作，推动沙特动画片和动画电影的制作与生产。

2020 年 1 月，漫格制作公司与日本最大、历史最悠久之一的动画制作公司东映动画合作完成《未来民间故事》第一季的制作，该作品的 13 集动画片正式播出。③ 第一季背景设置在 2050 年的利雅得，由一位名叫阿斯玛的女人向她三个外孙、外孙女讲述阿拉伯半岛世代相传的民间故事、传承阿拉伯传统习俗、颂扬传统价值观，由此，向沙特儿童讲述历史和未来科技。④ 该作品播出后获得了不错的反馈，在全球 19 个国家和地区的平台进行播放，流媒体播放量超过 1 亿次。 2020 年 12 月，米斯克基金会对外宣布与沙特未来城（نيوم，NEOM）达成协议，该系列的第二季将配合2030 愿景改革，主要故事情节背景从利雅得移至未来城。⑤

2021 年 3 月，漫格制作公司又与东映动画合作创作动画电影《旅程》。 该影片故事来源于阿拉伯民间传说，主人公阿瓦斯是一位看似普通

---

① "MUVI CINEMA: The Magic of Cinema," *Business Focus*, https: //businessfocusmagazine. com/ 2023/01/05/muvi-cinema-the-magic-of-cinema/.

② 刘庆龙：《希贾兹故事 1：吉达的电影院》，澎湃新闻，https: //www. thepaper. cn/newsDetail_ forward_25386986.

③ 豆瓣网站将其翻译为《阿萨里尔未来的民间故事》（アサテイール 未来の昔ばなし）。

④ "Manga Productions Announces Premiere Date of 'Future's Folktales' First Anime Family Show of its Kind showcasing Saudi History and Customs for all family members," Manga, Riyadh, https: //manga. com. sa/news/1/.

⑤ "Manga Productions partners up with NEOM for Saudi animation series: Future's Folktales," Manga, Riyadh, https: //manga. com. sa/news/manga-productions-partners-up-with-neom-for-saudi-animation-series-futures-folktales/.

实际上有着不为人知过往的陶艺家，为保卫自己的城市，他参与了一场史诗般的战斗。 该影片创造了沙特历史上多个第一，它是第一个沙特与日本合拍的动漫电影、第一部采取 4DX 技术的沙特电影、第一部进行商业电影推广的沙特动漫电影，①同时，成为第一部在影院播放而免除沙特视听媒体总会（الهيئة العامة للإعلام المرئي والمسموع，The General Commission for Audiovisual Media，GCAM）费用的沙特电影。②

正如《旅程》这部影片名字的寓意，漫格制作公司和沙特动漫电影凭此走向广阔的世界舞台，开启新的旅程。 该电影最早在德国柏林电影节期间发布预告片；2022 年 6 月，参加在荷兰阿姆斯特丹举行的"塞普蒂米乌斯"电影节，创造历史，成为第一部在国际电影节上获得最佳实验电影奖的沙特电影；③同年 9 月，先后在印尼雅加达的 CGV FX 苏迪曼影院和马来西亚吉隆坡的伊斯兰艺术博物馆进行公映，获得了广泛好评。④

依靠《未来民间故事》和《旅程》，沙特开始拓展新的商业活动。2020 年 9 月，漫格制作公司和国际著名娱乐零售连锁店维珍签订协议，由

---

① 4DX 是一种先进的电影技术，在 3D 电影视角特效外，通过技术手段使受众感受到下雨、刮风、雷电等环境，并增加气味、喷雾、泡泡等手段支持，全方位调动了观众的视觉、听觉、嗅觉、味觉、触觉。

② "'The Journey' Saudi Anime Movie Showing This Week in Nine Arab Countries," Manga, Riyadh, https：//manga. com. sa/news/the-journey-saudi-anime-movie-showing-this-week-in-nine-arab-countries/.
视听媒体总会于 2012 年 6 月成立，负责沙特国内视听媒体传输和内容的开发和监管，并促进相关内容的推广。 2016 年 8 月，视听媒体总会在沙特发行的游戏引入了年龄分级系统，分为 3、7、12、16 和 18 五个等级。 2017 年 12 月，沙特宣布电影院重新开放后，视听媒体总会为在沙特发行的电影设置了分级系统，分为 G、PG、PG12、R12、PG15、R15、R18 七个等级。 G 影片无年龄限制、PG 影片建议 12 岁以下青少年由家长陪同观看，PG12 影片要求 12 岁以下青少年由家长陪同观看，R12 影片禁止 12 岁以下青少年观看，PG15 影片要求 15 岁以下青少年由家长陪同观看，R15 影片禁止 15 岁以下青少年观看，R18 影片禁止 18 岁以下青少年观看，"اللائحة التنفيذية لنظام الإعلام المرئي والمسموع, هيئة العامة للاعلام المرئي و المسموعي, ١٤٤٠ه".

③ "Saudi film The Journey wins the Best Experimental Film award at the Dutch 'Septimius' Film Festival," Manga, Riyadh, https：//manga. com. sa/news/saudi-film-the-journey-wins-the-best-experimental-film-award-at-the-dutch-septimius-film-festival/.

④ "Manga Productions' Anime Film 'The Journey' Premieres in Malaysia and Indonesia," Manga, Riyadh, https：//manga. com. sa/news/manga-productions-anime-film-the-journey-premieres-in-malaysia-and-indonesia/.

其制作周边商品并在沙特境内的维珍分店进行发售，这是沙特第一笔大规模的知识产权商品交易，开创了沙特新兴创意产业商业交易的先河。①2022 年 9 月，米斯克基金会向游戏产业进军，与沙特新兴的游戏公司 Nine66 签署合作协议，同意由其以《未来民间故事》IP 为基础开发手机端游戏 Future's Folktales Hopper Quest，该游戏于 2023 年 2 月在谷歌商城正式上线。

米斯克基金会以漫格制作公司为平台，一方面，与国际知名公司合作，开拓沙特青年喜爱的动漫、游戏产业，创造更多就业机会；另一方面，培养一批沙特青年成为动漫、游戏领域的新锐人才，使其凭借自身的聪明才智创造沙特自己的内容和 IP，推动沙特动漫、游戏和影视产业不断发展。

此外，穆罕默德·本·萨勒曼强调艺术产业的培育和发展，沙特政府在 2030 愿景中表示支持和鼓励艺术家的创作和发展，扩大沙特艺术在全球范围的影响力。② 为此，米斯克基金会成立了米斯克艺术学院。

米斯克艺术学院提供的艺术支持直接体现在资金投入方面。自 2020 年起，该学院发起一年一度的"米斯克艺术拨款"（منحة مسك للفنون，Misk Art Grant）。艺术拨款旨在支持沙特和中东地区的艺术创作者们根据学院提出的年度主题进行创作，在给予资金支持的同时，提供有关策展人和专家的计划指导、技术支持等内容。在首次进行艺术拨款取得良好效果后，该学院于 2021 年扩大拨款范围，不仅支持沙特艺术家，而且开始接受中东地区艺术创作者的申请，拨款金额增加一倍，达到 100 万沙特里亚尔（约 26.7 万美元），鼓励包括沙特在内整个地区的艺术工作者们进行创作。

在资金拨款外，米斯克艺术学院推出"米斯克艺术驻地"项目（إقامة مسك للفنون，Misk Art Residencies）。该项目为艺术工作人员提供专

---

① "Manga Productions and Virgin Megastore sign an industry-first merchandising agreement for Future's Folktales and The Journey," Manga, Riyadh, https://manga.com.sa/news/manga-productions-and-virgin-megastore-sign-an% e2% 80% afindustry-first-merchandising-agreement-for-futures-folktales-and-the-journey/.

② "Quality of Life Program-Implementation Plan 2020 – 2023," Vision 2030, Riyadh, pp. 23 – 24.

用工作室、公共项目活动、创作支持和新作品展会等服务，鼓励他们参与学院定期举办的艺术主题创作展。 艺术驻地不仅鼓励艺术创作者进行创作实践，还推动沙特艺术家和全球同行们进行文化交流和对话。 艺术驻地分为聚焦沙特社区主题、艺术讨论和创作实践的"玛莎哈驻地"（إقامة مساحة, Masaha Residency）和推动国际艺术文化交流、与国际相关机构开展合作的"国际驻地"（الإقامات الدولية, International Residencies）。2023 年，艺术驻地项目进一步拓展，在继续与知名的柏林艺术学院进行合作的基础上，不断拓宽国际舞台，与埃及和韩国等国的文化机构建立关系，为沙特艺术家们提供更广阔的国际交流平台，帮助他们寻找更多的机会。

　　沙特作家拉贾·萨内亚认为艺术表达在沙特社会具有重要意义，沙特艺术家们不仅改变了国内公众讨论的内容，而且对公共讨论的方式产生了巨大影响。① 因此，米斯克基金会创立艺术中心具有重要意义，这既可以大力发展艺术产业，提供就业岗位，又能够引导沙特艺术创作的主题，掌握国内艺术表达的风向。

　　在成立公司、机构外，穆罕默德·本·萨勒曼提出更宏大的计划，他于 2021 年 11 月对外宣布将建立穆罕默德·本·萨勒曼非营利城，旨在为沙特青年的成长和发展提供更广阔的物理空间。② 非营利城建设在沙特首都利雅得西北郊，距离市中心有 20 分钟的车程，规划用地 3.4 平方公里，计划发展为孵化创新、教育和创意产业的地区中心和全球枢纽。

　　首先，非营利城将成为米斯克基金会开展改革项目，发挥重大影响的根据地。 2022 年 5 月 30 日，米斯克基金会对外公布新总部的设计方案，表示将于 2025 年搬入非营利城的新总部，成为推动青年发展、创造、创新

---

① Sean Foley, *Changing Saudi Arabia: Art, Culture and Society in the Kingdom*, Boulder: Lynne Rienner Publishers, 2021, p. 6.
② "His Royal Highness the Crown Prince Announces the Establishment of the First Non-Profit City In the World," Mohammed Bin Salman Nonprofit City, Riyadh, https://nonprofitcity.sa/en/about-us/media-center/news/-/stories/detail/134122.

的中心。① 以此为起点，非营利城建设进入到一个新阶段。 同年 7 月，米斯克基金会旗下子公司漫格制作公司跟进，对外宣布在 2024 年搬入在非营利城建设的新总部。 漫格制作公司入驻非营利城，一方面，将成为该城动漫游戏领域的头部机构，吸引更多创意人才涌入在此生活、学习和成长，符合该城培养沙特青年创新人才的目标；另一方面，该公司将享受非营利城的环境氛围，有利于更好地在全球范围内与国际知名公司和创意人员开展合作。② 米斯克基金会在非营利城中积极整合现有的教育、文化、艺术资源，引入米斯克学校、利雅得学校、米斯克艺术学院以及烹饪艺术学院等机构，计划为 4500 名学生提供学习机会。

其次，非营利城计划将学习项目、教育组织和商业机构统合在一起，在培养沙特青年的同时，计划发展为一个服务青年创业的城市孵化器。 非营利城希望打造成世界级的创意中心，目前已规划多种创意中心、孵化实验室、艺术工作坊和时装学校，并积极组织开展各类艺术、创意活动，希望能激发沙特青年的激情和潜力，为他们的创造实践和创新产品搭建国际网络平台、寻找全球合作伙伴。

2020 年 9 月，在沙特文化部副大臣兼时尚委员会董事会副主席哈米德·本·穆罕默德·法耶兹的见证下，非营利城和沙特时尚委员会签署谅解备忘录，双方达成合作伙伴关系。 根据该协议，沙特时尚委员会将在非营利城签署一份租约，建设一个世界级产品开发工作室。 该工作室将配备先进的机器，提供专业知识和技术人才，推动沙特时装产业发展。 两者还将共同为沙特青年设计师制定教育和培训计划，联合举办各种时尚相关的活动和节日，吸引时尚人才和投资者入驻，探索企业家孵化机会。③ 随

---

① "Details About New Headquarters For Mohammed bin Salman Foundation 'Misk' Announced," *Press Release*, May 30, 2022, https：//miskcity. sa/documents/20124/133702/news6. pdf.

② "Prince Mohammed Bin Salman Nonprofit City to host the headquarters of Manga Productions," *Press Release*, Riyadh, July 18, 2022, https：//miskcity. sa/documents/20124/133702/news4. pdf.

③ "Prince Mohammed Bin Salman Nonprofit City and The Ministry of Culture's Fashion Commission Sign MoU to Empower Saudi Fashion Industry," *Press Release*, Riyadh, September 12, 2022, https：//miskcity. sa/documents/20124/133702/news1. pdf.

后，非营利城先后与沙特本土电影品牌和全国最大的影院运营商 Muvi 影业、2020 年成立的沙特烹饪艺术委员会、全球知名的酒店品牌洲际酒店集团等机构签署合作协议和备忘录，共同建设开发新城、提升服务，并为沙特青年提供影视、烹饪、酒店管理等方面的教育培训、就业岗位和创业机会。①

2030 愿景颁布后，米斯克基金会积极参与其中，成立漫格制作公司、米斯克艺术中心和穆罕默德·本·萨勒曼非营利城等子公司，推动影视娱乐、文化艺术产业的发展，发挥巨大影响，密切了与 2030 愿景之间的关系，成为运行改革项目的重要机构。

三、社会动员的平台

米斯克基金会关注青年、赋权青年的改革理念不仅体现在项目运行、创造就业机会上，而且表现为调动沙特青年的主观能动性，通过一系列活动进行社会动员。沙特政府在国内不允许成立任何政党组织，这导致沙特长期以来缺乏有效的动员机制。2030 愿景开展后，米斯克基金会深度介入青年群体成长发展的各个环节，为沙特青年提供教育、就业和创业全流程的服务活动，搭建起组织动员的平台网络，在一定程度上弥补了这方面的缺失。

针对沙特青年的需求，米斯克基金会围绕塑造领导力、服务社区、创业精神和培训技能四个方向组织、开展活动。首先，该基金会开展了精英

---

① "Prince Mohammed Bin Salman Nonprofit City signs agreement with Muvi Cinemas for new cinema experience," *Press Release*, Riyadh, August 25, 2022, https://miskcity. sa/documents/20124/133702/news2. pdf; "Saudi Culinary Arts Commission Signs MoU With Mohammed Bin Salman Nonprofit City To Support Local Talent," Mohammed Bin Salman Nonprofit City, November 22, 2022, https://miskcity. sa/en/about-us/media-center/news/-/stories/detail/146991; "IHG to Expand Lifestyle Portfolio in Saudi Arabia with the Signing of Hotel Indigo in Mohammed Bin Salman Nonprofit City," Mohammed Bin Salman Nonprofit City, Riyadh, March 6, 2023, https://miskcity. sa/en/about-us/media-center/news/-/stories/detail/147044.

计划和米斯克奖学金两个项目，全面满足高等教育各个阶段的需求。 精英计划每期两年半，为沙特十年级的高中生提供大学预科培养计划，帮助他们获得进入国际顶尖高校的资格。 该计划帮助参与者参加暑期学校、准备标准化考试，并针对个人发展和入学咨询等内容，提供体验式的综合计划。 精英计划已与全球多所顶尖高校建立了合作关系，培养的目标高校主要集中在美国，包括：哈佛大学、耶鲁大学、斯坦福大学、普林斯顿大学、约翰霍普金斯大学、麻省理工学院、布朗大学、加州理工学院、哥伦比亚大学、康奈尔大学、杜克大学、宾夕法尼亚大学等。[1] 米斯克奖学金每期六个月，为沙特本科生和研究生提供在国际名校交流学习、体验生活的机会，旨在将沙特青年培养成未来的领导者。 该计划于 2017 年启动，截至 2022 年底，已有超过 280 名成员参与其中。[2]

其次，米斯克基金会注重实践，搭建线上平台，为沙特高校毕业生提供在中东地区和国际知名企业实习培训的机会。 目前，该基金会已开展波士顿咨询初级助理、沙特电信公司网络安全分析员、微软云计算实习生、彭博社伊斯兰金融实习生等虚拟工作体验项目。 这使沙特青年获得在沙特国内或国际大公司实习工作的机会，学习公司文化、了解企业架构、感受工作氛围、获得工作经验和职业技能，从而增强在劳动力市场上的竞争力。

最后，米斯克基金会鼓励沙特青年发挥创新精神，大胆进行创业，已设立和开展七个相关活动，包括：米斯克创业学校大师班、火花计划、米斯克启航 3.0、米斯克加速器、影响加速器、米斯克倡议孵化器和迪万创新。 这些活动的时长从六周到五个月不等，采取线上、线下相结合的方式，通过网络教学、研讨会、工作坊、一对一指导等方式向参与者教授有关商业模式、财务管理、销售技巧、法律监管等方面的知识。 更重要的是，这些活动搭建了一个组织平台，以米斯克基金会为核心，沙特青年创

---

[1] "Distinct," MiSK Foundation, https：//hub. misk. org. sa/programs/leadership/distinctive-college-prep-program/.

[2] "Misk Fellowship," MisK Foundation, https：//hub. misk. org. sa/programs/leadership/misk-fellowship/.

业者与风险投资、天使投资人，以及中东地区和全球知名企业的创始人建立起人际网络。

米斯克基金会的这些活动涵盖了从中学学习到高校申请、技能提升，再到毕业实习、工作创业的各个阶段，关注沙特青年全流程的成长，给予他们支持和帮助。通过各个阶段与青年群体的互动，该基金会希望筛选和构建一支推动 2030 愿景的青年军，成为支持现代化改革的青年领袖和愿景宣传员。

米斯克基金会推出 10X 沙特领导和 2030 领导者两项活动，旨在从青年群体中培养出推动改革持续发展的领导群体。前者每期 5 个月，为沙特有 4—8 年工作经验的青年们提供培训，增强领导思维和领导能力，从而能够有效地激励他人、组织开展工作；提升沟通能力，建立长效的关系网络；具备敏锐的判断力，了解数字化转型和创新对全球业务的影响，帮助所在企业和部门有效应对挑战。该活动主要采用线上培训的形式，提供大约 90 小时的内容培训，最终目标是为沙特的中小型企业、非营利和非政府组织培养一批年轻领袖，推动 2030 愿景的发展。① 后者每期 9 个月，包括认识、发现、构建、成长和进化五个模块，比起 10X 沙特领导项目，设立了更高的培养目标，选拔也更为严格，旨在为公共或私营领域有 10 年以上工作经验并有 5 年以上领导经验的沙特人提供领导力培训。王储穆罕默德·本·萨勒曼强调沙特的愿景是独一无二的，需要以全新的思维方式应对沙特经济、社会改革面临的挑战。② 由此，该活动的口号是"与众不同的领袖，一个共同的目标"。这是米斯克基金会为推动和配合 2030 愿景所设立的"黄埔军校"，最终目标是筛选和培养 1000 名沙特人成为推动变革、实现愿景的领袖，构建起一个有影响力的精英网络。

---

① "10x Saudi Leaders," MiSK Foundation, https：//hub. misk. org. sa/programs/leadership/10x-saudi-leaders/.
② "2030 Leaders," MiSK Foundation, https：//misk. org. sa/leaders2030/.

沙特政府不仅重视改革的实际发展，而且强调对 2030 愿景进行大力宣传，为此，米斯克基金会推出"青年之声 2"（辩论技巧）和"点燃之声"两个活动，旨在培养一批愿景宣传员。 前者的主要培训对象是 18—35 岁的沙特青年，使其在掌握流利的阿拉伯语听说读写的基础上，具有更强的对话和思辨能力。 该项目在助力个人发展的同时，鼓励青年群体投身于国家改革浪潮之中。① 后者是每期 9 周的强化课程，为处于职业生涯成长阶段的沙特青年领导们提供专业指导，利用网络技术和媒体资源进行培训，使其掌握宝贵的演讲技巧。 参加该项目的沙特青年会接受比"青年之声2"（辩论技巧）更高阶的培训，成绩优异者会被沙特政府选出，在提升演讲技巧基础上，接受有关政策制定、会议主持、国际谈判等培训内容。 这些青年将成为沙特政府在国际舞台上的形象代言人，出席 20 国集团、达沃斯论坛和联合国等国际组织开展的各类具有重大影响的活动，展现改革的新面貌，发出沙特青年的声音。②

同时，米斯克基金会积极打造自己的国际舞台。 2013 年，该基金会发起了 Tweeps 论坛，旨在将沙特青年与社交媒体领袖联系起来，开展互动，进行思想交流，迸发出有创造性的观点。 该论坛讨论的主要内容包括体育在促进社区发展方面的作用、年轻人宽容和包容的原则、Twitter上强调伊斯兰价值观的必要性、妇女在社交媒体上的先锋作用等。③2017 年 5 月，借助时任美国总统特朗普访问沙特之际，该论坛的影响力达到了空前高度，吉布提总统伊斯梅尔·奥马尔·盖莱、马来西亚总理纳吉布·拉扎克、阿联酋外长谢赫·阿卜杜拉·本·扎耶德·本·苏丹·阿勒纳哈扬等多国的时任政要参加了此次活动。④ 沙特前期一直在宣传的特朗

① "Youth Voice 2 (Debate Skills)," MiSK Foundation, https://hub.misk.org.sa/programs/community/youth-voice/.
② "Ignited Voices," MiSK Foundation, https://misk.org.sa/leaders2030/.
③ "MiSK Launches Historic Session Of 'Tweeps Forum': World Leaders To Speak," MisK Foundation, https://misk.org.sa/en/misk-launches-historic-session-tweeps-forum-world-leaders-speak/.
④ Tweeps 2017 Forum Focuses on the Fight Against Extremist Ideologies Online, KAWA, https://kawa-news.com/en/tweeps-2017-forum-focuses-on-the-fight-against-extremist-ideologies-online/.

普虽未出席，①但他的女儿伊万卡参加了该论坛并做主题发言，认为社交媒体可以"赋权民众"。②

四、小结

至 2023 年底，沙特 2030 愿景进程过半，取得了一系列突出成绩，本文认为在分析和理解这项现代化改革时，米斯克基金会的重要作用不容忽视。 面对"阿拉伯之春"给沙特带来的严峻挑战，穆罕默德·本·萨勒曼在该基金会成立之初便明确了关注青年、赋权青年的思想，这成为 2030 愿景改革理念的源泉之一。 因此，沙特政府在改革中重视青年群体关心的"低政治"议题，将增加就业确立为经济改革的两大目标之一。

2030 愿景开启后，米斯克基金会继续发挥着不可替代的作用。 一方面，该基金会旗下成立了漫格制作公司、米斯克艺术中心、穆罕默德·本·萨勒曼非营利城等子公司，推动影视娱乐、文化艺术产业发展，为沙特青年创造就业岗位和创业机会，成为运行改革项目的重要机构。 另一方面，该基金会开展包括高校教育、实习就业和创业指导在内的系列活动，以此为媒介深度涉及沙特青年成长的每个环节，遴选现代化改革的支持者和推动者，搭建社会动员平台网络，全力培养一支包括青年领袖和愿景宣传员在内的 2030 愿景青年军。

（刘庆龙，北京大学国际关系学院 2020 级博士研究生）

---

① "President Trump, Political and Business Leaders To Speak At MiSK's Tweeps Forum 2017 On How Social Media Can Be Utilized To Counter Extremism And Terrorism," MiSK Foundation, https：//misk. org. sa/en/president-trump-political-business-leaders-speak-misks-tweeps-forum-2017-social-media-can-utilized-counter-extremism-terrorism/.

② "Ivanka Trump Says Social Media 'Empowers the People'," *The Hill*, https：//thehill. com/homenews/administration/334469-ivanka-trump-fills-in-for-her-father-at-tweeps-forum-in-saudi-arabia/.

二战后联邦德国的纳粹史研究：争论与转变[*]

刘林翰

摘要：纳粹德国的独裁统治与侵略扩张，为世界带来了战火和巨大灾难。二战结束后，德国历史学家开始反思纳粹历史，总结经验教训。最初，学界重点关注德意志特殊道路问题，主要以极权主义理论研究纳粹史。20世纪六七十年代，史学界的新热点表现在以下三个方面：以功能主义分析纳粹政权；围绕《争雄世界》对"特殊道路问题"展开讨论；研究、分析纳粹与大企业的关系。20世纪八九十年代，"历史学家之争"与"纳粹的现代化"是学界的重要议题。21世纪初，纳粹史研究进一步发展。人们开始重视纳粹、法西斯的跨国交际和全球化特征，关注回忆文化、大众传媒等新课题。

关键词：纳粹史　纳粹德国　第三帝国　研究综述

　　纳粹史是联邦德国史学研究的重要组成部分，代表着德国人对其罪恶历史的深刻反思。 二战结束后，德国的纳粹史研究经历了数次争议与转

---

[*] 2024 年 3 月 28 日，应北京大学历史学系李维教授邀请，德国柏林自由大学教授 Arnd Bauerkämper 举办了题为《纳粹史的跨国研究》的线上讲座。 受此报告的启发，我们梳理了联邦德国纳粹史研究的发展路径和重点成果，呈现了该领域在不断争鸣中变化、前进的基本样态。

向，在特殊道路问题、极权主义与法西斯主义研究方法、纳粹与大企业的关系问题、纳粹大屠杀的特殊性等议题上取得了重要突破。 2000 年以来，联邦德国纳粹史的研究对象、研究理论日益多元化，涌现了许多新成果。 下面就按时间顺序依次介绍不同时期的研究重点及其内容。

一、德国纳粹史研究的萌芽：1940—1959

二战结束前，部分学者已经开始反思德国穷兵黩武的独裁统治，他们率先提出了"德意志特殊道路"理论雏形。 这些学者认为，德国的历史发展进程偏离了议会政治和自由民主的轨道，是通向纳粹政权的"特殊道路"。 二战结束后，越来越多的德国学者开始研究、反思纳粹历史。 直到 20 世纪 50 年代末，联邦德国纳粹史学界的两个研究重点是：一、 如何回应"德意志特殊道路"的争论；二、 使用极权主义理论研究纳粹。

二战末期，流亡伦敦的德国学者塞巴斯蒂安·哈夫纳（Sebastian Haffner）率先提出"德意志特殊道路"假设。 他认为，自 1866 年起，德国就踏上了错误的道路，普鲁士帝国终将通向纳粹德国；为了欧洲的安全，人们不应容忍与普鲁士议和，德意志帝国也必须被抹除。[1] 哈夫纳的观点得到了很多英国学者的赞同，并被他们进一步阐发。 例如，曾任英国外交大臣的罗伯特·范西塔特男爵（Robert Vansittart, Baron Vansittart）在《黑色记录》（Black Record）一书中明确指出，德国历史终将通向纳粹统治。 他认为，德意志人是野蛮的游牧民族，从公元 378 年亚得里亚堡之战，再到红胡子巴巴罗萨、弗里德里希大王，德国人不断为普鲁士军事和官僚专制主义作出贡献，使普鲁士精神变得更加残暴；最终，威廉一世和俾斯麦的铁血政策为希特勒的独裁统治奠定了坚实基础[2]。 此后，英国著

---

① Sebastian, Haffner, *Germany, Jekyll and Hyde: A Contemporary Account of Nazi Germany*, London: Secker And Warburg, 1940, p. 294.

② Lord Vansittart, *Roots of the Trouble and the Black Record of Germany Past, present and Future*? New York: New Avon Library, 1944, pp. 46-48, 50.

名历史学家 A. J. P. 泰勒（A. J. P. Taylor）也表达了类似的观点。 泰勒认为，虽然第三帝国建立在恐怖统治、秘密警察和集中营的基础上，但它也代表着德国人民最深切的愿望，它是德国唯一一个顺应民意创建的统治制度①；纳粹是德国人民自己强加给自己的暴政②。 总之，这些学者都赞同，德国历史有其特殊的发展道路，直接通向纳粹独裁政权。

　　二战结束后，越来越多的德国学者开始反思历史，主要聚焦于下列研究主题。 第一，出现了对"特殊道路说"的回应。 以弗里德里希·迈内克（Friedrich Meinecke）和格哈特·里特（Gerhard Ritter）为代表的保守派历史学家"在深刻反思纳粹罪行的基础上，反对将民族社会主义和德国历史文化建立必然联系"。③ 例如，迈内克在《德国的浩劫》中指出，普鲁士的军国主义和希特勒主义存在"普遍"的历史联系，但这种联系并不"必然"导向纳粹，而是偶然性（Der Zufall）和普遍性（das Allgemeine）交织的结果④。 里特则在《权力的魔力》（ *Die Dämonie der Macht* ）中强调，希特勒大事宣扬的"群众武装化"（die Militarisierung der Massen）、"战友同志式的人民共同体"（die Gestaltung der neuen Volksgemeinschaft als Kameradschaft der Kombattanten）等理念，并非源于普鲁士历史，而要经墨索里尼追溯至马基雅维利⑤。 借此，他们回应了"纳粹主义根植于德国历史"的批评，率先反驳了"特殊道路说"，在一定程度上重塑了德意志民族历史形象，挽回了民族自尊心。⑥

---

① A. J. P. Taylor, *the Course of German History*, London and New York: Routledge, 2001, p. 253. 本书写于 1944 年，最初由哈密什·汉米尔顿出版社（Hamish Hamilton）出版于 1945 年二战后。 本书版本为重印版。

② A. J. P. Taylor, *the Course of German History*, p. 253.

③ 徐健：《评德国史学界有关"特有道路"问题的争论》，《国外社会科学》2001 年第 2 期，第 48 页。

④〔德〕弗里德里希·迈内克：《德国的浩劫》，何兆武译，北京：生活·读书·新知三联书店，1991 年，第 84、106 页。

⑤ Gerhard Ritter, *Die Dämonie der Macht, Betrachtungen über Geschichte und Wesen des Machtproblems im politischen Denken der Neuzeit*, München: Leibniz Verlag, 1948, p. 155.

⑥ 徐健：《纳粹史叙事与民族认同——战后七十年联邦德国史学界对纳粹历史的思考》，《史学集刊》2015 年第 4 期，第 32—33 页。

第二，利用极权主义理论研究纳粹的方法成为学界主流。[1] 在宏观层面，纳粹史学者以汉娜·阿伦特（Hannah Arendt）的《极权主义的要素与起源》（*Elemente und Ursprünge totaler Herrschaft*）[2]及其概念理论框架为基础，将"人人必须遵从的官方意识形态、唯一的群众性政党、由政党或秘密警察执行的恐怖统治、对大众传媒的垄断、现代的人身与心理的控制技术、中央组织控制整个经济"[3]视作极权主义政权的六大典型特征。在具体实践层面，历史学家重点关注极权主义的"领袖原则"（Führerprinzip），认为纳粹运动会逐渐赋予领袖独特的地位。[4] 因此，"动机主义者"（Intentionalist）[5]的观点在这一时期同样成为学界主流。 他们重视希特勒及其亲信在纳粹独裁统治中的核心作用，将多数德国民众视为被统治、被压迫的对象[6]。 例如，安德烈亚斯·希尔格鲁伯（Andreas Hillgruber）、格哈特·维因博格（Gerhard Weinberg）等人尽管对"巴巴罗萨计划"的决策时间、进程、背景见解不同，但基本赞同希特勒在纳粹进攻苏联问题上发挥的决定性作用[7]。 总的来说，这类观点认为元首的意愿是导致战争、大屠杀发生的主要动机，暗含将纳粹罪责归结于希特勒个

---

[1] Magnus Brechtken, *Einleitung*, in Magnus Brechtken（Hrsg.）, *Aufarbeitung des Nationalsozialismus*, *Ein Kompendium*, Göttingen：Wallstein Verlag, 2021, p. 13.

[2] Hannah Arendt, *Elemente und Ursprünge totaler Herrschaft*, Frankfurt am Main：Europäische Verlag, 1958. 该书英文版于 1951 年在美国出版，德文版于 1955 年在德国出版。

[3] 张虹：《现代性：理解极权主义起源的另一个视角——重读〈极权主义的起源〉》，中国图书评论 2019 年第 8 期，第 42—43 页。

[4] Hannah Arendt, *Elemente und Ursprünge totaler Herrschaft*, p. 540.

[5] 动机主义与功能主义的争论有着悠久的史学史背景，但其理论的系统化阐述应参考 20 世纪 80 年代蒂姆·马森（Tim Mason）的文章，见 Hans Mommsen, Hitlers Stellung im nationalsozialistischen Herrschaftssystem, in Gerhard Hirschfeld, Lothar Kettenacker（Hrsg.）, *Der „Führerstaat"：Mythos und Realität：Studien zur Struktur u. Politik d. Dritten Reiches*. Stuttgart：Verlagsgemeinschaft Ernst Klett, 1981, pp. 56, 64.

[6] Magnus Brechtken（Hrsg.）, *Aufarbeitung des Nationalsozialismus*, P. 13.

[7] 见 Gerhard L. Weinberg, *Der Deutsche Entschluss zum Angriff auf die Sowjetunion*, Vierteljahrshefte für Zeitgeschichte, Jahrgang 1（1953）, Heft 4, pp. 301－318, URL：http://www. ifz-muenchen. de/heftarchiv/1953 _ 4. pdf；Hans-Günther Seraphim Und Andreas Hillgruber, *Hitlers Entschluss zum Angriff auf Russland*. Vierteljahrshefte für Zeitgeschichte, Jahrgang 2（1954）, Heft 3, pp. 240－254. URL：http://www. ifz-muenchen. de/heftarchiv/1954_3. pdf

人的意图。

二、德国纳粹史研究的发展成熟：1960—1979

20 世纪六七十年代，德国纳粹史研究逐渐发展成熟，形成三个热点。其一，弗里茨·费舍尔的著作《争雄世界》引发了有关"德意志特殊道路"问题的新讨论；其二，左、右翼历史学家就纳粹与大企业、大工业的关系问题展开辩论；其三，对纳粹统治的功能主义解释成为学界的新潮流。

首先，弗里茨·费舍尔（Fritz Fischer）在 1961 年出版专著《争雄世界》（*Griff nach der Weltmacht*），引起学界争议。 费舍尔率先使用了藏于波恩外交部政治档案馆、科布伦茨联邦档案馆、波茨坦中央档案馆的原始档案，依据新材料提出了新观点。 他认为，德国政府希望奥、塞两国爆发战争，有意挑起与俄、法两国的争端，因此对一战负有重大的历史责任（einen erheblichen Teil der historischen Verantwortung）。[1] 此外，他进一步强调德意志民族国家的特殊性，及其与军国主义、侵略扩张的紧密联系[2]。 费舍尔打破了此前公认的"共同责任说"[3]，认为德国不但要为二战，更要为一战负责[4]。 他的观点将"特殊道路说"推向了新高峰，引发了轰动一时的费舍尔争论（Fischer-Kontroverse）。 以格哈特·里特为首

---

[1] Fritz Fischer. *Griff nach der Weltmacht，die Kriegszielpolitik des kaiserlichen Deutschland 1914/18*，Düsseldorf：Droste Verlag，1971，pp. 11,104. 中文译文参考〔联邦德国〕弗里茨·费舍尔：《争雄世界：德意志帝国 1914—1918 年战争目标政策》上，何江、李世隆等译，北京：商务印书馆， 1987 年，第 87 页。

[2] Fritz Fischer，*Griff nach der Weltmacht，die Kriegszielpolitik des kaiserlichen Deutschland 1914/18*，p. 15.

[3] Annika Mombauer，"The Fischer Controversy，Documents and the 'Truth' About the Origins of the First World War"，*Journal of Contemporary History* 48，no. 2（2013），p. 295. http：//www.jstor.org/stable/23488303.

[4] 徐健：《评德国史学界有关"特有道路"问题的争论》，《国外社会科学》2001 年第 2 期，第 48 页。

的保守派历史学家怀疑费舍尔是否得出了正确的结论①，在各种场合与他
进行辩论。尽管饱受争议，费舍尔及其著作对一战史、"特殊道路问题"
研究的发展都功不可没。他对近现代德意志历史的深刻批判也大大提高了
自由派在德国史学界中的地位。②

　　其次，左、右翼历史学家就纳粹是否受大企业资助、被大企业控制的
问题展开讨论。以东德历史学家为代表的左翼学者采用马克思主义理论分
析纳粹历史。他们认为，纳粹主义是资本主义发展的结果，纳粹党则是大
工业和金融资本的傀儡。早在1947年，尤尔根·库钦斯基（Jürgen
Kuczunski）就指出，法西斯主义是在特定历史条件下，从垄断资本主义中
成长起来的，而德国的金融资本主义作为占统治地位的法西斯主义，其发
展程度和残酷性远超以往任何经济制度。③ 20世纪60年代末，埃伯哈德·
齐雄（Eberhar Czichon）进一步完善了该理论。齐雄在《谁帮助希特勒夺
权》（*Wer verhalf Hitler zur Macht*）一书中指出，银行家、工业家与纳粹
集团的经济政治利益相同，因此前者不但在公关上资助他们，还控制、操
纵了纳粹分子日益增长的公众影响力。④ 在此基础上，他得出了重要的结
论："1933年1月4日后，希特勒成了统治阶级工业领导层中大多数人的政
治代表（der politische Exponent）。"⑤

　　然而，右翼自由派学者并不同意这种 "代表理论"，美国学者小亨利·
特纳（Henry A Turner, Jr）是其中最具代表性、影响最大的人物之一。
在20世纪70年代，他有力地反驳了左翼 "代表理论"，其著作被译成德语

---

① Annika Mombauer, "The Fischer Controversy, Documents and the 'Truth' About the Origins of the First World War", *Journal of Contemporary History* 48, no. 2 (2013), p. 298.

② 徐健：《评德国史学界有关 "特有道路" 问题的争论》，《国外社会科学》2001年第2期，第
48页。

③ Jürgen Kuczenski, *Die Bewegung der Deutschen Wirtschaft von 1800 bis 1946*, Berlin/Leipzig: Volk und Wissen Verlags, 1947, pp. 138, 146.

④ Eberhard Czichon, *Wer verhalf Hitler zur Macht? Zum Anteil der deutschen Industrie an der Zerstörung der Weimarer Republik*, Köln: Pahl-Rugenstein Verlag, 1967, p. 23.

⑤ Eberhard Czichon, *Wer verhalf Hitler zur Macht Zum Anteil der deutschen Industrie an der Zerstörung der Weimarer Republik*, p. 52.

传入德国，影响广泛。① 特纳指出，一方面，部分大企业，如法本公司
（IG Farben），广泛资助各类中、右翼政党作为政治保险，纳粹仅仅是他
们资助列表中的一个，并不受额外重视；另一方面，大多数德国大企业不
希望希特勒夺权，也没有对他的成功作出任何实际贡献。② 针对这一话
题，学者们展开了热烈而持久的讨论。1985 年，特纳再次指出："德国大
工业对魏玛共和国的破坏、对纳粹党的资助力度和对希特勒夺权的促进作
用，远比人们以为的小得多。"③直到 21 世纪初，这场争论才基本告一段
落。 汉斯·乌尔里希·韦勒（Hans-Ulrich Wehler）总结道："希特勒和其
行刑者被收买的无稽之谈终于被驳倒，然而，大企业对魏玛共和国的覆灭
做出了一切可能的贡献，因此并不无辜。"④

最后，对纳粹历史的功能主义（Funktionalismus）分析逐渐成为学界
新主流。 这一研究路径以汉斯·蒙森（Hans Mommsen）和马丁·布罗萨
特为代表。 他们都强调纳粹统治不仅体现了希特勒个人的绝对权力和政治
意图，也反映出不同团体、利益集团相互制约、相互影响的复杂关系。 例
如，蒙森认为，纳粹政权中存在一种"渐进激进化倾向"（kumulative
Radikaliesierungstendenz），它源自党内领导层的持续竞争，并且在犹太灭
绝问题上得到明确体现。 大批军人、官员、技术官僚和大工业代表都甘愿
为纳粹的野蛮暴行服务，因此，元首的行为绝不是纳粹大屠杀等罪行不断

---

① 此前，少有作者能真正彻底证明大企业与纳粹的关系。 特纳有力回击了左翼历史学家的观点。
此后，德国学者受其影响，基本赞同特纳的观点，如 Thomas Trumpp, "Zur Finanzierung der
NSDAP durch die deutsche Grossindustrie. Versuch einer Bilanz," *Geschichte in Wissenschaft
und Unterricht* 32(4), 1981, pp. 223 – 241.
② Henry Ashby Turner, Jr., *Faschismus und Kapitalismus in Deutschland, Studien zum
Verhältnis zwischen Nationalsozialismus und Wirtschaft*, Göttingen: Vandenhoeck & Ruprecht,
1972, pp. 20, 30.
③ Henry Ashby Turner, Jr., *Die Großunternehmer und der Aufstieg Hitlers*, Berlin: Siedler
Verlag, 1985, p. 405.
④ Hans-Ulrich Wehler, *Deutsche Gesellschaftsgeschichte*, Vierter Band, München: Verlag C. H.
Beck, 2003, p. 293.

升级的唯一理由和根本原因。① 布罗萨特也指出，大屠杀并非一蹴而至，是分批次、逐渐（stück-und schubweise）开展的。 因此，大屠杀不仅是种族灭绝思想的产物，也是驱逐犹太人计划实践受阻后的新后果。 这种方法一经制度化，就愈发受到重视，最终演变为全面的灭绝计划。② 在他们的影响下，更多的历史学家开始关注纳粹统治的多面性、模糊性和"结构性制约"的特征。

三、德国纳粹史研究的新转变：1980—1999

20世纪八九十年代，德国纳粹史研究学界不断涌现新争议，研究视角进一步转变。 一方面，恩斯特·诺尔特将纳粹主义和布尔什维克主义进行比较分析，引起学界讨论，社会热议。 人们质疑是否能将纳粹统治、大屠杀与其他历史现象进行类比。 另一方面，齐特尔曼等人利用现代化理论研究纳粹历史，对纳粹德国的现代化程度给出了积极评价。

首先，学界聚焦于恩斯特·诺尔特（Enrst Nolte）和其引发的"历史学家之争"（Der Historikerstreit）。 1980年，诺尔特指出，第一，不应当孤立地看待第三帝国史，而应将其放在法西斯时代的大背景下考察；第二，不应当"工具化第三帝国"（Instrumentaliseirung des Dritten Reiches），将之广泛用于对现实政治的批评中；第三，不应当把第三帝国"恶魔化"（Dämonie），对其历史进行比较、分析只会使其成为人类历史

---

① Hans Mommsen, Hitlers Stellung im nationalsozialistischen Herrschaftssystem, in Gerhard Hirschfeld, Lothar Kettenacker (Hrsg.), Der „Führerstaat ": Mythos und Realität: Studien zur Struktur u. Politik d. Dritten Reiches, Stuttgart: Verlagsgemeinschaft Ernst Klett, 1981, pp. 56, 64. 本书收录文章为20世纪70年代末在伦敦德国历史研究所召开研讨会的会议论文，在80年代初出版，详见本书序言部分。
② Martin Broszat, Hitler und Die Genesis der „Endlösung ", aus Anlaß der Thesen von David Irving, Vierteljahrshefte für Zeitgeschichte, Jahrgang 25 (1977), Heft 4, pp. 747, 754 – 755, URL: http://www. ifz-muenchen. de/heftarchiv/1977_4. pdf.

进程的一部分，并不会消除其特殊性。① 1986 年，他进一步指出，古拉格群岛是纳粹集中营的原型，"阶级屠杀"（Klassenmord）则是种族屠杀（Rassenmord）的先驱。② 1987 年，他出版专著，再次提出激进的观点，如，必须将苏联与布尔什维克主义、第三帝国与纳粹主义置于欧洲内战的视角下考察；"邪恶""文明的毁灭者"等形容希特勒的词语都曾被用于形容"布尔什维克主义"；政治领袖和其政党公开坚称"与特定群体的数百万人不共戴天"，也不是希特勒的首创。③

诺尔特的言论受到了大批右派学者的欢迎、回应。 然而，这种对纳粹历史的修正主义解释、为联邦德国建立民族认同赋予合法性的尝试，遭到左派历史学家的猛烈抨击。④ 尤尔根·哈贝马斯（Jürgen Habermas）就是其中最具代表性的。 他最先、最坚决地反对这种"历史修正主义"。 他指出：对西方政治文化毫无保留的开放姿态，是联邦德国战后取得的重要智识成就。 宪法爱国主义（Verfassungspatriotismus）是唯一不会使德国远离西方的爱国主义。 德国人民只有坚定地信仰、由衷地认同普世宪法原则，才能巩固这种爱国主义。 然而，修正主义历史学家试图使用"对罪责的痴迷"（schuldbesessenheit）这样的空话来呼唤传统的民族认同，这种行

---

① Ernst Nolte, Zwischen Geschichtslegende und Revisionismus? Das Dritte Reich im Blickwinkel des Jahres, 1980, In Rudolf Augstein, Karl Dietrich Bracher, etc., *Historikerstreit*, *Die Dokumentation der Kontroverse um die Einzigartigkeit der nationalsozialistischen Judenvernichtung*, München, Zürich: Piper Verlag, 1987, pp. 33 – 35.

② Ernst Nolte, Vergangenheit, die nicht vergehen will, Eine Rede, die geschrieben, aber nicht gehalten werden konnte, Frankfurter Allgemeine Zeitung, 6. Juni 1986, In Rudolf Augstein, Karl Dietrich Bracher, etc., *Historikerstreit*, *Die Dokumentation der Kontroverse um die Einzigartigkeit der nationalsozialistischen Judenvernichtung*, p. 45.

③ Ernst Nolte, *Der europäische Bürgerkrieg* 1917 – 1945, München: F. A. Herbig Verlagsbuchhandlung Gmbh, 1987, pp. 33, 52.

④ 徐健：《纳粹史叙事与民族认同——战后七十年联邦德国史学界对纳粹历史的思考》，《史学集刊》2015 年第 4 期，第 35 页。

为将会破坏德国与西方唯一可靠的联系。① 以哈贝马斯、诺尔特的辩论为导火索，"历史学家之争全面爆发"，德国几乎所有重要的大众平面媒体也都参与其中。 最终结果是，"历史学家之争"发展为德国文化界反思纳粹主义最为重要的辩论，其走向和意义更远远超越了学术论战的界限。②

其次，莱纳·齐特尔曼（Rainer Zitelman）和米夏埃尔·普林茨（Michael Prinz）对纳粹现代化程度的评估引起关注。 二战后，德国史学界逐渐开始运用现代化理论进行史学研究。③ 自 20 世纪 60 年代起，人们逐渐要求依据该理论分析、评估纳粹的现代性程度（Modernitätsgrad）。结论是，第三帝国尽管存在中央集权强化、官僚机构增长等现代化因素，但也存在着对外贸易下降、民主结构消亡等反现代化特征，因此，只是一种"伪现代化"（Pseudomodernisierung）。④ 然而，齐特尔曼和普林茨并不赞同这种观点，他们认为，纳粹统治具有一些现代化因素，值得予以承认。例如，在二人主编的论文集《纳粹主义与现代化》（*Nationalsozialismus und Modernisierung*）中，齐特尔曼指出，纳粹无意间完成了少许与其意识形态相悖的现代化进程，如妇女解放等；与此同时，绝大部分现代化成果都与纳粹主流意识形态的要求相符，如德意志劳工阵线（Deutsche Arbeitsfront）与希特勒设想中的社会、经济政策相符。 他也因此呼吁，要承认纳粹具有"现代化功能"（Modernisierungsfunktion）。⑤ 普林茨也声称，

---

① Jürgen Habermas, Eine Art Schadensabwicklung, Die apologetischen Tendenzen in der deutschen Zeitgeschichtsschreibung, DIE ZEIT, 11. Juli 1986, In Rudolf Augstein, Karl Dietrich Bracher, etc. *Historikerstreit*, *Die Dokumentation der Kontroverse um die Einzigartigkeit der nationalsozialistischen Judenvernichtung*, pp. 75 - 76.

② 范丁梁：《二战后联邦德国史学争论传统的路径演变》，《史学史研究》2015 年第 1 期，第 96—97 页。

③ 参见景德祥：《现代化理论与德国近现代史研究——联邦德国史学界研讨情况》，《史学理论研究》2001 年第 2 期，第 118—128 页。

④ Axel Schildt, *Modernisierung*, Version：1. 0, in：Docupedia-Zeitgeschichte, 11. 02. 2010. http://docupedia. de/zg/schildt_modernisierung_v1_de_2010. DOI：http://dx. doi. org/10. 14765/zzf. dok. 2. 787. v1. 访问日期：2024 年 10 月 20 日。

⑤ Rainer Zitelmann, Die totalitäre Seite der Moderne, In Micheal Prinz, Rainer Zitelmann (Hrsg.), *Nationalsozialismus und Modernisierung*, Darmstadt：Wissenschaftliche Buchgesellschaft, 1991, pp. 19 - 20.

纳粹的社会政策具有部分现代性因素。他认为，尽管并未触及现存的阶级结构，纳粹政权仍以德国史上罕见的速度消除了"身份等级不平等"（Ständische Ungleichheit）现象。①

总的来说，齐特尔曼和普林茨的"新观点"与两个方面密切相关。其一，他们同属联邦德国新一代修正主义学者，主张对纳粹主义进行"历史化"的科学评估。在这种准则背后，隐藏着肯定民族国家的连续性、支持国家统一的意图。②其二，在这一时期，"现代"的含义被广泛讨论，"现代性"被视作一种"（社会）运动类别"（Bewegungskategorie），需要通过概念内部的"不断区分"得到发展。在这样的理论关切下，不但纳粹历史中的现代性因素得到重估，德意志特殊道路也被重新总结为"特殊意识"（Sonderbewusstsein）。③然而，不能忽略的是，他们对纳粹政权"种族灭绝"的反人类罪行置若罔闻，对纳粹主义极端反动、反现代化的残暴行径一带而过，隐含着为纳粹"翻案"的危险。④

四、21 世纪德国纳粹史研究的前景与展望

来到 21 世纪，德国纳粹史研究出现了新方法、新趋势。一方面，历史学家开始尝试将纳粹主义置于更宏大的跨国视角，将"法西斯主义"研究置于欧洲乃至全球的视角下展开研究。另一方面，纳粹史研究范畴得到不断拓宽，在特殊道路问题、纳粹时期文化、艺术史研究等领域不断涌现新成果。

首先，以阿恩特·鲍尔坎普（Arnd Bauerkämper）为代表的学者开始

---

① Michael Prionz, Die soziale Funktion moderner Elemente in der Gesellschaftspolitik des Nationalsozialismus, In Micheal Prinz, Rainer Zitelmann（Hrsg.）, *Nationalsozialismus und Modernisierung*, p. 322.

② 孙立新：《德国现代化进程的三种解说评析》，《史学理论研究》2022 年第 6 期，第 21—22 页。

③ Axel Schildt, *Modernisierung*.

④ 孙立新：《德国现代化进程的三种解说评析》，《史学理论研究》2022 年第 6 期，第 21—22 页。

对纳粹主义、法西斯主义进行跨国研究。 2006 年，鲍尔坎普出版专著《欧洲的法西斯主义 1918—1945》(*Der Faschismus in Europa 1918–1945*)，利用欧洲视角研究纳粹史、法西斯史。 鲍尔坎普指出，1918—1945 年间，欧洲的法西斯主义是一种"跨国运动"(grenzüberschreitende Bewegung)，发源于现代化的"断裂带"(Bruchzone) [1]。 他认为，纳粹和意大利法西斯有着密切关系和相似之处，例如，他们都宣称自己是民族、社会革新力量，其活动、仪式、符号都反映出对团结一致、集体至上的强调。 因此德、意两国的独裁政权尽管分属不同类型，但都可以被纳入法西斯主义的范畴。[2] 2017 年，鲍尔坎普进一步强调了法西斯主义的"超国家"(hyper-national) 特征和对纳粹的影响。 他指出，法西斯主义在运动、现象和分析视角三个层面都是跨国的(transnational)。 墨索里尼"进军罗马"夺取权力后，法西斯主义更成了一种跨国政治价值或政治理想，与其他类似的运动(如纳粹运动) 紧密联系在一起。[3]

其次，纳粹史研究成果在宏观和微观两个层面不断推陈出新。 在宏观层面，"德意志特殊道路"问题再次被挑战。 有学者指出，第二帝国远比想象中的更民主；还有学者指出，第二帝国和第三帝国的殖民政策、动机与影响相似，因此，大屠杀从某种程度上丧失了其特殊性，应该被视为 20 世纪"暴力史"(Gewaltgeschichte) 中的一个组成部分。[4] 在微观层面，大量新成果层出不穷，主要集中在下列七大领域：(1) 大屠杀领域，如卡琳·欧特(Karin Orth) 对纳粹集中营系统的研究；(2) 法律史领域，如汉斯·克里斯蒂安·雅施(Hans-Christian Jasch) 对联邦德国法院审理的纳粹罪行的研究；(3) 历史场所与回忆政策领域，如亚历山大·施密特

---

[1] Arnd Bauerkämper, *Der Faschismus in Europa 1918–1945*, Ditzingen：Philipp Reclam jun. GmbH, 2006, p. 183.

[2] Arnd Bauerkämper, *Der Faschismus in Europa 1918–1945*, pp. 89, 183.

[3] Arnd Bauerkämper, Grzegorz Rossoliński-Liebe (Hrsg.), *Fascism Without Borders, Transnational Connections and Cooperation between Movements and Regimes in Europe from 1918–1945*, New York：Berghahn Books, 2017, pp. 1–3.

[4] Magnus Brechtken, Einleitung, in Magnus Brechtken (Hrsg.), *Aufarbeitung des Nationalsozialismus, Ein Kompendium*, Göttingen：Wallstein Verlag, 2021, p. 16.

（Alexander Schmdt）对纽伦堡市回忆文化的研究；（4）国家官僚与政治人物领域，如米夏埃尔·施瓦茨（Michael Schwarz）对前纳粹政客在联邦德国参政的研究；（5）政府机关委托进行的研究，如弗里德·君特（Frieder Günter）对东西德内政部长进行的调研；（6）传媒领域，如索尼娅·舒尔茨（Sonja M. Schultz）对德国电影中的纳粹形象的研究；（7）艺术领域，如约翰内斯·格拉姆利希（Johannes Gramlich）对纳粹艺术品掠夺的研究。①

综上所述，二战结束后，随着时代发展、社会进步和更多档案材料的解禁，德国的纳粹史研究在争鸣中不断壮大，成果数量不断增多，研究领域不断拓宽。近年来，纳粹史研究的理论、方法、视角得到了进一步革新，逐渐呈现出跨国化的趋势和多样化的前景。然而，在特殊道路理论，纳粹政权与大屠杀特殊性等重要问题上，德国史学界尚未有定论。21世纪，纳粹史研究很可能出现新议题、新热点、新突破。对此，我们仍应保持开放的态度和敏锐的目光，继续关注该领域的最新动态，争取为纳粹德国史研究贡献具有中国特色、中国风格、中国气派的研究成果。

（刘林翰，北京大学历史学系 2024 级博士研究生）

---

① 参见 Magnus Brechtken（Hrsg.），*Aufarbeitung des Nationalsozialismus*，*Ein Kompendium*，Göttingen：Wallstein Verlag，2021，pp. 102 – 614.

17世纪末以来中国与北欧区域间文化接触略论

——从几对文化相近要素出发

张东宁

摘要:本文缀录北欧各国的文学、建筑、园林等专门史领域方家成果,尝试以地图、交通、城市等地理要素为题引,梳理18世纪中叶到20世纪中叶前后中国与北欧两个区域的交往动因及经过,以波罗的海沿岸摹造中国园林为开始,分析丹麦趣伏里乐园与安徒生童话、沏茶与倒咖啡、丈量故宫太和殿与设计悉尼歌剧院、胶东瑞典家庭与诺贝尔奖作品等几对要素在区域间文化接触中的交织迭代过程,讨论在一个半世纪前从北欧提出的问题:有多少好东西全世界都知道中国有,而中国人自己不知道?

关键词:中西交通史　北欧研究　文明交流互鉴

一、波罗的海沿岸的中国园林

虽然北欧地方最早有关中国的博士论文是在 17 世纪末写就的①,但公

---

① Jonas Locnaeus, *D. D. Murum Sinensem brevi dissertatione adumbratum*, *Consientente Amplissima Facultate Philosophica Academiæ Upsalensis / Sub Præsidio Viri Celeberrimi M. Haraldi Vallerii*, *Geometr. Profess. Ordin. & h. t. Decani Spectabilis*, *Pro honoribus in Philosophia*, *Publico committit Examini In Auditorio Gustaviano Majori ad diem 21 Nov. 1694. Jonas Locnæus Angerman*, Upsaliæ : Keyser 1694.

元 1000 年前在斯堪的纳维亚半岛东南侧碧蓝湖水环抱的比尔卡岛上，已经埋藏有来自中国的几何纹绮了①，这反映了中国与北欧各自的"丝绸之路"与"琥珀之路"，在当时世界贸易十字路口君士坦丁堡的有所交汇。北欧各国以"诺尔物入亚"（Norvegia）、"大泥亚（Dania）"、"苏亦齐"（Suecia）、"沸你"（Finn）等拉丁文名至迟在 17 世纪初传入中国，书于《坤舆万国全图》西北角②，反映出中国经由西南欧文士之手笔获得的北欧诸国最初印象。

北欧国家和这份地图一样在当时的中国并没有受到太多的关注，对于北欧国家来说，18 世纪在中国也仅有广州十三行中瑞典行、丹麦行两个微小存在，吞吐着定期造访的商船与临时停泊的少量军舰及其载荷。有限的商品贸易以不甚大的规模开展，北欧出口的毛皮、铁器的吸引力远不如作为一般等价物的白银③。与此相反，处于优势的丝绸、瓷器、茶叶等中国商品行销欧洲沿海与内陆，伴随着神秘东方的文化色彩掀起"中国风尚"（Chinoiserie），使欧洲文化开始受到影响。

1700 年，为欢庆新世纪，法国王宫举行了"中国庆典"，路易十四乘坐八抬大轿出场。1709 年，萨克森选侯国"强力王"奥古斯特二世设立的梅森制瓷厂制造出第一批硬质瓷器，标志着欧洲宫廷仿制瓷热潮的兴起④。北欧最早的参与者丹麦王室特许的"王家哥本哈根"品牌 1775 年才姗姗来迟。就饮茶、收藏瓷器等文化习惯而论，北欧人的爱好程度在当时也不亚于其他国家。例如 1726—1733 年间，瑞典茶叶年进口量占欧洲

① Agnes Geijer，*Die Textilfunde aus den Gräbern. Birka：Undersuchungen und Studien* Ⅲ. Uppsala：Kungl. Vitterhets Historie och Antikvitets Akademien，1938.
② 〔意〕利玛窦（Matteo Ricci）：坤舆万国全图(*Great universal geographic map*)，1602 年，美国国会图书馆藏本。
③ 刘俊豪：《瑞典东印度公司的对华贸易——以首航活动为中心的考察》，《中国经济史研究》2023 年第 4 期，第 176—189 页。
④ 汪凌川、方一舟：《略论十八世纪中西制瓷业的发展特点以及差异性》，《中国陶瓷》2023 年第 12 期，第 153—158 页。

总体的约 2.8%，到 1749—1755 年间达 15.2%①。

　　1753 年，瑞典王室为其家族素爱"中国风尚"的普鲁士公主乌尔丽卡修筑卓宁霍姆宫。 该宫殿由 1721—1725 年学艺于法国王家建筑学院的瑞典建筑师卡尔·豪勒曼主持修造。 其建筑形制初始为木构，运用了当时瑞典东印度公司进口的大量中国商品构成房屋装饰。 因建筑不耐北欧湿冷气候，只能在夏天使用。 10 年后"中国宫"改为石砌并重新修造。 多次翻修的中国宫仍保留当时"中国风尚"建筑的整体特点，并融合了法国洛可可风格。

图 1　豪勒曼绘制的"中国宫"原案

　　伴随着方兴未艾的近代学术思潮，欧洲知识界对中国的兴趣从器物亦逐渐反映到地理学、园林学、建筑学等近代学科中。 出生于瑞典的苏格兰人威廉·钱伯斯在 1740—1749 年间三度游历广州并有所得，1757 年钱伯斯的《东方造园法》②一书以英文出版，该书总结了作者理解的中国园林的设计和建造理念，批判华而不实、不知所云的"中国风尚"设计，呼吁人们正确对待中国建筑的本来面貌。 作为欧洲第一部介绍中国园林的专

① 刘俊豪：《瑞典东印度公司的对华贸易——以首航活动为中心的考察》，《中国经济史研究》2023
　　年第 4 期，第 176—189 页。
② William Chambers et al, *A dissertation on oriental gardening*，W. Griffin, printer to the Royal
　　Academy London, 1773.

著，这部书对中国园林在英国以至欧洲的流行有着重要影响。①

虽然钱伯斯在中国游历的地理范围有限，其摹造的成果实际上是中国华南区域园林所印刻的部分面貌。 但其在皇家地理学会等学术刊物发表的成果动员了包括其本人在内的一批建筑师着手实践，从 18 世纪 60 年代起，北海及向其汇流的泰晤士河、易北河等沿岸各处也开始了一批中国风格建筑的建设，较具代表性的包括伦敦西南郊里士满镇邱园中国塔（1762）、柏林西南郊的波茨坦无忧宫中国茶亭（1763）等。

相比这些更能展现中国神韵的后起之秀来说，斯德哥尔摩皇后岛上的中国式建筑并不更加出色。 这与 18 世纪中叶前后，北欧的地理禀赋在大航海时代相较更加偏远所致。 在与中国文化接触互动方面，当时北欧的两顶王冠所代表的国家（挪威属丹麦、芬兰属瑞典），整体上，无论是瓷器还是建筑，与南欧伊比利亚国家的先行者及西欧英、法、荷等后进者相比，呈亦步亦趋之势。 但无论如何，此为北欧与中国文化互鉴之滥觞。

二、童话与乐园

18 世纪与 19 世纪之交，整体上看，对于欧洲文化界来说，中国算不上是有很大吸引力的对象，在整体欧洲文化中并非潮流引导者的北欧两国可能对中国也未有多少兴趣。 不过，北欧对中国文化与日俱增的好奇，却使偶然的中国来客被奉为上宾。 来自中国的崔氏男子阿福是有迹可查抵达北欧的第一位中国人，1787 年艺术家埃利亚斯·马丁绘制的其形象现今悬挂在瑞典国家美术馆中②。 画中的他身着清朝服饰，体态雍容，浑身珠光宝气。 其右侧光线聚焦处为一位与之对谈的北欧贵族女性，左侧为一位鬶

---

① 〔美〕张错：《中国风：贸易风动·千帆东来》，北京：生活·读书·新知三联书店，2022 年，第 87 页。

② Elias Martin, 1787, *Choi Afock*, *Interpreter*, *Aurora Taube*, *married De Geer af Finspång* (*1753 - 1806*), *Countess*, *and Olof Lindahl* (*1748 - 1801*), *Supercargo*, *1787*, Artist: Swedish Nationalmuseum, Room 1606.

图 2　崔阿福译员与欧若拉·陶博女士和奥洛夫·林达尔谈天

黑的北欧长相男士①。

　　北欧各国在此期间对中国文化的这种好奇与欢迎态度，在厄勒海峡另一端的丹麦政治中被加以利用：自法国大革命爆发到拿破仑战争画上句号，北欧政局裹挟在欧陆风云变幻之中，芬兰的归属权由瑞典王室划归俄国沙皇，瑞典又从丹麦手中拿下挪威。 一度为北欧之魁首的丹麦气运不佳，其王室在法国大革命带来的民主思潮压力下如坐针毡。

　　丹麦国王克里斯蒂安七世是那些对华贸易商家的大股东。 他接受首相的提议，于 1843 年颁发王室特许状，在首都哥本哈根规划 8 万平方米的主题乐园，并陆续添置中国等异域风格的建构物，以娱乐安定民心。 趣伏里乐园成为世界上最早的公共游乐园之一，自 1843 年 8 月 15 日起开放，当

---

① Magnus Olausson, Eva-Lena Karlsson, Anders Henrik, *Svensson m. fl.*, *Statens porträttsamling*: *nationens minne under sex sekel*, Stockholm: första upplagan, 2022, s. 234.

年有 17.4 万多名游客造访该游乐园。

来自丹麦菲英岛的汉斯·安徒生在当年 10 月 11 日，即趣伏里乐园开放季的最后一天造访此地，应他的朋友、乐园老板兼创始人格奥尔格·卡尔斯滕森之约做客专场慈善晚宴。 安徒生在趣伏里乐园看到中国坊市园林风貌后，萌生了描述中国皇帝巨大宫苑的想法。 他在自己的年鉴中写道："在趣伏里的卡尔斯滕森之夜，我的人生开启了中国旅途。"受中国文化的启发，他创作了《夜莺》①这部作品。

《夜莺》开头讲："你大概知道，在中国，皇帝是一个中国人，他周围的人也都是中国人。"——对他当时的北欧读者来说，故事里有这么多中国人可能是非常稀奇的事情。 童话中颟顸的中国皇帝听说自己的宫苑里有一只歌喉婉转的夜莺后，对侍臣说："我命令今晚必须把它弄来，在我面前唱唱歌，全世界都知道我有什么好东西，而我自己却不知道！"这句话是安徒生的自哀，表达了他本人对于当时社会现象的讽刺。

《夜莺》里中国皇宫的瓷砖装潢和名贵花卉所系着的银铃，体现了舶来的东方器物与童话般想象的结合。 而他对于皇宫内苑深处的想象，符合北欧城市建筑与自然结合的逻辑框架，"花园是那么大，连园丁都不知道它的尽头是在什么地方。 如果一个人不停地向前走，他可以碰到一个茂密的树林，里面有很高的树，还有很深的湖。 这树林一直伸展到蔚蓝色的、深沉的海那儿去"。

安徒生所出生的欧登塞和成名的哥本哈根，这两座城市规模都不算大，如果一直向一个方向走，很容易就能看到高大的树木、深邃的湖泊和海浪拍打的岸头。 而或许是因为印象里中国一切都很大，也可能是受到对非洲、东南亚等树木健硕之处的图片启发，安徒生又幻想出"巨大的船只可以在树枝底下航行"等景象。

---

① 以下童话内容摘自：〔丹麦〕安徒生：《安徒生童话故事集》，叶君健译，北京：人民文学出版社，1997 年。

三、茶炊与咖啡

"茶还是咖啡?"——这是一个从 15 世纪以来，全球化贸易使这两类商品能够逐渐深入市民阶层后，人们时常做出的无伤大雅的选择问题。《夜莺》中描写到，中国的民众在听到皇帝派夜莺去与民偕乐展示的歌喉后"非常满意，愉快的程度正好像他们喝过了茶一样——因为喝茶是中国的习惯"。而听到皇帝将要咽气的消息，"丫鬟们开起盛大的咖啡会来"①。在安徒生童话里描写的中国也像在北欧那样同时存在这两种习惯。这种文化交融形成的日常生活方式的变化，不仅是两种饮料的选择，也体现在每种饮料的消费方式本身。安徒生童话《茶壶》叙述道："我有一个壶嘴；这使我成为茶桌上的皇后。糖钵和奶油罐受到任命，成为甜味的仆人，而我就是任命者——大家的主宰。我把幸福分散给那些干渴的人群。在我的身体里面，中国的茶叶在那毫无味道的开水中放出香气。"茶叶负责为饮水提供香气，而砂糖和牛奶贡献甜味，这是北欧风格的茶炊方式。

中国在近代几乎没有用蔗糖给茶水带来更多甘甜的习惯。而中国的文学传统中以茶喻人的作品，也倾向于更多强调茶叶的苦味与回甘，以及二者之间的转化。如，苏轼《叶嘉传》中皇帝饮酒过度之时怒斥茶的化身"司朕喉舌，而以苦辞逆我，余岂堪哉?"而心情好时又以"鼓舌欣然……'启乃心，沃朕心。'嘉之谓也。"②当然，这类描述茶叶的苦涩回甘，也像安徒生那样讽刺了君主的反复无常。

以上两种文学作品虽然因创作时空不同，存在着中国北宋时期饮末茶而近代丹麦习惯用茶壶沏茶，以及北欧童话与中国文人寓言的题材不同等变量，但不影响其体现出茶作为从中国出发的文化载体，因为大为迥异的物质基础，特别是全球化贸易带来其他地理单元的风物后，在欧洲的土地上绽放出新的文化意涵。

---

① （叶君健注）请朋友喝咖啡谈天（Kafeeselskab）是北欧的一种社交习惯（瑞典语称 fika，笔者按），中国没有这样的习惯。
② （宋）苏轼:《苏轼文集》第 2 册，孔凡礼点校，北京:中华书局，1986 年，第 429 页。

这种文化意涵的西来可以在另一篇安徒生童话《六国花园》中看到："这是东风，他穿一套中国人的衣服……我现在是从中国来的——我在瓷塔周围跳上一阵舞，把所有的钟都弄得叮当叮当地响起来！官员们在街上挨打，竹条子在他们肩上打裂了，而他们却都是一品到九品的官啦。他们都说：'多谢恩主！'不过这不是他们心里的话。"——实际上，中国皇帝很少把官员弄到街头痛打。

安徒生创作童话一直到 1872 年，其最后一篇《牙痛姑妈》仍在讨论茶叶、牛奶和砂糖对于儿童牙齿的影响。就像牙齿的使用寿命到了一样，运营了接近 30 年的趣伏里乐园中国园林也到了更新的时候。在安徒生 1875 年去世的前一年，中国式的童话剧场代替了乐园中已显陈旧的小剧场。观众席是露天的，而舞台则处于独立建设的戏楼中。剧场的设计师是丹麦建筑师达勒鲁普，孔雀尾屏的设计则源于乐园时任经理伯纳德·奥尔森在巴黎多个剧院看到的扇形设计。

中国戏台的形制取材于中国戏楼，上挂 "与民偕乐" 匾额。这四个字显然是出自懂中文的人之手，孟子从《诗经·灵台》篇中有感而发提出了 "与民偕乐"，是指君王施行仁政，与百姓休戚与共，同享欢乐的意思。此座乐园建成数年后，丹麦宪法得以修改，丹麦议会成立，君主权力史无前例地被限制。自此在丹麦文化的语境中，这块牌匾更多地被诠释为"大家一起来享受快乐"的意思。乐园内增设的仿制中国城墙和城门则忠实地反映了自 17 世纪末关于中国长城的论文发表以来，当地人对中国风貌建筑始终且不断增长的好奇态度。

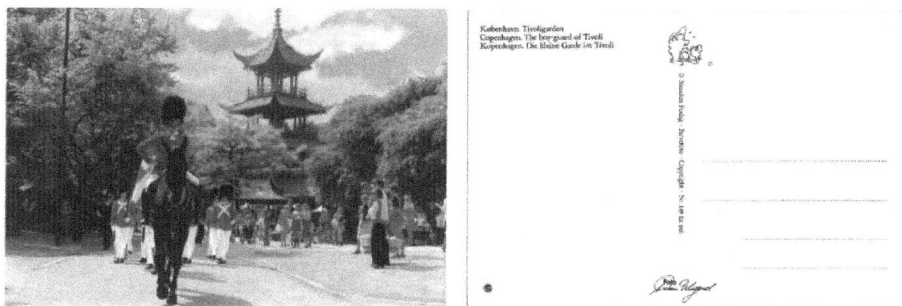

图 3　蒂沃利少年卫队走过中国花园的绘色明信片

四、火车与破冰船

对于中国建筑和构物的耳濡目染，这样的影响不仅限于安徒生这一位北欧青年。哥本哈根地处波罗的海沿岸地方通过海路联通世界的厄勒海峡要冲，趣伏里乐园对面即是历史悠久的哥本哈根中央火车站。海路通衢的位置令当时每一位乘船从北欧走向世界的人都可以到此一观，趣伏里乐园焕然一新的中国园林建筑区域自然会印入一些到访者的记忆当中。至于从北欧到世界各地的目的是外交、经商或是寻求荣耀，他们各有主张，因为19世纪70年代前后的中国毕竟不是书中一隅，而有了更为立体的形象了。1867年，作为清政府派出的第一个访问使团——斌椿使团造访北欧，一行装束俨然，乘火车自哥本哈根赴斯德哥尔摩，中途夜宿瑞典中部重镇延雪平，使团见到了夏日近乎极昼的天象，以及沿途北欧民众的热情围观。斌椿记述：

> "至瑞典海口，未正乘火轮车东北行九百余里，亥正至云居平湖滨大楼住宿，湖长三百余里，至子刻，途人应应可数，旋见东北旭日透露，天色微明，盖距北极止二十余度，已至半年为昼之地矣。二十五日卯正一刻启行，早寒，衣用重绵。妇女来观，有衣貂皮者，面容娟好，闻此国秀锺女子，诚然。"①

这幅画面可以联想到油画中欧若拉女士与崔阿福对谈的友好情景。使团至斯德哥尔摩后，瑞典王太后在当时已有百年历史的卓宁霍姆宫接见斌椿一行，斌椿记录其言道："中华人从无至此者，今得见华夏大人，同朝甚喜。"

同行的张德彝还记述了瑞典国王卡尔十五世言谈随和，还用香烟招待

---

① （清）斌椿：《乘槎笔记（外一种）》，谷及世校点，长沙：湖南人民出版社，1981年，第36页。

清朝使团，斌椿等人客辞不就后，国王与他们开玩笑，说他们"何其迂也"①。 这些招待虽然客气，但斌椿使团应邀参加的斯德哥尔摩工业博览会，暴露了清朝与北欧之间已天差地迥的生产力水平。 其时，瑞典已凭借高品位的铁矿禀赋，在工业制造业领域崭露头角。 丹麦也通过与英、俄等列强王室间的姻亲关系，以中立国身份在中国攫取了电信业等专营权利。

1869 年苏伊士运河的开通和蒸汽轮船的运用，加快了列强窥伺中国的节奏，启蒙运动以来一度高尚的中国形象在其作用下开始逐渐处于下落的趋势。 北欧国家在当时处于世界交通末梢而较为闭塞，可能兼有童话作品的影响，对中国文化的神秘感保留较多。 带着这样的神秘感，一些北欧人来华在各个通商口岸活动，在外国人口中占据一定比例。

表 1　1865 年上海常住外国人口统计②

国籍	数量	国籍	数量
英国人	1372	丹麦人	13
法国人	28	瑞典人	27
德国人	175	挪威人	4
美国人	378		
荷兰人	27		
瑞士人	22		
西班牙人	100		
葡萄牙人	115	总计	2261

另外，北欧国家于列强环伺之间发挥自身经济产业结构特点，在华开展符合其资源禀赋和市场需要的中小规模贸易活动。 北欧国家的商船、鸦片货船出现在中国北方沿海通商口岸，为沙俄服务的芬兰军人、瑞典探险家等开始通过陆路渗透我国西北地区。 中国与北欧的接触面突破了欧洲自航海大发现时代以来的华南海港，开始向中国的沿海、沿江、沿边城市延

---

① （清）张德彝：《航海述奇》，钟叔河校点，长沙：湖南人民出版社，1981 年，第 165 页。
② 邹依仁：《旧上海人口变迁的研究》，上海：上海人民出版社，1980 年，第 12 页。

伸扩散，他们又寄希望于探索北方航路把地缘劣势转化为优势，通过北极航线直入东北亚。

瑞典裔芬兰贵族诺登舍尔德等从19世纪70年代起，组织探险船队沿亚欧大陆北缘开发东北航线，在1879年率探险船"维嘉"号穿越白令海峡。"维嘉"号在东北亚的首个登陆地是日本东京，并经由日本长崎出发前往上海，起航前"在场嘉宾陆续致辞，人们听到了日语、汉语、英语、法语、德语、意大利语、荷兰语、俄语、丹麦语和瑞典语，可见当时有多少国家的人聚集于此"。①

诺登舍尔德在东北亚两个多月的行程中，从东京、横滨、神户、京都、长崎、上海等地带回了6000多件世界地图、海图、书籍等物品，并出版了两套历史地图集。这些材料由斯德哥尔摩王室图书馆收藏，成为进一步认识中国的原始材料。19世纪末，瑞典已成为在中国山西等省派遣传教士最多的西方国家。也是因为如此，在义和团运动活跃地区瑞典的传教士损失惨重。北欧与中国的文化交往事业因为义和团运动、八国联军侵华和清政权覆灭而受到较大的打击，到20世纪的第二个十年才有所恢复。

五、建筑与设计

在诺登舍尔德完成环亚欧大陆航行的同年，建筑学家喜仁龙出生于芬兰的一个瑞典裔家庭。他初次接触中国艺术确实是跨越大半个地球的相遇。这缘起于他与中国罗汉绘画的相见：南宋时期宁波寺庙住持馈赠来华求法日本和尚的文化礼物《五百罗汉图》，在1894年从京都大德寺被波士顿美术馆借入列展，到期后被购留十幅。1913年跨大西洋而来的喜仁龙在此目睹《云中示现》一图，大受震撼，不久后慕名而来中国②。

---

① H. J. Walker, "Norderskiold and Science in Japan," *Scientific Bulletin*, vol. 5 no. 1, 1980, pp. 26 - 28.

② Minna Törmä, *Enchanted by Lohans: Osvald Sirén's Journey into Chinese Art*, Hong Kong University, 2015, p. 15.

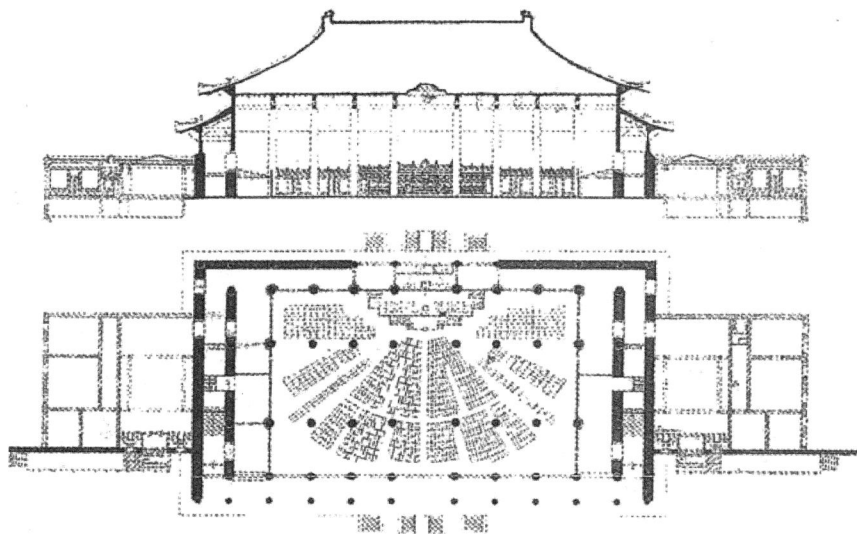

图 4　阿尔宾·斯塔克的太和殿改造草图

图 5　吴佩孚 1923 年 5 月 23 日通电

喜仁龙在北京的活动有较为详细的记载。 特别是他在 1922 年经溥仪陪同考察紫禁城，进行实地摄影，为北京城墙摄制和绘制大量宝贵材料，后通过胡适的翻译在北京大学开办讲座等①。 在上海开办建筑事务所的瑞

① 叶公平：《喜龙仁在华交游考》，《美术学报》2016 年第 3 期，第 64—73 页。 其中引《北京大学日刊》第 999 号："瑞典斯托贺姆大学美术史教授西冷博士（即喜龙仁教授）研究东西洋美术多年，著有《美术原理》（英文）等书。 此次来中国游历，本校特请其于本月十三日（星期四）晚八时半在第三院大讲堂讲演《东西洋绘画的要点》，由胡适之教授担任译述。 讲演中所举东西洋名画，皆一一用幻灯影片照出，以助了解，此启。 1922 年 4 月 13 日。"

典人阿尔宾·斯塔克也在翌年经北洋政府参众两院授权，对紫禁城展开了整体的测量工作，并绘制了将太和殿改造为新会址的图纸①，惟此事因吴佩孚反对不了了之。②

　　喜仁龙和阿尔宾·斯塔克等人的活动体现了 20 世纪 20 年代北欧建筑师在中国社会各领域受到一定的认可，并为中国与北欧文化通过建筑领域的继续交往提供了契机。这一契机以 17 世纪末对于长城的兴趣为发轫、经历了 18 世纪和 19 世纪中叶"中国风格"在北欧实地仿制的进步，并在 20 世纪初促成了中国与北欧在建筑文化领域面对面的对话。喜仁龙、斯塔克两人陆续回到北欧后，他们在参与建筑方案设计工作时不同程度地运用到中国建筑元素的灵感和哲学。

　　这些实践并非 200 年前"中国风尚"的不经意的想象和粗粝摹造，而是基于实地勘测与科学研究的择善而从。阿尔宾·斯塔克设计了斯德哥尔摩的中国剧院，墙面上嵌有"畅观阁"三字，既是对"与民偕乐"牌匾精神的复现，又与其来源南京鼓楼形成了历史文化联系。喜仁龙回到斯德哥尔摩不久后，为自己建筑的利丁厄岛住宅体现了他对中国建筑艺术的理解与运用。喜仁龙把中国建筑中的柱子看作土壤和岩石上的高树，这种高树组成的树林在北欧是每个人生活中的日常景象，在北欧大城市的任何地方只要走出几分钟开外就能找到。

　　分析两人后来的建筑实践，可以看到一对基于中国与北欧文化的矛盾统一体，一方面通过书面、口传、摹造等方式在北欧形成的中国城墙和宫殿趣味，一定程度上影响了两位建筑师在华活动的城市取向；另一方面经两人转化的中国文化元素相较直观的"中国风尚"更加难以被文化原生地的惯有思维所接受。例如，喜仁龙认为中国建筑的显著元素是巨大的台基③。城墙不仅是为了防御，而更多是为了表现完整的纪念性意义，个中

---

① "China Heritage Project, " *China Heritage Quarterly*, No. 14. , 2008, The Australian National University.
② 吴佩孚：《电请保存三殿》，《顺天时报》，1923 年 5 月 23 日。
③ 程枭翀：《解读瑞典学者喜仁龙眼中的紫禁城》，《建筑遗产》2020 年第 4 期，第 44 页。

关于露天祭坛的见解未必会得到北京住民的认同。

具有相似文化背景的北欧建筑师群体，对于喜仁龙、斯塔克等人的思想相对更容易接受、兼容。丹麦皇家美术学院的拉斯穆森和费斯克等在教学时，将其引介给早年就学于该校而并未到过中国的约恩·伍重等学生。在二战期间，伍重赴瑞典投身抵抗纳粹的运动，与喜仁龙相遇。喜仁龙关于中国建筑的特征总结与抽象出的意象，如杉树和柳树的树枝般的屋顶曲线、墙体之间出檐的光影和廊道、花格窗与栏杆等提供的开敞性，也自此进入了伍重的脑海。

伍重把这种以柱础作为单元的特性总结为"单元复加"法则，以此为基础设计和规划能够不断扩建和调整，只要建筑的总体特征是构建的组合，而非统一的构图或者巨大的造型立面。其通过屋面曲线的叠加方式，而非西方传统的三角形屋架连接修造屋架的理念，在 1956 年竞标悉尼歌剧院方案时得到呈现。虽然基于直线和曲线叠筑成不同角度的设计图案看似不属于世界上任何其他地方，但其中的设计理念源于一个巨大的基础和屋顶曲线的叠加，二者都能够借助喜仁龙的论述看到中国建筑的影子。

1957 年，伍重设计的悉尼歌剧院方案中标，但大量"恶意宣传和负面批评"扑面而来，其中，既有对设计师本人思路和个性的反对，也可能有对作为对象被伍重诠释的世界各地建筑哲学方法的系统性不理解。

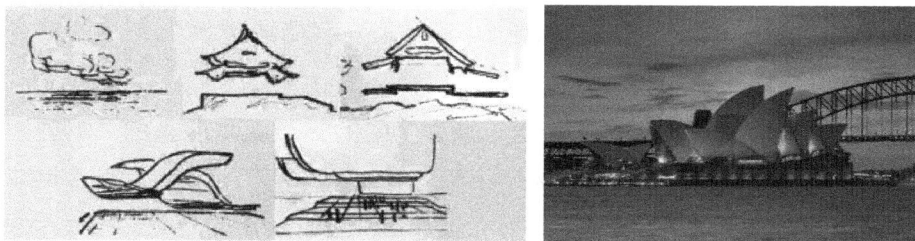

图 6　伍重在设计过程中的一些草图①、悉尼歌剧院

① Jørn Utzon, Sketch for "Chinese houses and temples", 1962, the monumental roof/earthwork juxtaposition indicating Utzon's inspiration and vision for the Sydney Opera House. Utzon, J., 1962, Platforms and Plateaus: Ideas of a Danish architect. In *Zodiac 10: International Magazine of Contemporary Architecture*. p. 116.

今天的悉尼歌剧院被誉为"世界第八大奇迹"的建筑、"南半球最具魅力的建筑"，伍重本人在 2003 年获得了建筑学领域最高奖项普利兹克奖。评奖委员会评价他"扎根于历史，触角遍及玛雅、中国、日本、伊斯兰的文化以及其他背景，包括他本人的斯堪的纳维亚底蕴，将古代传统与自身和谐修养相结合，形成了艺术化的建筑感，以及与环境相联系的有机建筑之自然本能"①。 这呼应了伍重的同乡安徒生在《夜莺》中借中国皇帝之口提出的北欧之问：全世界都知道中国、日本、玛雅、伊斯兰等文明无疑拥有巨量瑰宝。 这次是伍重把他们结合起来，"坚持不懈地通过非凡努力……建造了一座改变澳大利亚整个国家形象的建筑"。

余论　150 年前的"北欧之问"

进入 21 世纪，中国与北欧文化交流的一件盛事是 2012 年 10 月 11 日，瑞典学院宣布莫言获诺贝尔文学奖。 评委会的理由是"莫言的魔幻现实主义作品融合了民间故事、历史和当代"，莫言成为首个获奖的中国籍作家。 在获奖当天，曾在胶东生活的传教士家庭后代从乌普萨拉到斯德哥尔摩与莫言会面，用胶东方言与其对谈②。 莫言后来向媒体表示："我的小说里有个瑞典传教士的角色，当时中国有人批评我，说我为了得诺贝尔文学奖，所以写了个瑞典传教士。 其实是确有瑞典传教士在我的家乡传教。"

莫言早期的短篇小说《梦境与杂种》中的莫洛亚和后来的《丰乳肥臀》中的马洛亚两位瑞典牧师名字相似、形象也接近。 后者开篇"马洛亚牧师静静地躺在炕上"自然地将胶东民居中的火炕与从北欧来客二者在高密乡土的环境中联系到一起。 但马洛亚牧师的艺术形象一如安徒生笔下的中国众生，是一种文学性的演绎。 如浸信会的神职人员不会在胸前画十

---

① 汤姆·普利兹克：《为伍重获奖的致辞》，2003 年 4 月。 https://www. pritzkerprize. com/sites/default/files/inline-files/Tom_Pritzker_Ceremony_Speech_2003_Utzon. pdf.
② 李玫忆、刘华：《莫言瑞典领奖纪行》，《文艺报》，2012 年 12 月 24 日。

字，在胶东传教的瑞典人也更多强调以家庭为单位，很少有单人驻守站点。 莫言获奖颁奖词中所体现的评价标准更在意其作品"乡土性"本身，而非跨文化理念的呈现。

莫言处在与安徒生类似的文化管窥处境中。 19 世纪后半叶起，中国文化失去了在世界范围内的东亚文化代表地位。 东北亚各国与北欧的联系，特别是在 20 世纪中叶之后的民间文化交往，重心转向了日本、韩国等地。 随着全球范围交通的进一步便利化，区域间文化交流接触的空间更加广阔，加之第三次工业革命给先发国家带来的整体经济优势，到改革开放初期，中国文化的对外传播与 40 年前外交战线前辈一样面临另起炉灶的情况，并且面临韩国"文化立国"国策和日本文化强大软实力的双重竞争。

当下东亚文化圈对于"谁是优势性文化"这个问题的争辩比 40 年前更加激烈。 大众舆论对邻邦将与中国文化相近部分的内容占为己有并大肆宣传表达出的愤怒可能是基于此，因自身文化之博大精深而倍加自豪者可能也是基于此。 本文分析了北欧与中国文化的几对临近要素，目的在于举出几例"全世界都知道中国具有的好东西"，反映 17 世纪末以降 200 年，北欧各国对中国文化的接触为它们自己的发展带来哪些功效。 当陌生的对方发现了我们自己拥有却不知道的闪光之处，有朝一日被我们自己了解到，或许是我们对于自身文化的认识得到增强之时。 从这个角度来看，当前以传统戏剧、民间手工艺等为代表走向世界的中国事物，对西方而言更多是"中国风尚"式的，虽然唤起了中欧双方基于"中国风尚"的历史文化联系，但在传统文化要素与现代科学发展的有机结合并相互发展方面却不著见效。

总结目前中国文化在世界推广中存在的矛盾：一是传统文化复兴的过程中推广的传统文化并非全面复兴的传统文化，二是传统文化发展需要与现代社会进步相适应，现代社会发展未必需要照顾传统文化。 如果此时把目光投向北欧以寻找借鉴，北欧当前既有高福利社会、工业化起步早的优势，以及以诺贝尔奖为代表的较强的文化软实力，又面临外部地缘政治局势剧烈动荡，内部高福利政策遭遇难民危机等未来不确定性的拷问。 有多少好东西全世界都知道北欧有，而北欧自己不知道？ 考察 17 世纪末以来中国与北欧的文化接触，可能是找到答案的钥匙，也能启发我们自己对150 年前安徒生之问的解答。

（张东宁，复旦大学历史地理研究中心 2022 级博士研究生）

书　　评

塑造国家：英国委任统治下现代伊拉克国家的构建

——评《英国在伊拉克——国王与国家的谋划》

乌昵尔

现代伊拉克政治版图的确立缘起于第一次世界大战的爆发及其结束后战胜国之间的"安排"，伴随着委任统治政府的建立，奥斯曼帝国统治时期的巴士拉、巴格达和摩苏尔三省自此被英帝国纳入同一政治单位，其民族、宗教和文化的差异最终被内嵌在伊拉克政治社会结构中，成为该国之后历次政治动荡和演变中不可或缺的要素。彼得·斯拉格莱特（Peter Sluglett）教授的《英国在伊拉克——国王与国家的谋划》（*Britain in Iraq：Contriving King and Country*）一书就将目光聚焦于1914年至1932年英国对伊拉克的军事占领以及实施委任统治的这一时期，按作者的话说这是"该国近代史上最关键的时期，对理解革命前后伊拉克的发展至关重要"。① 该书以英国档案为基础，着重阐述英方在对伊拉克的军事行动、行政管理和安全保障以及作为战略物资的石油等"高级政治"方面的政策考量和实施过程，即使在第二版中加入了对伊拉克土地、税收、部落和教育政策等社会层面的专题讨论，但其基调仍然从英国政策出发，可以说这是一本关于英帝国在伊拉克的政策研究著作。

---

① Peter Sluglett, *Britain in Iraq：Contriving King and Country*, 2nd ed., London：I. B. Tauris, 2007, Preface to The First Edition.

全书分两部分对这一时期的英伊关系进行了全景式的回顾。 一方面，按时间线索将一战时期的美索不达米亚战役到一战后建立委任统治政府再到 1932 年伊拉克加入国联等重要史实串联起来，作者详尽地展现了英国对伊拉克的政策推演过程。 另一方面，作者对伊拉克的土地与部落、国防与治安，以及教育政策等方面进行了具体讨论，在一定程度上扩展了既有伊拉克殖民史的研究领域。 最后，在结论部分作者就英国在伊拉克委任统治的影响，即所谓的"殖民遗产"做出了自己的评价。

英帝国对中东地区的关注不是只在一战前后，早在"东方问题"产生后，英国便对奥斯曼帝国辖下的阿拉伯地区产生了兴趣，作为通往印度重要的陆路要道，美索不达米亚自然是英国关注的重点之一。 关于英国对伊拉克政策的缘起，斯拉格莱特教授开宗明义地说道，英国就是要"保护通往印度的通路和印度洋贸易的利益"[1]，这一目的不仅是一战前英国对美索不达米亚地区长期的利益趋向，也贯穿了之后英伊关系的发展。 除传统地缘因素外，作者还认为一战前波斯西南部所勘探的石油成为英国向伊拉克扩张的又一动因，英资企业（英波石油公司）的进驻成为英国加以保护的理由。[2] 随着一战的爆发，英军借保护波斯和伊拉克油田之由出兵展开了美索不达米亚战役，最终在一战结束前占领了美索不达米亚全境。 尽管这一战役相较于整个一战战场而言不算大，甚至在中东战场上的重要性也低于巴勒斯坦战役，但由于美索不达米亚与肥沃的新月地带、阿拉伯半岛和波斯湾沿岸诸地的密切联系，以及未来在石油、农业、商业等方面的巨大潜力，促使英国政府决定在战后继续保持对这一区域的控制。

既然决定要对这片土地进行管理，英国对其管理的构想与落实自然成为本书重要的主题。 在如何选择殖民统治方式这一问题上，斯拉格莱特教授提到传统帝国派要求将伊拉克作为英属殖民地进行直接管理的企图，但

---

① Peter Sluglett, *Britain in Iraq: Contriving King and Contry*, p. 2.
② Peter Sluglett, *Britain in Iraq: Contriving King and Contry*, p. 3.

随着美国总统威尔逊的"民族自决"观念在阿拉伯世界的流行，经巴黎和会和圣雷莫会议的确认，更为重要的是 1920 年爆发的美索不达米亚起义，最终迫使英国接受了委任统治这样的间接统治方式来解决这片土地的接收和管理问题。 就这一变化而言，斯拉格莱特教授认为"如果英国的利益能够得到一种更谨慎但同样可靠的控制形式的保障，那么没有必要强迫伊拉克政府接受损害其名誉和信誉的条件。 只要权力的实质能够得到保障，就可以……对其形式进行一些放松"。[1] 也就是说，作者认为即使殖民统治的形式有所调整，仍然是以满足英国殖民利益为目的，都是将伊拉克纳入英帝国体系中，而绝非为了满足一战后中东出现的民族独立与自决的呼声，这就是英国对伊拉克政策的实质。

接着，该书用相当大的笔墨对英国在伊拉克实施委任统治的过程进行了详细阐释。 为建立政治合法性，英国扶持地方势力代表费萨尔担任国王并以逊尼派精英为主组建了政府和立法机构，从而按照西式民主的样貌进行日常统治。 作者认为这一政权组织形式具有某种"合作统治"的意味——作为外来管辖者，英国需要大量本地阿拉伯人组建"阿拉伯门面"以迅速获得政治权威，而为了履行委任统治的责任，英国需要对该国建立"民主""自由"的政治体制以实现政治发展（或曰政治现代化），以及对经济和社会的发展做出"指导"。

由此，该书将这种政治体系的分析运用在伊拉克的土地与部落、国防与治安以及教育等方面，认为这种政治体系在一开始获得了部落的政治忠诚和民族、教派的和解，甚至这种精心建立和培育的"相互依存的关系"，"几乎完好无损地延续到 1958 年暴力结束"。[2] 不过，作者也提到正是由于英国对逊尼派城市精英的重视并且收买和拉拢了部分部落酋长，使得伊拉克迅速形成利益寡头，这些寡头在英国人离开后很快成为伊拉克政治结

---

[1] Peter Sluglett, *Britain in Iraq：Contriving King and Contry*, pp. 6 - 7.

[2] Peter Sluglett, *Britain in Iraq：Contriving King and Contry*, Preface to The First Edition.

构中最重要的角色，独裁、暴政和革命也就相继而来。

在结论部分，作者认为英国委任统治的结果与预期相差甚远，对伊拉克的政治改造以 1958 年革命而告终，其政治现代化的进程也就此中断，而即便有石油经济的迸发，伊拉克也仍然是农业大国，广大农民依然受传统部落结构和政治寡头的束缚，这足以说明英国对伊拉克政治、社会、经济发展的影响是有限的。

就该书的主要内容和观点而言，在特定的历史条件下（该书首版在 1976 年）它对英国在伊拉克进行殖民统治的背景、利益取向、统治方式和结果等都进行了较为细致的总结和分析。不过，有两个方面仍值得进一步探讨。一方面，就殖民统治的政治基础而言，英国选择与费萨尔以及逊尼派城市精英联合，名义上建立了"阿拉伯门面"，但实际上是由英国驻伊拉克高级专员和大量英籍顾问把控伊拉克的大政方针，这是委任统治的鲜明特点。英国人在政治上忽略了占人口多数的什叶派并打压了库尔德人，虽然以少数逊尼派精英当政的政治结构在 1958 年革命后仍然存在，一直到 2003 年的伊拉克战争后才得以改变，但委任统治结束后，伊拉克教派与民族矛盾已经是内部矛盾而不再是反殖反帝的内外矛盾，因此，其政治结构的变迁并非因英国殖民而一脉相承的。

另一方面，正如作者在第二版序中所提到中东史研究近年来的发展，关于英国在伊拉克殖民统治的主题已经有相当多的"低级政治"的研究成果，从部落、社会、文化等方面来看待这一命题，并已经在关注委任统治时期农民、部落民等社会中下层与英国及当地精英之间的互动，打破了传统的精英叙事。这种地方视角拓展了殖民史研究的既有路径。而就伊拉克的政治发展和社会稳定而言，也出现了从宗教、民族、部落、文化之间的融合等不同维度的考察，而不仅仅是西式的民主自由制度这种单一分析框架，从这个意义上来看，打破"西方中心主义"成为了研究非西方国家历史的重要诉求。

总之，该书是西方学术界关于英国在伊拉克殖民统治研究的重要著作之一，作者对英国介入中东领土、英国在伊拉克开展一系列殖民政策，以及英国委任统治的影响等问题进行了较为完整的阐述，从历史发展的脉络出发对当下伊拉克问题的根源（该书第二版出版时正值 2003 年伊拉克战争结束后）进行了回应，其关于殖民遗产的论述仍然对分析非西方国家政治动乱和社会动荡有着重要的参考意义。

（乌昵尔，中央民族大学历史文化学院讲师）

弥赛亚来自异域

——评《沙漠之主：英美争夺中东霸权的斗争》

刘庆龙

英国历史学家詹姆斯·巴尔（James Barr）的《沙漠之主：英美争夺中东霸权的斗争》（*Lords of the Desert*：*Britain's Struggle with America to Dominate the Middle East*），以优美的文笔和翔实的资料，梳理了二战后期至 20 世纪 60 年代，英美在中东地区霸权更迭的历史。 本书提出从巴以问题到苏伊士运河，英美在战后中东所有重大问题上都存在分歧，进行长期且激烈的斗争。 这种修正传统主流学界的观点，驳斥英美基于"特殊关系"实现霸权和平过渡的论断，对全面认识和理解中东地区的独特性和复杂性大有裨益。

一、选题独到：关注中东霸权交替

2024 年美国史诗科幻片《沙丘 2》风靡全球，影片故事主要发生在一个名为厄拉科斯的行星。 该行星极度干燥，缺少水源，遍地沙漠，却有着整个宇宙最重要的资源——"香料"，它不仅可以延长寿命，而且是星际旅行的唯一能源，人类的发展依赖香料。 这种设定很自然地让人联想到现实生活中阿拉伯半岛上气候干旱却盛产石油的君主国。 厄拉科斯星的土著，弗雷曼人作战勇猛、足智多谋，却无法改变外来人哈克南家族的肆意剥

216

削。 他们需要一位救世主，然而这位弥赛亚是另一个外来人，来自卡拉丹星球的保罗·厄崔迪。 沙漠之主来了又去，弥赛亚始终源自异域，这正是詹姆斯·巴尔在《沙漠之主》一书中所讲述的故事。

詹姆斯·巴尔是英国作家和历史学家，毕业于牛津大学林肯学院，长期关注中东现代史。 2006 年，他出版专著《点燃沙漠：T. E. 劳伦斯和英国在阿拉伯的秘密战争，1916—1918》（*Setting the Desert on Fire：T. E. Lawrence and Britain's Secret War in Arabia，1916–1918*），该书以阿拉伯的劳伦斯为主线，讲述第一次世界大战期间英国在中东所做的战略谋划；2011 年，他写作出版了《瓜分沙洲：英国、法国与塑造中东的斗争》（*A Line in the Sand：Britain，France and the Struggle that Shaped the Middle East*）。 在第一本书的基础上，他将讨论延伸到两次世界大战期间以及二战中英国和法国竞争中东主导权的历史。 2018 年的《沙漠之主》可以视为巴尔中东三部曲的第三部，讨论二战后期直至 20 世纪 60 年代末，英国和美国对中东霸权的争夺。

在中东研究中，大国干预和介入始终是一个重点研究方向，英国和美国作为两个全球性的大国，相关研究更是汗牛充栋。 有关前者的经典著作有劳伦斯（T. E. Lawrence）的《智慧的七柱》（*Seven Pillars of Wisdom*）、戴维·弗罗姆金（David Fromkin）的《终结所有和平的和平》（*A Peace to End All Peace*）等；有关后者的经典著作有道格拉斯·利特尔（Douglas Little ）的《美国东方主义：1945 年以来的美国与中东》（*American Orientalist The United States and the Middle East Since 1945*）、傅立民（Chas W. Freeman，Jr.）的《美国在中东的持续厄运》（*America's Continuing Misadventures in the Middle East*）等；但将英美在中东霸权交替作为研究对象的专著并不多。 此外，自奥巴马政府以来，美国战略重心逐步从中东转向亚太，该地区正在经历又一轮霸权退出的历史。 因此，巴尔的这本《沙漠之主》极具学术价值和现实意义。

二、修正观点：一场隐秘而激烈的斗争

《沙漠之主》详尽地论述了从20世纪40年代初到60年代末这段时期英美两国在中东地区的复杂博弈与权力斗争。此书不仅描绘了英美在这一地区的战略角逐，还揭示了两国在地缘政治和影响力上争夺的深层次原因。巴尔通过丰富的历史资料和细致的研究分析，将读者带入那个动荡不安的时代，对传统观点发起挑战，重新审视和认识这段历史。

主流观点强调英国在二战中综合国力大幅衰弱，日不落帝国已行将就木，大洋彼岸的美国冉冉升起，成为西方世界无可争议的领袖。英美两国基于自由政治理念、新教文化传统，以及盎格鲁-撒克逊血缘等的"特殊关系"，实现了霸权和平过渡和顺利转移。巴尔对此质疑，他认为英国作为曾经的全球霸主，在二战后逐渐衰弱，美国则伺机填补权力真空，这并非两国合作而成，而是伴随着长期冲突。

《沙漠之主》强调英美在中东地区始终具有无法调和的矛盾。对美国来说，有三大因素决定其中东政策。首先是意识形态。与苏联进行全球争霸，在中东进行冷战，遏制社会主义阵营在该地区的影响力。其次是犹太因素。美国受国内犹太人影响，在巴以问题上坚决支持犹太人，支持以色列建国并关注其生存和安全问题。第三是地区同盟。其中，与沙特家族的联盟关系具有特殊意义，沙特阿拉伯是美国涉足中东的起始点，无论是石油能源还是地区战略都有重要意义。与之相反，英国采取的是实用主义立场，比起共产主义"威胁"，更重视经济问题；同时，英国在中东的重要盟友是沙特家族长期的竞争对手、二战后统治约旦和伊拉克的哈希姆家族。本书通过四部分，讲述20多年里，英美两国进行了一场隐秘而激烈的斗争，全力争夺中东霸权。

第一部分"遭遇麻烦（1941—1948）"。1941年12月7日，珍珠港事件爆发，美国正式加入反法西斯阵营，丘吉尔极力将美国拉入欧洲和非洲战场，扭转颓势。1942年下半年，第二次阿拉曼战役打响，在美国军事装

备支持下，英军取得胜利，改变整个北非战局。 当年年底，丘吉尔发表著名演说，"这不是结束，甚至不是结束的开始，而可能只是开始的结束"。① 未曾想，"开始的结束"变成大英帝国丧失中东的预言，美国将在二战后，成为对英国中东霸权最大的威胁。 英国对中东霸权的丢失始于巴以冲突。 杜鲁门继任总统后，撕毁罗斯福对阿拉伯人的承诺，无视阿拉伯国家和伊斯兰世界的合法诉求，在国内犹太势力的影响下，转而支持以色列建国，这进一步加剧巴以纷争，使英国继续统治和控制巴勒斯坦的幻想彻底破灭。 1948 年 5 月 15 日，以色列宣布建国，大英帝国黯然离场。②

第二部分"重要妥协（1947—1953）"。 二战后美苏通过巴以问题开始介入中东事务。 英国调整战略，将地区战略支柱压在约旦。 一战期间，英国政府为对抗奥斯曼土耳其，与麦加圣地谢里夫家族联系，达成著名的麦克马洪—侯赛因书简。③ 一战结束后，英国对约旦实行委任统治，确立该家族的阿卜杜拉为约旦国王。 约旦独立后，主要军事力量阿拉伯军团的指挥官仍然是英国人约翰·格拉布，英约继续保持密切关系。 1950 年 4 月，阿卜杜拉合并约旦河西岸，英国政府表示支持。 同年 12 月，美国与沙特达成石油平分协议，美国政府将自己每年数百万美元的财政收入让渡给沙特。④ 面对伊朗相同的诉求，英国断然拒绝。 这推动穆罕默德·摩萨台当选伊朗总理，推行激进的石油国有化政策。 1953 年，英国伙同美国密谋政变，推翻摩萨台，扶植亲西方的伊朗国王。 但政变后，英国被迫成立国有化的伊朗国家石油公司，与伊朗平分收益。

第三部分"苏伊士坠落（1953—1958）"。 1953 年春，杜勒斯成为美国新任国务卿，推动美国深度介入中东地区事务，谋划在该地区组建类似

---

① "AUTUMN 1942," International Churchill Society, MARCH 12, 2015, https://winstonchurchill. org/the-life-of-churchill/war-leader/1940-1942/autumn-1942-age-68/.

② 〔以〕丹尼尔·戈迪斯：《以色列：一个民族的重生》，王戎译，宋立宏校译，杭州：浙江人民出版社，2018 年，第 154 页。

③ 尹崇敬主编：《中东问题 100 年》，北京：新华出版社，1999 年，第 7—9 页。

④ 〔美〕埃伦·R. 沃尔德：《沙特公司：沙特阿拉伯的崛起与沙特阿美石油的上市之路》，尚晓蕾译，北京：中信出版集团，2019 年，第 78—79 页。

东南亚条约组织的亲西方主义阵线，艾森豪威尔总统向丘吉尔承诺，将通过经济援助确保埃及加入。随后，英国开始从埃及撤军。但中央条约组织成立后，埃及不仅没有加入，纳赛尔还对此进行猛烈抨击。英埃关系急转直下，英国政府将纳赛尔视为中东"希特勒"，一个必须扼杀的秩序颠覆者。1956 年 7 月，埃及宣布将苏伊士运河收归国有，英国伙同法国、以色列发动第二次中东战争。① 这次干预以失败告终，标志着英国失去中东霸权。纳赛尔的成功迅速在阿拉伯世界引发回响，1958 年成为革命之年：2 月 1 日，叙利亚宣布与埃及合并，组建阿拉伯联合共和国；7 月 14 日，伊拉克自由军官效仿纳赛尔发动政变，推翻英国支持的国王，建立伊拉克共和国。对此，英国政府无可奈何，只能尽力维护约旦国王的统治。

第四部分"艰难维系（1957—1967）"。第二次中东战争失败后，英国基本失去对中东大国的影响，海湾酋长国是仅存的硕果。拿破仑战争期间，英国与波斯湾西岸多个酋长国签署保护协议，将它们置于自己势力范围。② 1957 年，英国石油公司在科威特石油产量占英国总产油量的一半，该国成为英国眼中最重要的中东国家。1958 年，伊拉克共和国成立后，质疑科威特的独立地位，英国坚决维护科威特国家安全，进一步密切两国关系。此外，英国积极介入阿曼事务，通过当地驻军，协助苏丹攻占内地，镇压反英起义。1962 年，北也门爆发革命，成立共和国，保皇派和共和派分别在沙特和埃及支持下对抗，英国暗中支持前者，进行秘密战争。1967 年，第三次中东战争惨败后，埃及军队撤出也门，大幅减少对共和派支持，英国也逐渐终止介入。此后，随着海湾酋长国相继独立，大英帝国在中东地区的霸权彻底成为历史。③

---

① Yagil Henkin, *the 1956 Suez War and the New World Order in the Middle East*, London: Lexington Books, 2015, p. 230.

② 〔英〕唐纳德·霍利：《阿拉伯联合酋长国》，雅飞译，赵季校，北京：人民出版社，第 175—180 页。

③ 〔英〕唐纳德·霍利：《阿拉伯联合酋长国》，第 268—271 页。

三、问题不足:过度的异域视角

《沙漠之主》运用大量原始资料，包括外交电报、政府档案、回忆录、报刊报道以及其他历史文献，为论述提供强有力支撑，具有极高学术价值。虽然本书涉及大量历史资料和学术分析，但巴尔通过巧妙的叙事表达将这些内容融入书中，使本书既具有学术深度，又不乏可读性，适合学者和研究者阅读，也能够吸引对历史感兴趣的普通读者，被英国政治文化类杂志《新政治家》(*New Statesman*)评为2018年年度最佳图书之一。[①]

然而，《沙漠之主》也有几点不足。首先，本书明显偏重英国视角。巴尔的研究对象是英美在中东地区的霸权交替，但部分篇章不见美国身影。如本书第四部分"艰难维系（1957—1967）"，单方面论述英国对海湾酋长国的介入和干预，对于地区重大事件，既没有充分论述英美存在密切合作，也未能有效展现两国如何激烈斗争。全书有四分之一篇幅的内容与研究对象联系不够紧密，难免使立论受到质疑。

其次，本书基本忽视二战后另一个超级大国——苏联对中东的介入和干预。巴尔聚焦英美霸权更迭，未将其置于美苏冷战的历史大背景之中。如第二次中东战争期间，苏联不仅在联合国等国际舞台上发挥重要作用，还与美国进行双边沟通，施加重要影响，借此在中东拓展势力范围。可惜本书对此内容予以忽略，这既未能充分展示英美权力争夺、交替的全貌，也使论述丧失全球冷战的广阔视野和深邃思考。

最后，本书具有明显西方中心主义色彩。在巴尔论述中，英国和美国是自主施动者，中东国家则是被动接受者。如在讨论20世纪50年代初，伊朗追求与沙特同样的利益平分协议时，本书片面强调英美政府的不同，没有关注伊朗与沙特存在差异，未能指出伊朗王权受限，议会拥有较大权

[①] "The best books of 2018", *New Statesman*, https://www.newstatesman.com/long-reads/2018/11/best-books-of-the-year-2018-new-statesman

力，城市化和工业化水平更高，存在更多的产业工人，什叶派宗教领袖具有更大影响和动员能力等因素。 这部分缺失使作者无法提供完整的论述和分析。

本书论述和分析的视角过于偏重西方，特别是英国。 在巴尔笔下，中东极具战略价值，但缺少自主性，一如《沙丘 2》中厄拉科斯星的弗雷曼人，只能等待来自异域的弥赛亚。

四、贡献启示：中东地区的独特与复杂

瑕不掩瑜，《沙漠之主》独到的选题和史诗般的论述对今天更全面地认识、理解中东给出了重要启示。

第一，西方世界在中东并非铁板一块。 西方各国在中东地区的行动和政策各不相同，有些议题上甚至截然相反。 例如，对巴以冲突，美国与欧洲存在严重分歧。 2023 年 10 月 7 日，以色列与哈马斯爆发战争后，美国源源不断地为以色列提供军事装备，同时，在政治、外交上予以全力支持。 2024 年 7 月 25 日，以色列总理内塔尼亚胡超越丘吉尔，成为在美国国会演讲次数最多的外国领导人，突显美以同盟关系。 相反，越来越多的欧洲国家开始理解和认同巴勒斯坦人的诉求。 2024 年 5 月 28 日，挪威、西班牙、爱尔兰三国政府正式承认巴勒斯坦国，西班牙方面称之为"历史性的一天"。

第二，中东霸权更迭跌宕起伏。 自古以来，该地区一直是大国角力场，外部力量的介入和干预极为复杂，霸权的确立和衰退是一个漫长的过程。 如本书论述，二战后英国国力急剧下降，大英帝国日落西山，但历任政府都极力维持在中东地区的霸权。 失去巴勒斯坦后，英国加强与约旦联系，继续保持在该地区的影响力。 直至 1956 年，第二次中东战争，英国干预失败后才丧失地区霸权，但迅速增加对海湾酋长国的干预。 20 世纪 60 年代末，海湾国家相继独立，英国彻底失去中东霸权，这一过程前后经历七届政府，长达 20 多年。

第三，应重视中东地区国家的独立性。虽然海湾阿拉伯君主国在历史上与英美保持密切联系，冷战中属于西方阵营，建立同盟关系，但各国的政策选择和实施主要从自身国家利益出发。如2022年初，俄乌冲突爆发后，以美国为首的西方世界不断向阿拉伯海湾产油国施加压力，督促其扩大生产，使油价保持在低位，这样既可打击俄罗斯能源收入和经济状况，又能降低西方各国国内通胀水平、稳固执政统治。但沙特等国展现越来越强的独立性，从自身国家发展需要出发，并不完全配合西方需求，多次与俄罗斯开展对话，达成减产合作协议。

关注中东的独特性和复杂性，是理解和分析该地区正在发生变化，以及将会出现变化的关键。2023年4月6日，沙特外交大臣和伊朗外长在北京签署联合声明，宣布两国正式恢复外交关系，此后，叙利亚外长访问沙特、也门冲突各方会谈、卡塔尔和巴林恢复关系，中东地区出现和解潮。中东各国走向和解的一大内生动力是越来越多的国家将发展作为头等要务，追求更加独立自主的外交政策，努力营造和平稳定的地区环境。

弥赛亚不会来自异域，中东正在探索自身发展的道路。

（刘庆龙，北京大学国际关系学院2020级博士研究生）